非职权领导力

从管理者向领导者跃迁的六项修炼

齐磊 著

人民邮电出版社

北京

图书在版编目（CIP）数据

非职权领导力：从管理者向领导者跃迁的六项修炼 /
齐磊著. -- 北京：人民邮电出版社，2024.1（2024.3重印）
ISBN 978-7-115-62984-5

Ⅰ．①非… Ⅱ．①齐… Ⅲ．①企业领导学 Ⅳ．
①F272.91

中国国家版本馆CIP数据核字(2023)第197667号

内 容 提 要

  本书包括领导力正解、行为的影响、目标的力量、氛围的营造、语言的魅力、高效地决策、用心地辅导共 7 章内容。从观念到思维，从思维到方法，从方法到工具，从工具到习惯，层层深入，同时提供了很多工具和方法，好学、好记、好用。本书通过案例聚焦思维，通过方法启迪思想，通过工具改变行为，且每个工具都在实践中应用过。

  这是一本让领导者走向卓越的"应用地图"和"管理词典"，适合带团队的领导者阅读。

◆ 著　　　　　齐　磊
  责任编辑　苏　萌
  责任印制　马振武
◆ 人民邮电出版社出版发行　　北京市丰台区成寿寺路 11 号
  邮编　100164　　电子邮件　315@ptpress.com.cn
  网址　https://www.ptpress.com.cn
  三河市中晟雅豪印务有限公司印刷
◆ 开本：720×960　1/16
  印张：18　　　　　　　　2024 年 1 月第 1 版
  字数：230 千字　　　　　2024 年 3 月河北第 2 次印刷

定价：69.80 元

读者服务热线：(010)81055493　印装质量热线：(010)81055316
反盗版热线：(010)81055315
广告经营许可证：京东市监广登字 20170147 号

VUCA［Volatile（不稳定）、Uncertain（不确定）、Complex（复杂）、Ambiguous（模糊）］时代的领导者会遇到很多超出预期的、前所未有的变化。时代变化的节奏越来越快，人民的需求也越来越丰富，于是对企业领导者提出了新的要求。过去传统的"管"的方式已经遇到越来越多的挑战，领导者需要向"领"的方式做出转变，才能适应时代的变化和企业的发展。领导者的最大价值就是发挥领导力，激发下属的潜能，高效达成目标。

作为领导者，在工作中，你有没有遇到过这样的下属：

表面认同，阳奉阴违，效率总是难提升；

做对事情，凑够时间，背后总是不情愿；

领导在忙，团队也忙，绩效总是不理想；

你说加班，他说有事，问题总是被搁置；

人在上班，心在消遣，工作总是难专注；

你在不在，状态迥异，做事总得靠盯着；

开会不说，会后乱讲，氛围总是假和谐；

给马吃草，马却不跑，激励总是不讨好；

不管就乱，一管就慢，分寸总是难拿捏；

队伍不稳，人心难带，团队总是各种变；

不催不交，不要不给，被动总比主动多；

说了不听，听了不做，权威总是被挑战。

对于以上问题，本书不仅给出答案，更会给出解决思路、工具和方法。

竞争日益激烈的企业环境，倒逼着企业从外在的经营竞争向内在的管理竞争过渡，管理的必要性也就不言而喻，而实现真正高效管理的不是权力而是权力之下的影响力。每位领导者刚上任，想到的往往是权力，但是工作一段时间后，发现真正带来持续安全感的恰恰是非职权。因为大多数新生代员工不太好"管"，大多数人和具体场景都需要领导者去"影响"，影响靠的就是非职权。没有非职权，职权也就"皮之不存，毛将焉附"。非职权支撑着职权的发挥，非职权用得好，职权才能被用好。笔者在多年的培训、咨询过程中积累了很多的工具和方法，想通过本书分享给更多的领导者去应用，从而帮助他们提升组织效能。

本书最大的特点就是实战，给足案例、给足工具、给足方法。本书立足于为领导者提供一张成长地图和一组通关密码，让领导者有信心、有能力突破各种困境。

本书共有 7 章 22 节，每个章节层层递进。本书的逻辑思路是从观念到思维，从思维到方法，从方法到工具，从工具到习惯。从最初的意识建立到后续的方法应用，从实际的案例分析到后续的思路启迪，从现实的问题呈现到匹配的思路方案，节节有工具，节节有案例，节节给方法，节节能落地。同时本书提供了很多的落地格式及应用转化表格，好学、好记、好用，比如"营造氛围的 10 个方法""激励设计表""领导力口诀""决策流程"等，通过案例聚焦思维，通过方法启迪思想，通过工具改变行为。每个工具都是笔者在培训咨询中应用过并得到认可的。

这是一本让领导者走向卓越的"应用地图"和"管理词典"，适合带团队的领导者（从班组长到董事长）仔细研读，常常翻阅。本书旨在让更多的领导者从"举轻若重"到"举重若轻"，从辛苦工作的"劳动模范"到游刃有余的"啦啦队长"，从"领导"这一职位走向卓越领导力之路。

本书内容主要包括以下几个方面。

- 领导力正解。首先，要正确理解领导力。大部分问题是认知不足或者认知偏差造成的，不同的认知产生不同的行为，也就产生不同的结果。其次，要正确认知领导力，通过改变认知、改变行为，从而改变结果。最后，要让领导者去"权力化"，让领导者靠责任，不再靠光环；靠个权，不再靠职权，从而打造长效、真实的领导力。

- 行为的影响。领导力本质就是影响力，靠言行去影响比靠语言说教更具有威力。下属不会听你说什么，只会看你做什么。领导者言行一致，以身作则，率先垂范，将给组织注入一种新力量，让组织获得新的机会和发展空间。所以，领导者的行为修炼就变得更加重要。

- 目标的力量。不要只低头拉车，还要抬头看路。领导者在做好自己的同时，还要做好方向的引领，让团队看到方向、看到未来、看到发展、看到路线，让每个人的个人目标与组织目标充分融合，朝一个方向同心协力，达成目标。

- 氛围的营造。领导者不仅要高效实现目标，还要让下属快乐地工作。"90后""00后"对工作氛围的要求越来越高，领导者需要通过营造氛围让大家体验到职场的快乐，让团队期待职场、热爱职场、投身职场。

- 语言的魅力。大多数领导者是"实干家"，却难以通过语言去影响下属改变。通过语言的优化和10个领导者口诀，领导者可以掌握不同场景下的语言运用技巧，提升语言魅力，激发下属潜能，实现下属价值最大化。

- 高效地决策。遇到十字路口，到底往哪儿走，是领导者魅力的重要体现。如果总能做出正确的决策，让下属少走弯路；如果总能带领下属获得成功，让下属感受到成就感，领导力也就出现了。高效地决策是领导者的通关要道。

- 用心地辅导。通过用心辅导，让下属得以健康、顺利、高效地成长，并提升下属的技能，实现组织的优化和迭代，是领导者持续修炼的事情，也是领导者的终极使命。

以上便是 7 章的联系与逻辑，犹如闯关地图，一关一关地过，最后成为胜利者。

阅读本书，有 5 个注意事项。

一是带入思考。每节最后都有一个落地应用表单，包含知识点、认知转变和应用措施，你需要认真填写每个内容，将书中的知识点与自己的实际工作联系起来，毕竟自己转化的才是自己的。

二是带入组织。笔者建议你和企业的所有领导者一起学习书中内容，比如每周学习一章，大家围坐在一起，交流每节的落地应用成果，通过落地成果的分享，实现知识点应用的"裂变"效应，并且在每次分享后选出一位落地转化最好的领导者，评选他为"落地王"，进行表扬。大家相互交流、相互引导、彼此借鉴、相互学习，让内容价值最大化。

三是带入精力。有些人看书"走马观花"，缺少足够的信心和耐心。建议你反复研读本书，不求多、不求快、不求全，学一点，用一点，学一句，用一句，只以转化应用为目的，不攀比速度、不攀比数量、不攀比维度，遇到卡点，反复读，直到搞懂，做好学习习惯的积淀。

四是带入场景。看书前，你不妨先回顾一下自己的管理历程，哪些是让你欣慰的，哪些是让你痛苦的，回顾整理自己的问题，带着问题看，带着场景看，或许能更好地找到答案，让答案回答场景困境。

五是带入视野。领导者是组织的领导者，不是某个部门的领导者，虽然日常工作是通过带领某个部门实现组织目标，但身份是组织领导者，需要站在组织的视角，以更宽的视野看待问题。站在组织的角度看这本书，你将会收获更多的认知和价值。

了解了本书的注意事项，你就能更高效地通过本书实现领导力了。

　　企业的竞争，本质上是领导力的竞争。客户或者第三方往往通过员工的表现来评价一个企业的品牌和特点。所以，员工的表现基本反映了企业的水平。而领导者通过持续发挥领导力，优化员工的思想和行为，才能提升公司竞争力。

　　领导者任重而道远，既需要不断地迎接新目标、新挑战，还需要持续面对员工的新问题、新变化。面对职场新生代"90 后""00 后"，权威不再像过去一样有效，取而代之的是非职权。这是一本让你发挥非职权领导力的工具书，可以帮助你更好地发挥持续稳定的领导力，实现组织多赢。

齐磊

2023 年 7 月

目录
Contents

CHAPTER 1

第一章

领导力正解：

90%的领导者搞错了领导力

第一节　领导力的5个"不是"

一、领导力不是职位

　　很多人把领导力看作职位，认为领导者在组织中的成就是由职位带来的。如果这样想，那就意味着无论是谁，只需坐在某个"主任""部长""科长""经理"等的位置上，就能取到很好的绩效。而事实并非如此。彼得定律说："在一个等级制度中，每个员工趋向于上升到他所不能胜任的地位。"因此，一个人实际上是具备了领导他人的能力后，才拥有了领导者的职位。

　　2009年7月，我在广州讲公开课，课程主题是《管理者的核心竞争力和领导力》。有些学员来得比较早，在小组内交流："我们既然是中高层管理者，自然是具备领导力的。"我在后面的课程中回应了这个话题：中高层是一个位置，不是一种领导力，或者不完全等同于领导力。有些人，天生就有领导者的职位（比如企业家的子女），但是未必有领导力。领导力更多的是影响他人的能力，你在领导者的位置上，员工的积极性更高了，主动性更强了，业绩更突出了，领导力也就被发挥出来了。所以，领导力本质上是一种影响力。

二、领导力不是权威

　　在我过去十几年做培训和咨询的过程中，经常有学员问我"老师，为什么员工不尊重我""每次安排工作，员工总是拖拖拉拉，执行力差""单位里总有些不好管理的员工"。

以上这些话语体现出对领导力的误解，把领导力理解为权威，不可侵犯。其实，追求"一呼百应"、下属的"唯唯诺诺"、组织的"层级分明"等都不应该是优秀领导者的标准。还有些领导者扬扬得意地说："我只要一进公司，无论之前多热闹，立刻鸦雀无声。"这是不是好事呢？我觉得未必。

过去的工业大生产背后，领导者主要需要重复劳动的工作者，而不需要太多的思考。福特说："我只需要一双手，上帝却给我一个人。"那个时代讲究的是服从、高效、零思考。而现在领导者所面对的主要是知识工作者，更多地需要他们有创意的思考和独特的观点。作为领导者，请不要再迷恋你的权威，而需要思考如何为组织目标去激发下属的意愿。这里推荐 3 个方法可以帮助领导者塑造权威。

1. 领导者要尊重不同意见

很多领导者一遇到下属提出不同意见，就会选择鄙视、讽刺、逃避，这是不理智的表现。领导者首先应该高度重视下属的不同意见，每一个不同意见的背后都有值得思考的价值，有不同意见反而体现了下属的责任心强，至少说明下属经过了努力的思考，想把事情做好，态度是对的，也是好的。哪怕下属的思考结果没有价值，其思考的态度也值得肯定。相反，领导者要警惕那些你说什么，他们都说"是，对，好"的人。这些人往往缺少独立的思考和判断。这些现象的背后其实隐藏了很多东西，领导者如果没有认知到这些，就可能会误伤一些人才，而又无视了一些消极的附庸。所以，领导者要鼓励那些提出不同意见的人，鼓励那些有想法的人、有独立思考和判断的人，这才是一个组织发展壮大的根本。尊重不同意见，企业才能更加卓越。正如东芝电气公司原总经理、董事长土光敏夫所说："领导者应去掉权力意识，对下属以诚相待。"土光敏夫经常征求一线员工对事情的看法，征求他们的合理化建议，后来他被称为"合理化先生"。

2. 领导者要营造公平环境

领导者要营造一种公平的环境，在这个环境中没有特权。在这种公平的环境中，大家才会感觉安全。有了安全感和归属感，下属才会敢于表达自己的想法，才能让信息在组织内流动。如果缺少这样的环境，下属就会觉得组织的事情只和领导者一个人有关，和自己没有关系。土光敏夫也被称为"带着盒饭上班"的领导，他经常和基层员工一起吃饭、聊天、讨论事情。不论在餐厅还是在工作场所，他都与员工深入交流，这本身就是一种激励，因为员工也很兴奋，他们很难想象"自己能见到社长，在过去这是不可能的"。在土光敏夫当了社长之后，员工能经常见到他，而且他的办公室是开放的，员工可以随时进入与他交流。就这样，威望和信赖逐渐建立起来了。麦当劳的"走动式管理"也如出一辙。麦当劳的创始人雷蒙·克罗克（Raymond Kroc）践行"走动式管理"，经常深入基层调研，他也鼓励中层管理者进行"走动式管理"，但是效果不理想。于是他想出一个"奇招"——锯掉中层管理者的椅背，让他们不能再靠着舒适的椅背"指手画脚"。一开始大家都觉得他疯了，但后来实行一段时间看到效果后，大家才明白雷蒙·克罗克的苦心。他们纷纷走出办公室，深入基层，开展"走动式管理"，及时了解情况，现场解决问题。领导者千万不要高高在上，把权力看得太重，未来的优秀领导者一定靠的是非职权领导力。

3. 领导者要洞悉下属需求

当领导者感受到下属"阳奉阴违"、不好管理的时候，一定要高度重视。

当领导者感受到下属的语气、眼神、表情不太自然的时候，一定要高度重视。

当领导者感受到下属的行为与过去或者预期有明显差距的时候，一定要高度重视。

需要注意的是，领导者的每一次"不舒服"的背后，都隐藏着下属的心理对抗，其实下属的每一次对抗背后一定隐藏着一种未被发现的需求，而这种需求恰恰是领导者要去发现并且满足的。具体做法就是把下属的需求和组织的目标关联起来。

例如，经常有领导者说"会上讲目标，下属就不耐烦，盼着涨工资、加奖金""这些下属不靠谱，眼里只有钱"，其实下属的语言或者行为背后会有一种需求，如果领导者能够把钱和工作目标关联起来——实现什么目标，我们就发更多的钱；哪个项目提前完成，我们将发多少奖金——就会解决这个问题。所以，下属的抱怨或者不耐烦并不是坏事，这说明他们背后有一种需求需要领导者去探索和满足。洞悉每个下属对抗背后的需求，领导力之路才会更加稳健。

三、领导力不是权益

领导力不是权益。如果把领导力当成权益，就意味着领导者在其中要获得一些好处，比如，开会可以晚到、要有单独的餐厅、要有专属的停车位、要有独立的办公室等。这就体现了领导者的"与众不同"。结果自然是距离下属越来越远。第 47 届世界经济论坛年会的主题为"领导力：应势而为，勇于担当"。不是英雄造时势，而是时势造英雄。领导者应淡化权威，营造公平的工作氛围。东芝的土光敏夫的办公室是开放的，下属可以随时进入；沃尔沃公司的领导者没有单独的餐厅，也没有专属的停车位，上班早的同事很自觉地把车停到最远的位置，方便晚到的同事能更早地步入办公室；在惠普公司，所有的领导者都没有专属的停车位，没有单独的餐厅；国内有些公司也是如此，和董事长吃饭仍然需要 AA 制，董事长也经常和下属一起吃工作餐，边用餐，边交流。在这样的环境中，下属的真实想法才有可能被自然表达，真实信息也就自然能在组织中自由流动。所以，不要把领导力当作一种权益，它更多的是一种责任的承担。责任的承担就意味着当企业出现困难的时候，身为领导者的你要首当其冲；当组织需要你的时候，你能够及时出现；当工作出现偏差错误的时候，你要勇于说"这是我的问题"。领导力不是权益，而是责任。

四、领导力不是能力

把领导理解为能力，那就意味着能力越高的人，他的领导力就越强。事实恰恰相反！领导者要做的就是让下属的能力超过自己。众所周知，围棋分为九段。其实中层领导者也分为九段。你可以自己做个测评，了解一下自己所处的段位：

一段中层领导者——上传下达：汇报工作，下达指令，不隐瞒、不遗漏；

二段中层领导者——定位准确：各部门协同到位，掌控平衡；

三段中层领导者——塑造权威：下属口服心服，一呼百应；

四段中层领导者——保证结果：通过团队实现绩效目标；

五段中层领导者——营造氛围：营造良好的工作氛围，增强团队凝聚力；

六段中层领导者——防范问题：敏锐发现隐患，杜绝问题出现；

七段中层领导者——突破创新：不断复盘来创新业务流程；

八段中层领导者——带动组织：把部门带成核心部门，支撑品牌建设，带动组织健康发展；

九段中层领导者——培养人才：培养一批比自己更优秀的人。

我们可以得出一个结论，优秀的领导者是期待下属的能力超过自己。

美国通用电气（GE）公司的首席执行官杰克·韦尔奇（Jack Welch）曾说过："成为领导者之前，成功是让自己成长。成为领导者之后，成功是让别人成长。

让员工成长，目标是超过自己。这是每个领导者的重要使命，也只有这样的组织才能健康发展。"

领导者应该有意识地去提升员工的能力，而不是亲力亲为。如果意识不到这点，势必会造成忙、乱、错、累，员工也无法成长。因为在问题面前，领导者经常会陷入"被领导"的坑。

"被领导"的第一个"坑"是"我来"。领导者在下属工作面前，如果经常说"我来"，势必会造成一种结果——员工无所事事。领导者要做的是经常说"我不知道""我不会""我不行""我不懂""你教教我"等，这样员工才会更有成就感。

"被领导"的第二个"坑"是"我考虑一下"。领导者遇到员工提出问题，如果说"考虑一下"，那么员工就不会再考虑。接下来，员工就会有两个动作：等和问。等你给方法和结果，或者问"考虑得怎么样了"，不断跟进你的工作进展，这种状态就是"被领导"。因为员工知道你在干什么，他们会跟进你的工作进展，你完成得很好，员工会竖起大拇指夸赞你："果然是领导，就是厉害。"而一旦你完成得不好，员工则会"批评"你："领导，你都做不好，你还让我去做，以后安排工作，你得多考虑一下。"这种状态是不是有些尴尬？

所以，让员工觉得自己很厉害的领导者才厉害。领导者想要把成就感、责任感、快乐感给员工，就需要改善员工的工作意愿。

一个公司里谁的水平最重要？答案是：员工。

领导者的能力水平，最终仍需转化为员工的技能。因为客户面对的是员工，生产产品的是员工，提供服务的是员工，领导者的最大使命应该是把自己的能力转化为员工的能力，让员工持续有更好的表现。能力不是领导者的标准，而是员工的标准。

五、领导力不是魅力

很多人把领导力定义为一种魅力，认为领导者需要具备某种基因或天赋。

也有很多人认为，领导力是与生俱来的，后天难以培养。

还有些人觉得领导力的塑造有运气的成分，有时代的因素。

更有些人觉得领导力是某种特定情景的"灵机一动"或者某种"气质"。

以上观点不能说是错的，但不够完整。不排除领导力有"天赋""运气""基因"等影响。因为有些人天生就是领导者，如很多家族企业的子女。但是更多的领导力是可以后天训练提升的，而且是可以速成的。沃伦·G.本尼斯（Warren G.Bennis）曾说："对领导力最危险的假设是鼓吹领导者是天生的，就像是给领导力打上了基因的标签；事实上，没有人是天生的领导者。"

领导力和年龄有没有关系？其实很多领导者年轻有为，"90后"的优秀领导者更不在少数。这些领导者年龄不同，做事风格也略有不同，好与不好，还需辩证看待。

领导力和性格有没有关系？古今中外的领导者既有性格外向的领导者，也有认真负责、沉默内向的领导者。无论哪种性格都不影响一个领导者发挥领导力。

一个领导者是不是优秀，和年龄、学历、形象、性别等没有关系，只和一个因素有关，那就是当责，即百分百地负责。

当责有以下4个维度。

1. 向内看，少评判

遇事先找自己的原因，避免推诿和指责。这也是一个人成长的起始点。"吾日三省吾身：为人谋而不忠乎？与朋友交而不信乎？传不习乎？"就是向内看的过程。笔者曾看到一家公司门口写了一行字"承认问题，是解决问题的开始"，向内看的这个过程就能审视到自身的问题，便于改善。

2. 要独立，不依赖

很多领导者常常抱怨"新生代不好带""业务难推动"等。依赖的环境要好，资源要够，团队要棒，试想一下，如果这些条件都具备，那就失去了领导者的价值。领导者就是要动员团队解决难题。还有领导者"差向攀比"别人没做好，自己没做好也就理直气壮了。把别人犯错当成了自己犯错的理由。犯错本身不可怕，可怕的是找理由。领导者一定要杜绝这种依赖思维，做好自己，做到自律。独立承担责任，独立坚守原则。

3. 重得失，轻对错

小孩讲对错，成人看得失。一味地争论，会陷入"对错"漩涡。和朋友吵架，即使吵赢了，失去朋友仍然不值得；和家人吵架，吵赢了却失去了家庭的和睦，得不偿失；和同事吵架，也是如此。如果非要争个对错，那就以得失为前提，这个"得"一定是正当的"得"、持续的"得"、长远的"得"。

4. 敢挑战，不放弃

在沙漠徒步比赛中，分量最重的奖当数沙克尔顿奖，这是团队奖项当中至高无上的荣誉。沙克尔顿的领导力是如何而来的呢？一起来看看关于他的故事。

沙克尔顿的 4 次南极探险都以失败告终，但他却被队友称为杰出的领导者。沙克尔顿于 1914 年乘坐"坚韧"号探险船，由伦敦出发前往南极探险，试图横穿南极洲。"坚韧"号到达南极附近的威德尔海后，身陷冰川动弹不得，并随冰雪漂移了数月之久。很多船员开始懈怠，不做卫生、不维护机器、不检测设备，处于一种"放弃一切"的状态。沙克尔顿意识到了问题的严重性，便将目标由原来的"穿越南极洲"改为"活下来"。他要求船员各司其职，按照既定的工作职责去做事情，还每天和船员进行相应的娱乐活动，团队的氛围逐渐好了起来，大家又燃起了生的希望。不幸的是，船后来被冰块撞毁，沙克尔顿不得不弃船，在浮冰上扎营，整整露营了5个月。后来他们依靠救生小艇，勉强航行到荒芜的大象岛。岛上没有生物和其他可用资源，于是沙克尔顿做了一个让人望而生畏的决定——与5名船员到设有捕鲸站的南乔治亚岛求救。

在沙克尔顿的带领下，几个人仅靠一艘救生小艇抵达了南乔治亚岛的岸边。而后翻越了数座雪山和冰川，抵达了捕鲸站。1916年5月23日，沙克尔顿急不可待地借船开往大象岛去营救留在那里的22名船员。所有的人都劝他休息，由别人前往营救，但沙克尔顿坚决不同意，一定要亲自去。因风浪太大，前三次营救均告失败。8月30日，第四次营救终于成功了，22人都在。事后有人问这些船员，是什么样的力量让他们在枯坐干等中支撑这么久？一个船员说："我们坚信沙克尔顿一定会成功，他有这个能力，万一失败了，我们也知道他尽力了……"这次历时两年零一个月的失败航行，却成为人类历史上英勇和顽强斗志的典范。沙克尔顿临危不惧的坚毅与诚信，激发团队士气、维系团队精神的领导力，令人钦佩。这种精神的底层逻辑就是担当，对自己的职位负责，对团队负责，对目标负责，因此才会坚持到底，永不放弃。无数人选择放弃，是因为看到了困难，内心有了想法：因为困难，所以不行。请注意"因为……所以……"这个句式是受害者的句式。而真正的当责者句式是"即使……我也要……因为……"比如，即使管理工作给我带来很大压力，我也要打起精神做好表率，带领团队突破各种困境，因为我要对自己的职位负责；即使在工作中我有很多的委屈和不被理解，我也要站在他人的视角，多反思，接受事实，因为接纳与克服才会让自己变得更强；即使工作任务很重，我也要挤出时间多学习，因为学习是为了更好地面对工作。遇到困难、挫折、委屈、被冤枉、不被理解、挑战等，可以把它们写到"即使"的后面，然后在"我也要"后面写出你的应对措施，在"因为"后面写出支撑措施的心态，按照这个逻辑，失望可以变成希望，放弃可以成为坚持，懈怠可以转为斗志。

以上是当责领导力的 4 个维度，领导者要回顾自己的既往工作，进行对照和总结，查漏补缺，找到要点进行优化。每一次改变都是一次进步，长期下来，你就可以成为下一个"沙克尔顿"。

所谓领导力，正如现代管理学大师彼得·德鲁克（Peter F. Drucker）所说："发现一个领导者很简单，就看他身边有没有心甘情愿的追随者。"英国陆军元帅蒙哥马利将军也说："我对领导力做如下定义：召集一群伙伴达成共同目标的能力和意志并激发他们的自信。"这里包含 3 个维度：领导力是一种影响力，影响他人主动跟随，从而实现共同目标。

期待优秀的你，闪耀自己的光芒，照耀他人，照亮自己前行的领导力之路。

本节落地应用

1. 知识点（学到了哪些）：_____

2. 认知转变：

（1）过去的认知：_____

（2）现在的认知：_____

3. 应用措施（有时间，有行为，有结果）：

（1）_____

（2）_____

（3）_____

第二节　领导者的权威塑造不用"武权"而用"5权"

首先请你思考一个场景：某天你正在工作，HR（人力资源）领导找到你，给你一份任命书或者调令，你打开一看，欣喜若狂——你被提拔了！兴奋之余，你需要思考一个问题。这个问题也是我在课程中经常会问的一个问题：你一上台，要解决的第一个问题是什么？你可能会思考"和领导沟通""明确工作目标""清晰岗位职责""了解团队情况"等。其实这些都不是需要你第一个去思考的。你应该思考的是：一起玩得很好的这帮伙伴，接下来要怎么管？有些人年龄比我大，甚至大很多，要怎么管？有些人技术比我好，有些人业务能力比我强，要怎么管？这些人能不能服从我的管理？所以，你第一个重点考虑的问题应该是：如何让下属服从？说到服从，很多领导者的自我感觉还是不错的。因为领导力容易被领导者高估。

我经常问："李经理，团队管得怎么样？""王总，团队管得如何？"得到的答案几乎一样，对方一般会和颜悦色地说："还是不错的。"尽管说的话有点勉强，但听得出来，其中已经包含谦虚了，他们对自己的领导力十分满足。但是真实情况是什么呢？判断领导者的领导力如何，不要问领导者，要问下属。

通常在问下属的时候，完全是另外一个场景。在吃饭或聊天等放松的环境下，问下属一个问题：你觉得你们的领导是一个什么样的领导？通常会有以下 3 种答案。

第一种答案，"嘘……不要讲"。这样的领导大多数是飞扬跋扈、独断专行的领导。领导者自我感觉把下属管理得服服帖帖，实则下属早已盼着领导者早日下台。这样的团队像一颗不定时炸弹，表面看风平浪静，实际上暗潮汹涌，这样的组织状态会有两种结果："磨洋工"和集体跳槽。

第二种答案，"你说老李啊！"注意，不是叫李总或者李经理，而是老李。接下来，下属拍着大腿哈哈大笑，开始肆无忌惮地描述领导干过的蠢事、糗事，专门挑领导做得不好的维度进行讲述。这样的团队看似管理得很好，但其实让人难以信服。领导要和下属走得近、做朋友当然可以，但前提是要树立威严。让下属口服靠的是职权，是组织赋予的权力；让下属心服靠的是非职权，是个人的能力与素养。

第三种答案，下属兴奋地描述领导的光辉事迹，描述领导带领大家克服困难的过程和结果，描述领导就像描述他的偶像一样。

很显然，第三种才是我们所追求和向往的。所以，服从大致可以分两种：口服和心服。大部分领导者之所以对自己的领导力比较满意，是因为只关注到了口服的部分，而忽略了让下属心服的部分，看到的、感受到的往往只是现象。真正让下属心服才属于领导力的本质，领导力的核心应该是下属主动跟随。"人走茶凉"描述的就是领导者的"口服"状态，真正的领导者能做到"人走茶不凉"——不做领导了，原来的下属见了你，能够一如既往地尊重你。这就是"心服"。除去职位，仍然有强大的影响力，就是真正的领导力。

联邦快递创始人弗雷德·史密斯（Fred Smith）曾说："领导力是让不一定要为你工作的人，为你工作。"

被誉为美国领导力和人际关系大师的约翰内向·C. 麦克斯韦尔（John C.Maxwell）在其著作中提到了领导力的 5 个层次：

① 职位型领导者，下属追随你是因为他们非听不可；

② 认同型领导者，下属追随你是因为他们愿意听你的；

③ 生产型领导者，下属追随你是因为你对组织所作出的贡献；

④ 育人型领导者，下属追随你是因为你对他们的付出；

⑤ 领袖型领导者，下属追随你是因为你的领袖特质及你所代表的东西。

下属为什么会追随你？因为作为领导者的你拥有他不曾拥有的特殊"权力"，比如资源调配权、签字报销权、决策权、人员调动权、奖惩权、目标分配权及专家权等。其中有些权力是职位带来的，让下属"不得不"服从；有些权力则是领导者修炼的，即便去除领导者的职位光环，这些权力依然闪闪发光，让下属主动跟随。这就是非职权的魅力。

关于领导力权力，目前管理界最盛行的就是社会心理学家约翰·弗伦奇（John French）和伯特伦·雷文（Bertram Raven）在1959年提出的领导者的5种权力，后来又补充了1种权力。这6种权力分别是法定权、奖赏权、强制权、专家权、参照权、信息权。

一、法定权

法定权是指在组织中的职位及职务所带来的权力。这种权力是比较容易理解的权力，就是你开始具备了领导他人的资格，其通常来源于任命书、调令或公开地宣布任命、领导者的授权等。法定权是代表该职位拥有的正式职位权力。这是最明显的一种权力表现。

法定权的应用，有以下4个操作要点和注意事项。

（1）拒绝依赖。

有法定权可以，但绝不能过于依赖它，把法定权当作保护伞是最可怕的表现。摆脱它，领导力才能充分地发挥。

（2）掌握边界。

不越位，不缺位。千万不要超过你的边界去领导下属；同时也不要在团队需要你出现的时候，找不到你。岗位职责内的事情，要做好、做足。

（3）适时争取。

法定权的使用，如果不足以支撑你的工作，则可以临时申请增加其他资源支持。

（4）调整温度。

尽管法定权是领导者的正当权益，但是当你理直气壮地运用法定权的时候，往往会被解读为"仗势"，领导者要合理应用法定权背后的个人情感要素。例如，李明和赵刚同时迟到了，按照公司规定是要罚款 50 元的，但是他们有不同的地方：李明虽然迟到了，但是李明加入公司 15 年了，今天是第 1 次迟到，而且他还是公司连续 3 个月的销售冠军；而赵刚才来公司15 天，今天是第 5 次迟到。同样都是罚款 50 元，但是你的重视程度不同，背后的处理态度不同，沟通时间的长短也会不同。对李明，你要问一下原因，以帮助为主。对赵刚，你要让其反思，分析行为背后的深层次原因：不适合工作，还是忽视公司的管理，要高度重视并解决根本问题。

二、奖赏权

奖赏权就是能决定对下属进行薪资调整、晋升、福利，以及其他物质奖励的权限和资格。例如，小李一上班，领导就告诉他："小李，你的工资我说了算，如果表现得好，我能给你发 3 倍工资；如果表现不好，我只能给你发工资的 30%。"这样一定会增加小李对于领导者的服从。但是往往很多人没有这种权力，"工资不是我决定的，而是上级经营层的领导们决定的。我们可以做的是，决定这个奖金怎么发。"这是体现领导力的机会。比如发300 元，有的领导能发出 30 元的效果，有的领导则能发出 3000 元的效果，钱没变，但效果变了。领导者关注的应该是最后的结果。两种差距是如何产生的呢？第一种情况，领导把小李叫到办公室，把门一关，没有其他人。然后，领导从兜里掏出 300 元，递给小李："小李，拿着。"小李很诧异："领导，这是什么意思？"领导一脸严肃地说："回去自己考虑考虑。"小李从此萎靡不振。这300元，不如不发。第二种情况完全不同，领导把小李请到公司最大的会议室的主席台就座，然后又请来所有的同事，再请到公司的董事长，让董事长把300元递到小李手里，再跟小李合影留念，让小李讲一下获奖感言。这300元发出了3000元的效果，这就是奖赏权的第二种使用的策略和技巧。激励本身不是给，而是让人相信。这样的激励方式，让小李相信：如果以后工作做得更好，我的体验会更好。同时，也会让其他没有拿到奖励的同事相信：如果我和小李一样，也能获得如此好的待遇。对未来事情的迫切期待，就是激励。奖赏权的使用，重点在于使用的界限和方式：不要下属做点什么事都给钱，这样下去，你就会发现，不给钱就没人工作了，这种状态很危险；同时，还要注意变换方式，长期使用同一种奖励方式，激励会产生"耐药性"，大家就对奖励失去了兴趣。

三、强制权

强制权是对下属行为的消极反馈。其往往是因为下属的行为和领导者的预期产生了较大差距，领导者对下属的行为不满所做出的负面反馈。它可能涉及批评、惩罚、降级、取消某件事的体验和资格，以及淘汰等。这种权力应尽量少用，每用一次会降低组织的凝聚力。使用强制权也有两个注意事项。一是减少使用次数。每用一次强制权，产生的负面效果会抵消5次奖赏权所带来的正面效果。二是增加使用力度。领导者应尽量避免"雷声大，雨点小"，即说得很严重，但后续没惩罚或惩罚力度一般。这样的状态持续下去会造成下属对领导者权威的消极看法，下属会觉得没什么大不了的。

四、专家权

以上3种权力的使用都会依赖于职位，而真正让下属发自内心追随你的往往是非职权。

专家权是一种非职权，来自大部分下属无法做到的技能或特长，比如，下属想了三天三夜的问题，你3分钟就解决了，而且解决得很好。瞬间，你的形象在下属心中无比高大，提升了下属心服的程度。要实现专家权，需要关注3个方面。一是解决问题。对于医生的话，大多数人会听从，让你抬胳膊、伸腿、躺下等，你都会很配合，这种服从的前提是，病人知道医生专业。二是传授技能。对于老师的话，大多数学生会听从，学生不一定听家长的，但是会听老师的。再比如成年人见到自己的小学班主任，交流起来还是会有些紧张，这种紧张更是一种尊重。所以让下属跟你学到技能，也可以增加服从性。三是影响未来。你对一个人崇拜得不得了，愿意听他所讲的，这是因为期待他或许能改变或者影响你的未来，让自己的未来更美好。

领导者行使专家权要关注这3个方面，只有不断地在这3个方面下功夫，才能有更多的机会去优化个人领导力。专家权往往不能一蹴而就，需要持续精进、持续完善、持续优化。

五、参照权

参照权，也被称为典范权，是指通过个人特质的呈现与发挥赢得他人的信任、喜欢、尊重、崇拜等，通常来说，这种权力与领导者的做事风格、语言特点、领导方式、价值观、性格特点有一定的关系。领导者拥有这种权力以后，被领导者往往是处于完全主动跟随的状态，这种权力的发挥在"5权"当中是最难的，也是最复杂的，当然效果往往也是最理想的。没有它，领导力的使用范畴和影响幅度将会非常有限。

可以通过4个方面来分析和了解参照权。一是个人风格，包括领导者的做事习惯、价值观甚至语言特点，让下属认同。彼得·M.圣吉（Peter M.

Senge）在《第五项修炼》中说："领袖魅力就是开发自己的天赋，我们在什么程度上回归自我，就在什么程度成为真正有领袖魅力的领导者。"领导者可以通过个人风格的完善，打造"粉丝效应"，让下属成为自己的粉丝，领导起来就会更加轻松。个人风格可以通过以身作则、语言特点去提升和完善。二是口碑效应。下属对领导者的认可，还表现在领导者有没有带领他们到一个新的层级的可能性，这种可能性可以理解为希望。下属了解到领导者过去经常能做出一些正确的决策，经常心怀团队，就会坚定地跟随。三是无私奉献。下属感受到领导者的努力，而且是忘我的努力，比如为提升团队绩效而持续加班，放弃年假来陪下属一起攻克某个技术难题等。这种无私忘我的精神，有利于参照权的发挥。四是性格匹配。下属追随领导者是因为领导者的性格特点与自己接近，可以降低沟通成本，且关注点相似，工作起来很轻松，激发了下属的跟随意愿。这 4 个方面的要素的共同特点是都不可速成，都需要时间的见证。

六、信息权

信息权是指领导者掌握大量的信息，具备强大的逻辑思维能力。下属的服从是因为领导者讲得有道理。比如开会的时候，下属提出一种观点，领导者则提出另外一种不同的观点，并加以说明和解释，下属觉得领导者说得很有道理，便接受了他的观点，这就是信息权。领导者能够随时掌握最新信息，并且具备说服他人的语言能力，是实施信息权的重要条件。

从以上 6 种权力可以明显地看出，法定权、奖赏权、强制权是职位所赋予的权力，简称为职权。专家权、参照权、信息权是个人能力或者魅力的发挥，简称为非职权。职权和非职权之间的关系非常微妙，职权要想得到最大程度地发挥，必须依赖于非职权的力量，前文提到的法定权、奖赏权、强制权应用的注意事项，本质上都是非职权力量的发挥。比如法定权的杜绝依赖、奖赏权的仪式化价值、强制的使用次数等，都是非职权的体现。知名管理专家肯尼斯·布兰查德（Kenneth Blanchard）曾说："现如今，成功的领导力关键在于影响力，而不是权威。"所以，领导力不是说你非得指挥谁、调动多少资源、安排什么事，也不一定非得使用什么套路或者权谋，领导力是你能不能、敢不敢让人或事情产生积极的改变。非职权就是不靠资源、不靠权力，就靠自己的人格魅力的修炼，能影响下属主动跟随。非职权可以推动职权的发挥，职权却影响非职权的发挥。长效的领导力就是非职权领导力，领导力的本质就是非职权领导力。非职权领导力的本质就是：即便一无所有，也能一呼百应。

本节落地应用：

1. 知识点（学到了哪些）：＿＿＿＿＿＿＿＿＿＿＿＿＿

2. 认知转变：

（1）过去的认知：＿＿＿＿＿＿＿＿＿＿＿＿＿＿＿

（2）现在的认知：＿＿＿＿＿＿＿＿＿＿＿＿＿＿＿

3. 应用措施（有时间，有行为，有结果）：

（1）＿＿＿＿＿＿＿＿＿＿＿＿＿＿＿＿＿＿＿＿

（2）＿＿＿＿＿＿＿＿＿＿＿＿＿＿＿＿＿＿＿＿

（3）＿＿＿＿＿＿＿＿＿＿＿＿＿＿＿＿＿＿＿＿

第三节　基于3个方向的非职权领导力技巧

《论语·公冶长》记载孔子对子产的评价:"有君子之道四焉: 其行己也恭, 其事上也敬, 其养民也惠, 其使民也义。"意思是说, 子产具备君子之道的地方有 4 个方面:自我修养认真、严肃、到位, 服侍君王恭敬、谨慎、努力, 教养人民多用恩惠、多给好处, 役使百姓合乎自然、合乎道义。所以, 领导者面临的挑战在于各种关系的处理。上下关系、左右关系、内外关系等都要处理好。在职场比较重要的 3 个关系就是上级、下级、平级, 作为领导者权衡这 3 种关系非常重要。

非职权领导力的发挥有 3 个方向:向上、平级、向下。

一、向上做"四位"

面对上级领导, 你如何去"领导", 其实本质就是影响上级领导做出利于你的决定的过程。在这个过程中, 影响上级领导的因素有很多, 比如你在上级领导心中的"分量"——能不能有话语权。这里可以将其理解为一个冰山模型, 水面以下部分指领导的意愿、心态和感受, 即领导是否愿意听你讲话, 能不能听得进去, 会不会信, 信赖感有多强;水面以上部分指领导撇开人的因素, 只是对内容的判断, 包含内容的逻辑、流程和话术。所以能不能影响领导, 首先看你在领导心中是不是"靠谱", 其次看你的建议和想法是不是符合领导的预期和目标。

影响上级领导可以通过"四位"来实现。

1. 定位

定位是你在组织中生存立命的根本。恰当的角色感和精准的定位意识可以促使你在组织中的融合。中层领导者在组织内通常有 4 种角色定位。

第一种角色：变压器。大家都知道，电厂发出的电都是低压的，传输中为了降低电阻产生的障碍和干扰，一般需要先转化成高压，到达用电设备之前再转化为低压。变压器的这两种转化类似于中层领导者对于目标的转化。高层领导者可以务虚，中层领导者必须务实，中层领导者需要能把一句话转化为具体的执行方案，还要协助下属将其转化为具体的行动措施。比如，培训课程结束后，高层领导者上台讲话："老师，这两天的课程非常精彩，我们回去后要把这些内容迅速落地。"中层领导者听完，如果只是回到工作岗位上把高层领导者的话重复一遍，那么这个中层领导者就不称职了。这种角色就成了"二传手"，中层领导者要做的是针对高层领导者的一句话转化出一个执行方案：①培训下属两小时；②让下属结合课程内容和实际工作，列出具体措施；③中层领导者确认措施和绩效紧密相关；④找到关键节点，方便后续监督检查；⑤为方案执行出色的下属颁发荣誉证书；⑥把本次流程变为今后学习的标准化流程。基层领导者在执行前，一定要再转化成具体措施：有时间、有动作、有证据。通俗地说，就是基层领导者和下属确认做什么，做到什么程度。中层领导者的"变压器"职能让组织上下贯通。

第二种角色：驾驶员。在一辆车上，通常有两种角色：驾驶员和乘客。乘客要做好自己的事，而驾驶员既要掌控方向，又要对全车人负责。从基层领导者到中层领导者，意味着角色发生了变化，过去的组织要求"我能"；对于中层领导者，组织要求也发生了很大变化，由过去的"我能"变成"我能，我们能"，而且"我们能"成了组织最在意的维度。组织之所以提拔你，是因为在你身上看到了很多能力和优势，期待你把这些能力和优势复制给团队，共同成长。如果到了高层领导者位置，角色又有很大的区别，组织对高层领导者的要求是"我不能，我们更能"。高层领导者要学会放手，要做到"无为"，要从事更多的后台管理，考虑公司未来的发展和变化的因素，如图1-1所示。

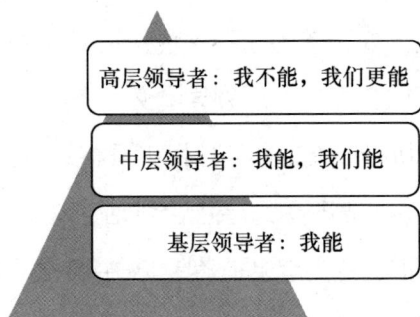

图 1-1　层级变化

第三种角色：教练员。下属提出困难，领导不要直接给方法。一旦给了方法，将产生以下4个弊端：一是下属产生依赖，有事找领导；二是下属不再思考，等着领导给方法；三是领导承担责任，因为是按照领导要求去做的；四是领导变得更忙，替下属干活。领导在面对下属提问的时候，避免给方法，才能促进下属的成长。应对下属的提问，可参考"3给1不给"模型。① 给原则，先掌控好底线。"小李，报表，准确是第一位的。""小王，招人，要宁缺毋滥。""小孙，开车，安全第一。"这些都是原则。② 给方向，不给方法。"还有其他渠道招人吗？""还有其他交通方式吗？""还可以在哪里买到呢？"这些都是方向引导。③ 给机会，让下属去做，这是让他们快速成长的方式，如"小李，去做吧，做不好，咱们一起承担。""小王，先尝试新方法，我们随时再沟通。"④ 不包办替代。领导者要牢记"上行下效"，切忌"上侵下职"，谁的活谁干，别干下属的活。凡是天天请假的人，通常工作不饱和；凡是经常道人长短的人，通常是闲得没事干；凡是在办公室里吵架的人，通常是工作抓错重点的。

第四种角色：啦啦队长。领导者不要开发布会，要做啦啦队。发布会，一般是带着明星员工去参加，而啦啦队需要面向所有员工去开展工作。领导者眼里只有明星员工，就会对组织产生意想不到的负面效果：明星员工被排挤；其他人觉得没有希望获得表扬；组织氛围变弱。所以，领导者无论是表扬还是奖励员工，出发点应该是：心有所有人。做激励，要从更多的维度去设计激励项目，让每个人都有机会获得表扬和奖励。在这一点上，保险公司的激励方式值得参考：每天必发奖。常见的奖项有最佳绩效奖、新人开单奖、增员奖、增量奖、最佳进步奖、永不言败奖等，让每个人都能看到拿奖的可能性，给每个人获得奖项的机会。领导者可以思考一下，设计哪些激励、哪些维度，采用哪些激励方式。

2. 到位

到位是领导者的执行力。关于中层领导者和基层领导者的领导力，有个"硬币"理论。硬币分为正反面，领导力也可以分为两面。站在上级的视角，从上往下看，领导称为执行力；站在下级的视角，从下往上看，下属称为领导力。所以向上影响的过程，也可以称为执行力。中层领导者和基层领导者的执行力可以分为 3 个部分。① 责任心。领导者敢于承担责任，保证组织取得最佳结果。不仅要有岗位视角，更重要的是要有组织视角。② 拿结果。不仅是领导个人执行力强，更重要的是组织的执行力强，保证部门的绩效不断优化。③ 给方案。工作中总会遇到问题，能否及时地提出合理的解决方案，是考验领导者水平的重要标志。

3. 补位

补位就是和上级领导完美协作。你的领导也会有很多缺点，当你发现了领导的缺点和不足，应该怎么做才能赢得领导的信任呢？有些人喜欢私下和同事议论领导的缺点；有些人喜欢对领导的缺点进行严厉的指责；有些人干脆对领导的缺点和问题视而不见，呈现一副事不关己的心态。这些都是缺位的表现。假设你和领导的协作最终要形成一个圆形，那么领导缺个角，你就应该变成角；领导缺一条线，你就应该变成一条线；领导缺个半圆，你就应该想办法变成半圆，自动地把领导的不足补充到位，不挑剔，不逃避，而是自发地弥补这种缺陷。补位，需要对领导的行为风格有自己的判断和了解。

在对人的行为风格研究方面，有一个模型可以参照——DISC 行为风格模型。DISC 行为模式由美国著名心理学家威廉·莫尔顿·马斯顿（William Moulton Marston）于 1928 年在其著作《常人之情绪》（*Emotions of Normal People*）中提出的。这个模型常用于对团队成员的选用育留，把人的行为风格简单分为 4 类，如图 1-2 所示。

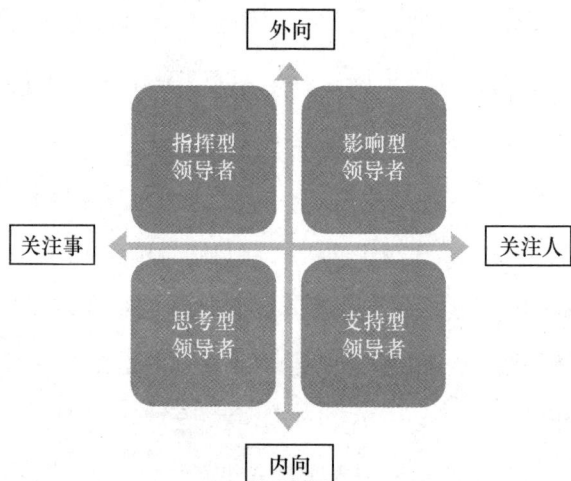

图 1-2　DISC 行为风格模型

指挥型领导者的主要特点是：目标明确，永不言败，行动迅速。追求效率的人，在细节上、质量上可能会忽略一些内容。面对指挥型领导者，站在补位的角度，下属需要更加细心，更关注工作效果。

影响型领导者的主要特点是：善于沟通，富有活力，关注下属的感受，轻视原则。格外关注人际关系的人往往会无视原则，喜欢走捷径。面对影响型领导者，站在补位的角度，下属更应该关注工作流程和原则。

支持型领导者的主要特点是：崇尚和平，避免冲突，善于包容，按部就班。按部就班的人往往不太喜欢改变，为了维护好人际关系，掩藏个人的感受。面对支持型领导者，站在补位的角度，下属更应该关注创新和改进。

思考型领导者的主要特点是：关注数据，追求完美，喜欢分析，实事求是。关注细节、追求完美的人往往会存在工作效率低下的情况，造成项目延期或者拖延忘事。面对思考型领导者，站在补位的角度，下属更应该关注工作进度和效率。

4. 换位

站在领导者的角度去思考问题。领导者主要思考的是公司未来的发展。比如 3 年后，如何应对市场的变化；5 年后的团队应该是什么样子；公司的盈利模式和客户结构应该如何聚焦等。下属之所以不理解，是因为他们关注的是当下，关注的是个人利益。在企业发展中，改变势必会影响部分中层领导者的个人利益，这种利益可能是经济利益，也可能是流程改变带来的运营成本。下属要坚信的是领导者并未有恶意，领导者希望大家能理解他的初衷和想法。所以能够学会换位思考的中层领导者，更有前景。

中层领导者可以通过 4 个问题换位思考：如果我是领导，我会怎么办？未来 3 年，要使利润翻倍，该做什么？目前的业务，如果有一天忽然不允许做了或者被市场淘汰了，我们有没有其他业务做补充？如果公司的销售高手、技术能手忽然离职了，会不会影响公司的绩效？如果中层领导者能天天思考并且回答这 4 个问题，就已经具备了换位思考、向上思考的思维能力。

向上影响，做好"四位"，就是做好"四替"，即做好上级领导的替身、替手、替补、替心。

二、平级"4步"走

影响平级的过程就是影响其他部门协作的过程，通过影响其他部门，实现自己部门的目标。这个过程有两个思维：红灯思维与绿灯思维。红灯思维是一种外界提出与自己不同观点时的对抗表现。当人们听到不同的观点时，通常第一反应是，他要找碴，他要挑事儿等。简单理解就是一种敌意和对抗。绿灯思维是一种对外界的观点给予认真倾听、仔细分析与包容接纳的态度。无视差异，关注相同；无视态度，关注价值；无视对错，关注得失。

兄弟二人分橘子，作为父母你会怎么分？很多人的思维就是一人一半。但这往往不一定是最合适的。老大喜欢橘子皮泡水，把橘子肉扔掉。老二只喜欢吃橘子肉，把橘子皮扔掉。这时再看，你的分法是不是有点冲动了？完全可以分给老大橘子皮，分给老二橘子肉。绿灯思维的结果应该是孔子说的"和而不同"。尽管不同，但是不影响和睦相处。

平级影响在流程上有 4 个步骤，即"4A 流程"，如图 1-3 所示。

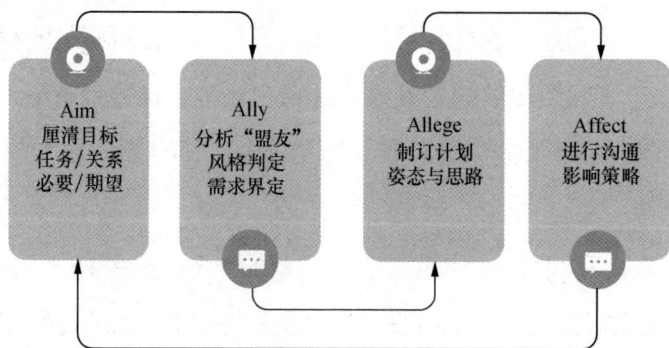

图 1-3　4A 流程

第一步：厘清目标。

在厘清目标的过程中，你可以思考以下 6 个方面的问题。

① 主要目标是什么？人重要还是事重要？

② 底线目标、标准目标、挑战目标是什么？

③ 想达成的这些目标，哪些是必须达成的？哪些是有商量余地的？

④ 这是短期目标还是长期目标？要投入多少时间？运用何种策略？

⑤ 在这些目标中，完成任务优先还是维系双方的关系优先？还是两个都重要？

⑥ 要影响对方的个性、理念还是行为？

第二步：分析"盟友"。

请不要先把对方定义为"敌人"，你需要先把对方定义为"盟友"。先假定对方无恶意，是支持我的，帮助我的，我们是同盟。哪怕对方语气并不友好，态度并不热情，都不影响你把他定义为"盟友"。分析盟友需要从两个方面考虑。一是可以分析对方的行为风格，用 DISC 模型分析即可。二是分析对方的实际工作场景和具体需求。比如对方与此事的利益关联是强还是弱？对方关注的是方便还是价值？对方在组织中的价值观和立场是什么？对方上级领导看重的是什么？对方的组织对其考核的主要内容是什么？这些信息了解得越多，你采取恰当策略的可能性就越大。

第三步：制订计划。

制订计划可以参考一个思路。曾经有位在国外读大学的女儿给父母写过一封信：

亲爱的爸爸妈妈，自从我离家去上大学以后，没有经常给你们写信，非常抱歉。现在我要告诉你们我的现状。但在你们读下去之前，请先坐下。

在坐下来之前，请不要往下读了，好吗？我现在一切都已经很好了。我在开学不久的宿舍大火中逃生，从窗户跳出去时造成的头骨断裂和脑震荡已经好很多了。我只在医院住了两个星期，视觉也基本上恢复了正常，令人恶心的头痛也一天只有一次了。幸运的是，宿舍的起火和我的跳窗，都被附近加油站的一个工人看见了，也正是他给警察打了电话，还叫了救护车。他还到医院看望我。我因为宿舍被烧而无家可归，他又善意地邀请我住进了他的公寓。说是公寓，其实只是地下室的一个房间，但还挺温馨的，他是个很好的男人，我们已经深深地相爱了，准备结婚，结婚的日期还没定，但肯定是在我的怀孕状态显出来之前。是的，爸爸妈妈，我怀孕了。我知道你们一直盼望着做祖父母，我想你们一定会欢迎这个小宝宝的到来，并像对待小时候的我一样对他体贴疼爱，并给予他无私的奉献和温柔的关怀。好，既然我已经向你们通报了我的最新消息，我要告诉你们我的宿舍没有起火；我没有脑震荡和头骨断裂；没有住院；没有怀孕；没有订婚；也没有男朋友。但是，我的考试成绩是美国历史学科得了"D"，化学学科得了"F"。希望你们正确看待这些分数。

爱你们的女儿

请你站在父母的视角去读这封信，读完后，你会松口气。还好不是我想的那种最差的情况，成绩好坏已经不重要了。女儿的策略就是先降低预期，然后给对方一个能接受的结果。这种策略也可以用到部门协作中。比如，你的部门可能需要两个人，报需求的时候可以说"我部门需要5个人，比较着急"，然后再谈成两个人；你本来下周需要报表，沟通的时候可以说成"本周需要"。这种思路类似于本来30万元可以接受项目，你报成50万元，让对方在谈判中有成就感。

在制订计划时，除要注意策略外，还可以参考跨部门沟通计划表，如表 1-1 所示。

表 1-1　跨部门沟通计划表

沟通对象		地点	
主题		准备	
我的目标	1. 2. 3.	对方目标	1. 2. 3.
目标相同点	1.	2.	3.
目标差异点	1. 解决方案 ① ② ③ ④	2. 解决方案 ① ② ③ ④	3. 解决方案 ① ② ③ ④
开始说什么		收尾说什么	

注：以上内容在沟通前填写，沟通后填写下面表格内容

总结 我的问题 改进措施	

第四步：进行沟通。

进行沟通，策略上可以借鉴美国行为学家托马斯·吉尔曼（Thomas Gullmann）在 2003 年提出的冲突处理模型。根据事情的重要程度与紧急程度，跨部门协作可以分成 5 种协作方式，每种方式的适用场景及优缺点如表 1-2 所示。

表1-2　5种协作方式的适用场景及优缺点

处理方式		应用范围	优点	缺点
竞争	双方坚持自己的主张，不让步	重要且紧急的事情	效率高，速度快，能立即有结果	不能彻底解决问题，最终靠的是权力的强制
回避	双方既不合作也不争执	不重要、不紧急的事情	没有冲突，回避矛盾，氛围和谐	组织目标利益受到损害，很多工作被拖延
迁就	让步于自己的利益，满足对方的要求	紧急、不重要的事情	能够迅速处理问题，降低沟通成本，维护彼此关系	没有解决问题，个人利益受损
妥协	双方各让半步，满足彼此的部分要求	紧急、不重要的事情	双方的利益都能得到满足，利于达成共识	只是临时缓解问题，并不能彻底解决问题
合作	双方提供信息，深入探讨需求，保障双方利益	重要、不紧急的事情	解决冲突比较全面、彻底，并能找出解决问题的方案和办法	沟通成本太高，双方需要反复沟通，共同推进

具体实施沟通步骤可以参考非暴力沟通的4个关键步骤：事实、感受、需要、请求。先描述事实，人们抵抗的往往不是事实，而是人的主观判断和情绪。如"老李，你太过分了"这句话不是事实，完全可以换一种说法，增加对方的接受度："老李，你在会议上总共打断我3次讲话。"这种说法来自观察的结果和事实，是对方无可反驳、容易接受的。感受是表达自己的态度，生气、难过、无奈等，如"我很难过""我很高兴"等。需要表达的是价值观或愿望，如"我需要得到尊重""我比较看重效率"等。请求是表达期望对方的做法。如"你可不可以，等我说完再表达观点""你愿不愿意把这个问题，再描述一遍"。这4个步骤是非暴力沟通的关键步骤，目的是避免冲突，实现目标。其在跨部门这种职权无效的情况下使用效果比较明显。

三、向下六要素

优秀的领导者应该持续思考的3个问题是：下属凭什么被你所影响？下属受哪些因素的影响？你应该如何更好地影响下属，使其更积极地工作？

这 3 个问题就是本节要回答的问题。其一，下属会受到人的影响，在职场中，一方面是领导，另一方面是同事。其二，下属会受到事的影响，也就是目标的影响。其中，下属受领导的影响最有力、最直接、最持久。首先，领导的行为会影响下属，下属在深入了解领导之前，会先看领导的行为。下属不仅善于判断，而且会选择模仿。其次，事的影响，本质上是目标的影响。最后，影响的因素还有领导的语言、领导的决策、领导的辅导和支持，以及同事们集体行为所形成的氛围，具体内容如下。

1. 行为的影响

《庄子·天下》曾写道："是故内圣外王之道，暗而不明，郁而不发，天下之人，各为其所欲焉，以自为方。"这也就是平时大家所听到的"内圣外王"。内圣，是指强大的内心和修身，这是自我管理的过程。一提到管理，任何领导者只能管一个人，这个人就是自己。对外，就是外王，不仅要做领导者，更本质的是要有影响力，通过影响力去改变下属的内心，影响下属的意愿。领导力就是内圣外王的结合，领导力的本质不是搞定别人，而是做好自己，通过修身遇见更好的自己。

2. 目标的力量

哥伦比亚大学商学院教授希滕德拉·瓦德瓦（Hitendra Wadhwa）说过："领导力就是为了跟他人追求一个共同的积极目标，我们要把自己的和别人的优点都发挥到极致。"对目标的认知和目标的共识性，是领导力发挥的关键维度，也是发挥领导力的终极目的。在职场中，下属通常会思考的问题是：我为什么而努力？在我努力的路上，有干扰还是有资源？这些资源是什么？所以，组织内上下一心的意识、上下一致的目标、上下同欲的状态是组织最稀缺的资源。

3. 氛围的营造

氛围对人有着不可抵抗的影响力。随着 VUCA 时代的到来，制度的威力将逐步下降，取而代之的是氛围的魅力和影响。组织内的机制是迫使人发生改变，这种迫使会使得他人失去工作的热情和动力。氛围的影响是让人的内心发生自我的改变。从心理学的角度讲，氛围之所以有效，有 3 个原因。① 降低成本。大家都这么做，我也这样做，这会大大降低一个人的选择和决策成本，就像选餐馆，找人多的；选网店，找人多的；选景点，找人多的。② 安全倾向。组织倾向于一致性，在一致的状态下，人才是安全的，否则，其在组织内可能会被特殊对待。③ 情感链接。人对组织的感情表现在期望组织变好，而顺应组织氛围、支持组织氛围，就是情感自然流露的重要组成部分。

4. 语言的魅力

彼得·德鲁克曾说："管理就是沟通，沟通，再沟通。"可见，语言的使用贯穿管理者的整个管理生涯。很多领导者非常努力、负责、敬业，只是语言魅力不足，导致得不到下属的尊重。领导者如何驾驭自己的语言，就能如何驾驭下属的思想。语言是成本最低的让人改变的领导方式，领导者可以不会，但不可不学。

5. 高效地决策

要不要招人？要不要开展一项新业务？要不要进军互联网？优秀的领导者总能做出正确的决策。下属主动跟随，是因为领导者能带领自己少走弯路，这样便降低了思考成本。决策能力将成为未来领导者一项重要的软实力。

6. 用心地辅导

让下属更为优秀也是领导者的一种职责。领导者的误区在于，喜欢自己干。"有教他的功夫，我自己都干完了""教了好几遍，还是不会"，这些想法是不对的。关于辅导，领导者通常存在3种情况：不愿教，不能教，不会教，也就是辅导的意愿、辅导的技能和辅导的技巧。优秀的领导者要不断培养比自己更优秀的下属，为组织和自己的晋升奠定坚实的基础。

以上6个要素是非职权领导力的核心要素，后续篇幅内容将具体诠释每个要素，也将给读者提供更多实用的表格和工具，助推管理者向领导者跃迁的完美转身。

本节落地应用：

1. 知识点（学到了哪些）：_____

2. 认知转变：

（1）过去的认知：_____

（2）现在的认知：_____

3. 应用措施（有时间，有行为，有结果）：

（1）_____

（2）_____

（3）_____

CHAPTER 2

第二章

行为的影响：

做好自己，领好他人

第一节　修身是夯实领导力的内核

领导力，本质是塑造下属良好感受的能力。这种感受往往取决于领导者的行动。孔子在《论语·子路》中曾说："其身正，不令而行；其身不正，虽令不从……苟正其身矣，于从政乎何有？不能正其身，如正人何？"意思是，领导者自己的言行端正，无须命令，下属也会很好地服从，尽管领导者可以下达命令，但是如果自己的言行不端，下属内心就不愿跟随他。所以，领导者对于自己都做不到的事情，就不好要求下属去做到。因为下属通常不会听你说，只会看你做。所有的说服，本质上都是下属对自己的说服。领导力体现在让下属服从领导的不是职位，而是下属自己的内心。下属会通过观察来做出自己的判断和决策，领导者要想让下属成为什么样，自己就要先做到什么样。领导者修身"五要"如下。

一、要自省

《礼记·大学》中记载有八目：格物、致知、诚意、正心、修身、齐家、治国、平天下。所谓格物致知，就是推究事物的原理，求得知识。《礼记·大学》中还提到："大学之道，在明明德，在亲民，在止于至善。"这个亲民，在朱熹看来是新民，即每天更新自己，每天进步。就是"苟日新，日日新"的意思，需要"吾日三省吾身"。不断地反省，找到优点得以持续，找出缺点进行改正。格自己，不仅仅要格言行，还要格心态、格思维。格思维也是一个非常重要的维度。可以参考表 2-1，每天对自己的言行和思维进行"格"。

表 2-1 格思维的维度

日期与时间	好的思维与言行	不足的思维与言行	总结改进
8月9日11点	专注读书30分钟		
8月9日14点		无效闲聊30分钟	1. 做好时间规划并分解 2. 按照计划推进，每30分钟对照与评估

领导者要成长、要进步，就需要不断地"格"自己，找到自己的不足，用成长的思维、变化的视角看问题。而反省就是成长的第一步，就是照镜子的过程。只有不断向内看，你才能找到成长的机会。对于你不能改变的，弱化它，对于你能做的，优化它，只有这样你才能不断地通过自省和反思获得成长。

二、要带头

领导力之父沃伦·G. 本尼斯在《成为领导者》（*Becoming a Leader*）一书中提到："成为领导者的人，并不是具备一系列的天生特质，而是持续一生自我探索的结果。这个自我探索的过程让人们成为对自我有清晰觉察并能激发他人潜能的人。"

领导者想要下属有哪些行为表现，自己就要先做到。所谓上行下效，下属习惯于模仿领导者的行为。例如，汉朝的汉文帝、汉景帝，倡导"与民休息""厉行节约"，自己带头勤俭节约，吃喝用度样样节约，才有了"文景之治"。

2010 年，我负责咨询服务的山东某企业，曾经发生过一次小范围的火灾事故，尽管最后损失不大，但对整个管理层来说，也是件触目惊心的事情。于是领导们准备在企业内推动"无烟"行动。这个时候，阻力重重。

销售部的同事当时就提出反对与质疑："客户经常来访，我们不能去禁止客户的行为吧？如果不合作了，岂不是影响公司的业绩与发展？"

行政部的同事说："直接禁烟，不好做吧。我们循序渐进，慢慢来，不如搞个吸烟区吧，大家如果想吸烟，可以去吸烟区，做好管理与防范，否则大家烟瘾难耐，影响工作怎么办？"

财务部都是女士，她们对禁烟十分赞同。

投资部的同事说："我们经常加班，天天盯着屏幕看，一天不出门，我们部门完全没有禁烟这个必要吧？要禁烟也是其他部门的事情，我们部门就不参与了，咱不能'一刀切'是不？"

总之，"无烟"行动的难度比想象的要大很多。这时候，董事长站起来，把自己随身带着的烟扔进了旁边的垃圾桶，然后说道："从今天起，我戒烟，谁看到我吸烟，我奖励 10000 元！"整个会议室，顿时静若无人。董事长抽烟长达 20 多年，每天至少一包烟，此次能否禁烟成功，这个标杆很重要。大家似乎都在等着看董事长的笑话，也都在琢磨如何获得 10000 元。但是，接下来发生的一切，完全颠覆了大家的判断。董事长从此真的戒烟了。这引来很多领导层人员纷纷效仿，最后的结果是公司其他管理层人员和普通员工也都陆续戒烟成功，公司最终也没有建立吸烟区。从上到下的表率作用，推动了无烟行动的落地，使得无烟行动获得了成功。至于在会上很多部门反映，这会影响工作，后来证明纯属多虑，他们的工作均未受到任何影响。

一件事情的成功，领导者带头至关重要。己所不欲，勿施于人。下属习惯于观察与模仿，领导者要求下属做到的，自己应该带头做到，无须过多语言强调，下属觉察到了，看到了，就会相信一件事：你是认真的。让下属感受到你的认真，他们才会认真。

三、要担责

被称为"南非国父"的纳尔逊·罗利赫拉赫拉·曼德拉（Nelson Rolihlahla Mandela）曾说："遇到喜悦时能够谦逊退后，遇到困难时能够首当其冲。此时，人们会欣赏你的领导力。"

曾国藩在谈到一个领导者如何才能让下属心服口服地追随自己时，曾说过8个字："功不独居，过不推诿。"有功劳，从来不独自占有；有责任，从不推诿给他人。这8个字囊括了领导者与下属关系的精髓。下属愿不愿意跟随你，在他们心里会有自己的标准：这个领导者怎么样？这个领导者会给我们带来什么？这个领导者能不能勇于承担责任？这3个问题，本质上就是对领导者担责程度的考验。遇到利益，心中有团队，让团队有好处；遇到问题，心中有责任，让团队有依靠。在这种领导情景中，下属才更愿意主动追随。

2019年6月，我去青岛崂山区一家房地产公司授课"中层干部的责任心与执行力"，在午间休息的时候发生了一件事。这家公司工程部的王经理提交给副总经理一份报告，副总经理一看，顿时表情凝固，紧接着发怒了："这是报告？这是什么玩意儿？公司名字竟然搞错了，日期也写错了。能不能带上脑子上班啊……"工程部的王经理一听，毫无愧疚之意，说道："肯定是小李写报告不认真，我回头使劲儿批评他。"副总经理一听更生气了："你是部门的负责人，你比员工多领工资和奖金，你要对部门的事情负责，出了问题，扔给小李，你的责任呢？是零？无责？"工程部的王经理似乎突然意识到了："不好意思，领导，这确实是我的问题。上午刚学的责权利对等，我马上回去调整，18点前提交，保证无误。"副总经理喝了口茶，说道："为什么我们不一开始就这样呢？既浪费了时间，又增加了不必要的工作量，周末质询会，我们要对这件事情进行总结，按照规定进行处理。"工程部的王经理当场总结道："我作为部门经理，不该推诿，应当对部门结果负责，对公司负责，这个职位有权力就一定有责任，权力和责任是统一的。领导，请看我接下来的表现。"然后退出了办公室。

试想一下，如果工程部的王经理把责任推给小李的这件事被小李听到了，小李会是什么感受？肯定感到五味杂陈。盖普洛公司曾做过一个调研，得出一个结论：员工总是加入公司，离开上司。员工离职的80%与直属领导者有关，明星员工离职的 70% 与平庸的领导者有关。可见，领导者的言行举止、为人处事的方式对下属的影响意义深远，而其中最根本、最内核的力量来自责任心。领导者的责任是冰山模型，水面以下的部分是所有技能的重要支撑。责任心强且能力强的人就是优秀的领导者；责任心强，但能力不足的人，是良好的领导者，他有潜力，可以通过不断反思与请教来提升自己；责任心不强，但能力强的人，是破坏型领导者，这样的领导者会增加后续的沟通运营成本；责任心不强、能力也不强的人，是糟糕型领导者，这样的领导者，不但事情做不好，还会到处找理由。

四、要结果

绩效是一个组织的生命线，结果是绩效的核心。所以，不断输出结果是领导者的重要职责。那么如何输出结果呢？用两个字来解决——"清楚"！在企业中，你有没有遇到过以下的问题：

无数的美好的想法，难以变现；

无数次的执行有始无终，半路夭折；

无数的问题总是防不胜防，出乎意料；

下属的执行状态不佳，结果不良；

下属的执行态度日渐糟糕，浮躁、敷衍、附和；

下属的执行流程慢慢消减，无视规则、无视结果。

以上问题都是团队在执行指令的过程中经常遇到的问题，这些问题可以用两个字解决，那就是"清楚"！

1. 结果要清楚

领导者如果事前不清楚给下属的指令，那么结果可想而知。领导者给下属下达的是指令，这个指令不仅仅领导者自己要清楚，下属也要清楚。所以下达指令有 3 个操作要点。

一是把过程描述变为结果。大多数指令都是在表述过程，领导者一旦描述过程，就会和下属的理解产生偏差，最后容易出现推诿。所以领导者下达指令时一定要把过程描述变为结果，力求简单。二是结果必须能检查。什么样的结果才能检查呢？首先要有时间，约定好什么时候完成，越精确越好。其次要能看得见、摸得着，不能是想法、思路和态度。三是让下属复述结果，领导者和下属要对这个指令的理解一致，没有偏差。

以上这 3 点是执行指令前的准备工作，只有做好这些，执行才算入门。所以"结果要清楚"被称为执行的入口。

2. 责任要清楚

指令下达清楚后，下属会考虑一个问题：这件事情干得好坏和我有什么关系？没有人会为领导者的目标而努力，每个人只会为自己的目标而努力，这就需要领导者将结果和下属相关联。所以确定责任有两个操作要点。一是把事情的结果和一个人相关联，而不是和一个部门、一个群体、一个组织相关联，越聚焦越好，否则责任很容易被稀释掉。因为没有人愿意承担责任，除非和他相关。二是明确告知做好与做不好的区别，做好了可以怎么样，做不好又会怎么样。让下属清晰责任，就会增加他们工作的动力。

3. 节点要清楚

在执行指令的过程中，领导者不能等到出了结果再评估，而必须为过程设置若干的节点，让下属知道距离结果还有多远。随着执行的深入，下属越来越有力量。所以设置节点有两个操作要点。一是在容易犯错的地方设置节点，领导者的检查不是监控，不能 24 小时地关注执行的进展，因此应在每个节点去检查，这样的检查轻松、高效。二是在检查中，不断地核对与最终结果之间的差距，明确下一步的方向。所以，设置节点的地方往往是纠偏的机会。

4. 奖惩要清楚

执行指令后，下属最急迫的就是希望得到领导者的反馈和评价。这个时候，领导者的反馈将决定后续工作的执行和下属的状态。所以及时反馈有3个操作要点。一是即时。下属表现得好，领导者第一时间就要做出奖励，下属会更有意愿执行。二是明确。领导者要明确地表明对结果的态度，不能模棱两可，让下属不明方向。三是仪式化。任何奖惩的目的都不是给予，而是激励。仪式化的奖惩将加深下属感受，让下属记忆良久。

5. 传承要清楚

奖惩完成后，要对经验进行总结和沉淀，形成工作规范。对于不利的结果，需要找出原因，进行完善，避免下次再犯。所以传承有两个操作要点。一是得分享。好多经验的沉淀是优秀人才分享的结果，如果每个人都能分享，知识就会裂变，经验就会普及，方法就会传承。二是变流程。把优秀员工的做法流程化，形成机制，让大家可以去借鉴，可以去复制，可以去应用。

有了以上的执行系统，在工作中，事前、事中、事后都能瞄准结果，在过程中采取各种措施保障结果，最后通过流程去传承结果。每件事情，一个循环；每件事情，一个系统；每件事情，一个流程。用模式代替人工，用系统解放管理，让领导管理轻松自如，让部门结果清晰可见，让企业发展基业长青。

五、要权变

《道德经》提到："上善若水。水善利万物而不争，处众人之所恶，故几于道。"第一个善，可以理解为事情的本性，自然属性。第二个善，可以理解为善待，善待人和物。领导者的属性应该像水一样，哪里低往哪里去。容器是什么形状，领导者就变成什么形状。根据情形做出变化，这种变化应该更利于组织的发展和员工的成长。领导者为什么觉得新生代难带，主要原因是以过去的管理方式不适合今天的新生代。过去管理老一代人的管理方式，已经过时了。面对新生代，领导者的领导方式必须调整。其实，不仅仅是面对新生代，面对不同类型的下属，领导方式也应该有所变化。正如 1969 年，行为学家保罗·赫塞（Paul Hersey）与肯尼思·布兰查德（Kenneth Blanchard）共同提出的情景领导理论认为，领导者的行为要与被领导者的准备程度相适应，才能取得有效的领导效果，也就是说领导风格不是一成不变的，而要根据环境及员工的变化而改变。情景领导模式将员工的状态分为 4 个阶段（准备程度）：第一阶段为 R_1，员工没能力，没信心；第二阶段为 R_2，员工没能力，有意愿并自信；第三阶段为 R_3，员工有能力，没信心；第四阶段为 R_4，员工有能力、有意愿并自信。对应的领导方式分别为告知式、推销式、支持式、授权式。尽管后来的情景领导 II，在情景领导 I 基础上做了一些调整和变化，但是总体理论支撑变化不大，还是强调了领导者权变的重要。情景领导重在匹配。这里强调 4 个"而异"，即因时而异、因人而异、因事而异、因岗而异。

1. 因时而异

随着时间的变化，领导者的方式要变。大到时代变化，不同的年代采取不同的领导方式，针对时代特点做出领导方式的调整。小到时间变化，早上晨会或者一天的工作开始前，领导者的基调应该以鼓励为主，即使有问题，也可以先做记录，待晚上开会统一解决。夕会，就是要解决问题了，面对实际问题，反思检讨，拿出解决方案。早上感性些，晚上理性些，这样的基调才能促使组织有更好的结果。

2. 因人而异

对于不同的人，管理方式也应有所区别。过去强调"一视同仁"，主要强调的是管理，今天的领导者必须掌握"因人而异"的领导方式。

对于有经验、有能力的人，领导者应该管理结果；对于新人、经验不够的人，领导者重点管理过程；对于态度端正、能力不足的人造成的问题，领导者要把大事变小；对于能力强、态度不端正的人造成的问题，领导者要把小事变大。比如同样写一份材料，小李和小王写的材料都出现了问题。对于小李，领导强调了好多遍，他还是把格式搞错了，造成了不必要的返工，领导此时就要把小事变大，多强调重要性，引起其思想的重视；对于小王，尽管他也出错了，但领导发现小王每天加班加点写材料，由于能力还不够，有一项数据出现了错误，而且他已经很自责了，领导就不要再去反复批评，以免造成小王心态的崩溃。他可能需要的是领导的关怀和安慰。对不同的人采取不同的领导方式，这样的变才是合乎时宜、合乎情景的。

3. 因事而异

有些事情，领导者要高度重视，有些事情，则可以任其发展，少加干预。比如写个文件，如果只在自己部门内部交流，那么对于格式、字体、结构，就无须要求太高；而如果是对外的文件，则必须慎之又慎。

2018 年，我曾经培训过一家药企。这家药企的发展非常迅速，仅用两年时间，员工人数和盈利就实现了 3 倍增长。药企的领导在课前找我沟通时，强调了一个问题："我们对于每个药品的立项会投入很多时间、精力、物力，耗时大半年，投入近百万元，组建至少十几人的项目小组，最后审批不通过的原因，不是技术问题，不是学术问题，而是错别字问题！而且一旦审批不通过，就只能重新立项，其复杂程度、烦琐程度可想而知。"可见，对外的文件需要慎之又慎，就像《论语·宪问》中记载的孔子的一段话："为命，裨谌（bì Chén）草创之，世叔讨论之，行人子羽修饰之，东里子产润色之。"为命，就是拟定公文。每份文件的写作，都由裨谌先起草，然后由世叔来推敲并提出修改意见，再交给负责外交的子羽进行具体修改，最后由子产润色。对外的文件和交流，领导者要高度重视每个环节，一旦出问题，影响可能会非常大。而对于部门内部的常规通知，可能只需要口头传达就行。对待不同的事情，采取不同的方式，做到因事而异。

4. 因岗而异

美国苹果公司联合创始人史蒂夫·乔布斯（Steve Jobs）曾说："我的工作是带领一群优秀的人，帮助他们成为更好的自己！"领导者需要针对不同的岗位，采取不同的领导方式。有些岗位需要创新，比如设计部、市场部、销售部等，创新就意味着有出错的概率。比如设计部提交给你设计方案的草稿，你一看，这根本不是你想要的，批评一通，就要求设计部重做。第二个版本，你一看，非常生气，还不如第一个，又狠狠地批评一通。这样下去会遏制下属的创造力。因为每次的创新都是从尝试开始的，而尝试就有可能出问题或者不符合领导的预期。所以，对于有些岗位，尤其是需要创新的部门，领导者要鼓励他们尝试，出现问题时，也要表示接纳和理解。还有些部门必须出错才能发展，比如研发、实验部门，需要不断试错，找到正确的路径和材料。另外有些部门则需要按部就班，比如财务部、企管部、生产部，基本按照标准做事，他们的工作性质决定了工作基调，这种工作得严谨。如果财务报表上少个0或多个0、企业管理部遇到制度"变通"一下、生产部抱着"差不多"的心态，工作品质都会降低，这时候领导方式就很重要了。领导方式会影响团队的思维导向，不同的领导方式会产生不同的思维和结果。面对不同的岗位，梳理不同的领导方式和领导风格，做到因岗而异，才能发挥领导本身的价值。

以上就是领导者修身的"五要"，按照这 5 个标准对照自己来修身，让自己的领导力由内而外彰显，这样的领导力才是持久的、强大的。

本节落地应用：

1.知识点（学到了哪些）：＿＿＿＿＿＿＿＿＿＿＿＿＿＿＿＿＿＿＿

2.认知转变：

（1）过去的认知：＿＿＿＿＿＿＿＿＿＿＿＿＿＿＿＿＿＿＿＿＿

（2）现在的认知：＿＿＿＿＿＿＿＿＿＿＿＿＿＿＿＿＿＿＿＿＿

3.应用措施（有时间，有行为，有结果）：

（1）＿＿＿＿＿＿＿＿＿＿＿＿＿＿＿＿＿＿＿＿＿＿＿＿＿＿＿

（2）＿＿＿＿＿＿＿＿＿＿＿＿＿＿＿＿＿＿＿＿＿＿＿＿＿＿＿

（3）＿＿＿＿＿＿＿＿＿＿＿＿＿＿＿＿＿＿＿＿＿＿＿＿＿＿＿

第二节　领导者要高度重视的"4条边"

为什么想做的事很多，做成的事却很少？

为什么你很忙，绩效却总是不理想？

为什么下属阳奉阴违，行动滞后，结果无效？

为什么说了很多，下属却听了很少？

领导者的时间精力极其有限，必须清晰地认识到"有所为，有所不为"，即哪些该做，哪些不该做，哪些少做，哪些多做。这样才能避免"瞎忙"。在组织中，领导者的以身作则是赢得信赖感的有效方式。以身作则也需要有所取舍，领导者亟须做好4件事，如图2-1所示。这4件事就像是四边形的4条边，上边的横线对应的是价值观倡导的事情，明确领导者工作的方向；下面的横线是要求下属做到的事情，明确领导者的底线和要求；左边的竖线是组织绩效相关的事情，抓好组织的需求和命脉；右边的竖线是超出计划之外的事情，做好例外情况的预防和处置。

图2-1　领导者亟须做好4件事

一、价值观倡导的事情

在此，我们将组织价值观简单理解为文化。

华为创始人任正非曾说："资源是会枯竭的，唯有文化生生不息。"

文化的力量不容小觑，文化会影响人的内心，从而影响人的行为。一说文化，很多领导者往往会得意地说"我们公司墙贴了很多奖状""我们早就制作了很多文化手册"等。判断这些墙上贴的、嘴上喊的、文件写的是不是文化，重要的标准是绝大部分人有没有做到。如果做到了，那它就是一家公司的文化；如果没有，那就不是文化而只是一些装饰品和活动。所以文化不是你说过什么，写过什么，贴过什么，而是集体有哪些实际行为。可以将"文化"分开来理解，文，是提炼的过程，是把公司的实际集体行为提取出来；化，是一个落地的过程，是把提取的关键词再落实到实际行动中。这样才能保证行为的统一和持续。领导者上任后要做的第一件事情就是文化的传播。价值观是文化的主要载体，保证价值观在组织内扎根落地、茁壮成长是领导者的第一要务。

2020年，我在广州讲公开课，当时班上的学员都是广东省内各个企业的中高层管理者。在课间休息时，一位家电企业的副总经理找我交流，他递给我一本册子，说道："老师，你看这是我们公司的企业文化，怎么样？"

我拿过册子，打开一看，略带质疑地问道："这是你公司的文化？你平时有没有写过一些关于价值观的文章让下属去读读呢？"

他答："太忙了，没时间写。"

"那你平时有没有做过针对价值观方面的激励机制？"

他答："我们有激励机制，主要是针对销售部门的，我们给业绩好的员工发奖金。"

"有没有一些针对价值观方面的应用场景，比如招聘活动、晨夕会、年会等？"

他答："活动是有的，不过我们都是在节假日或者发工资的日子一起聚会，和这个册子上的内容也没什么关系。"

我说："价值观和组织成员的集体行为要吻合才是文化落地的具体表现。只有一本文化宣传手册而没有贯彻落实，很遗憾，这不是文化。"紧接着，我给他提供了价值提取和落地的思路，他不断点头，有醍醐灌顶的感觉，决定回到企业立即去推动和实施。

做价值观倡导的事情，可以从以下3个方面来推动实施。

1. 明确提出公司价值观

在过去的培训和咨询工作中，我发现越来越多的企业存在价值观虚无缥缈的现象，有抄来的，有不清晰的，有的只有领导层知道，有的企业根本就没有提出价值观。所以，领导者明确提出价值观，就显得至关重要。只有这样，才能在思想上达成共识。

领导者千万不要模棱两可："我要什么，你们也知道。""你们觉得咱们要打造什么样的团队？""大家回去考虑一下吧！"这些都不是明智的做法。领导者要做的是明确提出价值观，将其融入晨夕会和公司的各种活动中。领导者要多说、多用、多推动，可以参考以下5种做法。

① 建立标准化的文化墙。通常设在公司走廊，方便大家每天看到，受到熏陶。

② 每个月写一篇针对公司价值观的文章。比如公司的价值观是诚信，就可以写你在平时工作中对于诚信的理解，感受到的诚信的重要性，将诚信与实际工作相结合的阐释等。

③ 基于下属的优秀表现与价值观进行对照。比如，表扬小李的绩效："小李的业绩源自不断地践行公司所倡导的勤奋价值观，不断坦诚地与客户

沟通，每天第一个上班，最后一个下班，工作时间最长，效率又高。大家要学习的不是他的行为，而是勤奋的价值观和思维方式。"

④ 在晨会、夕会中加入价值观的宣导环节。晨会、夕会是企业每天必备的项目。应在晨会的环节加入价值观宣导环节，哪怕只是大家一起喊一遍也可以。话语可以是："我们的愿景是成为 ×× 行业的领头羊！""我们的使命是致力于 ×× 的美好生活！""我们的价值观是：诚信，协作，奉献，共赢！"这个过程是一个逐步累积的过程，短时间看效果不明显，但时间长了，员工会感受到思想的统一和目标的共识。

⑤ 传播价值观的故事。道理随风而去，故事深入人心。人对故事有种天然的渴望。小朋友喜欢听着故事睡觉，故事会在人的大脑中形成一系列的画面感，让人印象深刻。领导者需要掌握讲故事的技能。最好是讲价值观的故事，比如过去我们是如何克服困难、实现今天的成就的。我们遇到过哪些挑战，最终克服后取得了成功。这些事情的背后，体现了哪种精神，这种精神可以和公司哪个价值观关联，提取出与价值观相关的关键词，再融入故事，讲给大家听。

2. 基于价值观多维渗透

2017 年，天津有家位于高新区的大型企业在招聘。有位小伙子去应聘，走在路上他才发现，从家到公司至少要转 3 辆公交车，于是对应聘产生退意。他内心在想：即便应聘成功，也不太可能去工作，因为通勤成本太高了，每天需要 2.5 小时。但他继而又想，既然已经上了第二辆公交车，那就索性去看看吧，看这家公司有什么招聘流程，以此来积累点应聘经验。抱着试试看的想法，小伙子继续转车去面试。当他走到公司大门口时，彻底被震惊了，这家公司的门口有个大型的 LED 屏幕，屏幕上写着：热烈欢

迎 ×× 同志到我们公司来面试。小伙子真的被惊喜到了，他当时只是初次面试，还未必被录用，公司竟然就在这么大的屏幕上打上他的名字欢迎他，这使他真正感受到被尊重。后来小伙子说："我经历过很多公司的面试，大多数公司都在说以人为本。但这家公司不仅是在网站宣传，而且确实做到了，真正地把价值观落实到了实处。这就是我后来一定要留在这家公司的原因。事实证明我是对的，我现在负责研发中心的工作。在公司的 4 年中，很多工作的指导方针来自公司的价值观，比如招聘、学习、开会及各种活动，都渗透着价值观，我们从熟悉价值观到运用价值观，再到从价值观中受益，已经形成了一种天然的价值观生态系统。现在，价值观已经渗透到我们工作中的方方面面。"可见，价值观对组织的价值。

接下来，你要思考的是，应该在哪些维度渗透价值观呢？如何渗透公司的价值观呢？思考维度如表 2-2 所示。

表 2-2　思考维度

核心价值观	解释	工作中的措施	面试题设计

3. 围绕价值观进行激励

众所周知，激励对组织发展非常重要。基于价值观维度的激励有助于价值观的贯彻和落地。价值观倡导诚信，那么对于表现较好的诚信事例，就要给予激励；价值观倡导奉献，那么对于付出个人利益实现组织利益的人，就要给予激励；价值观倡导协作，那么对于站在对方角度去思考，做出让步实现共赢的人，就要给予激励。价值观的激励设计如表 2-3 所示，可以参考使用。

表 2-3　价值观的激励设计

价值观内容	具体行为表现	激励标准	激励内容
客户价值	感动客户，使客户主动提出表扬	每季度受到客户表扬最多的	现金奖励

二、组织绩效相关的事情

绩效是领导者的初心，围绕绩效，你可以做以下 3 件事情。

1. 做榜样

榜样的力量，是让人看到希望。这个榜样既可以是领导者自己，也可以是组织内的其他成员。要让人看到这个榜样就在身边，距离我们并不远。看到事实人们才会相信，相信才会看到希望，看到希望才会产生动力。这就是相信的力量。例如，员工不会的技能，你来做个示范；在责任和困难面前，多说"跟我来"；在大家觉得实现目标无望的时候，通过分解目标，提供资源，让大家看到实现目标的可能性。这种可能性越大，大家的动力也就越足。

2. 做激励

除了侧重价值观，激励的设计还应该不可避免地侧重另外一件更重要的事情，这件事就是绩效。围绕绩效，领导者要设计一些激励措施，激发下属对于绩效的热情，如表 2-4 所示。

表 2-4　激励措施

绩效维度（举例）	具体标准（举例）	激励方式（举例）	实施时间
销售额	连续 3 个月最多的个人	奖金、奖牌	
合格率	连续 2 个月最高的班组	荣誉证书、奖金	
客户满意度	每个月客户满意度最高的	定制徽章	

3. 做承诺

承诺是一种强大的力量。我曾经培训过一家建筑企业，它是当地一家龙头企业，业务范围涵盖了全省及省外的部分地区。在课间用餐时，我问其中一位公司副总经理"公司的中标率为什么这么高"。他说："我们公司主要靠的还是内功，十年磨一剑，主要拼的是交付。我们不断反思和总结，持续优化流程和协作细节，所以在市面上可以把交付做到极致，敢做其他公司不敢做的承诺。恰恰是这种承诺形成了公司的核心竞争力。"

承诺是最高效的沟通语言。假设下属从来不做承诺，哪怕你问："小李，完不成怎么办？"

小李说："相信我，能完成的。"

你继续问："万一做不到呢？"

小李说："万一做不到，我就接着干呗！"

接下来，你会担心和焦虑，饭也吃不下，觉也睡不着。如果敢做承诺，而且主动承诺，效果则会完全不同。

你问："小李，完不成怎么办？"

小李说："领导，请放心，完不成我做 50 个俯卧撑；完不成，我自罚50 元。"

这时你的感受就会完全不同。

这就是承诺的力量。敢做承诺，对承诺负责是增加信赖感的有效方式。

三、要求下属做到的事情

杜嘉法则提到："你的下属一看你的行动，便明白你对他们的要求。"这反映出下属对领导者观望的一种普遍心理，或者说是一种对领导者的注目和意会。

古语说：己所不欲，勿施于人！自己不喜欢的，不要强加给对方。同样，自己做不到的，不要强要求他人。也可以换种方式表达，己所欲施之于人。自己想要的东西，先给他人。做领导者也是如此，自己不想要的，不要强加于下属。比如主动承担、主动承诺、自律、独立思考等，自己如果做不到，就很难要求下属做到。自己想要的东西，比如物质利益、休假机会、荣誉赞许等先给下属，这样就会增加下属的信赖感。

东芝的土光敏夫强调，要在组织中建立相互信赖的关系，就要让自己成为他人所能信赖的人。从每个个体开始逐步建立信赖感，这样就会形成一种相互信赖的关系。土光敏夫总结了5项行动原则。

1. 换位思考

站在对方的立场去思考事物。把自己带入对方的情境，综合考虑如果我是对方的话，我会怎么想，我会怎么做。用对方的视角看问题，用对方的思维来思考，用对方的价值观做取舍，真正地换位思考，就能接纳所有人的所有行为。因为在对方的思维中，任何行为的输出和决策都是正常的。

2. 坚持原则

严守约定，坚持原则，秉承原则大于制度、制度大于总经理的管理方针。如果忽略了原则，无视了原则，往往就会落入管理陷阱。原则的位置应该处于总经理之上，制度之上。践行原则、捍卫原则是优秀组织发展的重要标准。任何人在原则面前都必须承认自己的卑微和渺小。如果你认为我在原则面前太强势，那么是你不懂什么是原则。原则是不可讨论的、不可动摇的，凡是可讨论的都不叫原则。

3. 言行一致

领导者说的就是领导者做的，领导者做的就是领导者说的，也就是说我所做，做我所说。

4. 归功于人

把结果和成绩仔细记录下来。发现下属的点滴进步，把它记录下来；用心找到下属的优势，把它表达出来；努力搜索下属的成绩，把它彰显出来。发现优秀，多做记录。把成长的功劳归功于下属，把下属的成绩归结于努力。让每位下属感受到自己的成长，下属就会产生更大的动力去工作。

5. 蔽其不足

掩蔽掉对方的错误和失败。对于表现好的，做好记录；对于表现不佳的，切忌记录。让这些错误和失败随风而去，领导者和下属一起忘掉这些错误和失败。这会有助于领导者和下属未来的发展，也会有效地建立彼此的信赖关系。

四、超出计划之外的事情

在工作中，领导者通常会遇到 3 类事情：例行、例外和意外。平庸的领导者把自己的大部分时间和精力放在例行事务上。优秀的领导者把时间和精力更多地放在例外事件上。卓越的领导者能预防意外事件的发生。

例行：意料之中，计划之内。就是经常发生的事情，你知道它什么时候发生，也知道如何发生，既知道发生的频率，也知道处理的方式。就像每天的洗漱、吃饭、睡觉一样，形成了习惯性行为。这类事情随着时代的发展，更多地会被智能设备所替代。所以，这类事情不是领导者的重点工作。

例外：意料之中，计划之外。就是一定会发生的事情，你不知道它什么时候发生，发生在谁身上，也不知道发生的频率和影响的程度。比如客户投诉这样的事情，企业都会遇到，但是什么时候出现并不清楚，多少客户投诉也不确定，投诉影响程度会有多大也不了解。再比如有人迟到，这类事情也是例外。企业里一定会有人迟到，但具体是谁，多少人，影响的程度都不清楚，只有事情发生后才会知道。这类事情就属于例外事件。对例外事件的处理，通常采用流程、制度、工具等去解决。比如公司有投诉流程，有考勤制度，有离职流程，有设备异常申报流程等，这些就是为了应对例外事件的发生的。机制就是固定的方法，包含制度、流程、标准、话术、工具、表格等。机制通常解决的是集体性错误，重复性问题，它们经常出现，但无明确的时间规律。因此，建立机制就成了领导者的必修课，可以通过表2-5建立机制。

表2-5　机制设计

企业问题	建立什么机制	建立机制的方法	机制建立者	推广方式
如：反复退回	提前公示机制	案例归纳法	专门部门	直接应用
如：推诿扯皮	事前责任确认制	措施改进法	部门经理	试点

建立机制的方法通常有4种。① 案例归纳法，适用于过去没有机制，第一次用机制去解决问题，事例发生比较经典，有代表性的情况。把这个

代表性事件作为案例进行总结归纳，形成参考方法。② 措施改进法，适用于过去有机制，但是机制有漏洞，造成解决问题不彻底的情况。它是对过去的机制进行优化，即措施改进法。③ 标杆示范法。通常是有优秀的人做出了瞩目的成绩，其他人想要复制他的工作流程。比如把销售冠军作为标杆，让他梳理销售流程，这就是标杆示范法。④ 分工协作法。对于有些问题，单个部门无法解决，需要多个部门协作才能完成，先分工再协作，这就是分工协作法。

机制建立者，通常由部门负责人担任。

推广方式有 3 种：训练后应用、直接应用、试点后应用。有些机制属于技能类，只是知道还远远不够，需要不断训练才能掌握，比如销售话术，就应该采取训练后应用的推广方式。有些机制比较简单，责任小、风险小，可以直接应用，比如考勤制度。有些机制比较敏感，风险较大，比如绩效薪酬体系，需要先小范围、一段时间内试点总结后，再全面应用。

意外：意料之外，计划之外。这类事情的关键在于预防，因为有些意外事件一旦发生，损失就是巨大的，无法挽回。既然意外是意料之外的事情，那就需要我们不断地向外看，看其他组织的意外事件，做思考和总结，同时拿出具体的预防措施。本质上来讲，借鉴他人经验，可以预防问题的发生。预防意外的发生通常有 4 步。①发现隐患。这个过程要足够细心。② 预估不良。隐患如果持续下去，可能出现的后果是什么。③ 应急措施。其立即能用，用之有效，只是不能从根本上解决问题。④ 程序策略。其可以从根本上解决问题，但速度较慢。

优秀的领导者不要享受"忙"，而应该避免"忙"。忙既不是优秀的标准，也不是成功的指标，领导者应该抓住重点，做应该做的，把稀缺的时间和精力聚焦在这"4 条边"上，实现组织的效能最大化。

本节落地应用：

1. 知识点（学到了哪些）：_____

2. 认知转变：

（1）过去的认知：_____

（2）现在的认知：_____

3. 应用措施（有时间，有行为，有结果）：

（1）_____

（2）_____

（3）_____

第三节 领导者以身作则的6个标准

日本著名企业家松下幸之助认为，要提高商业效益，领导者首先就要以身作则，起好带头作用。要想让下属从刚一开始参加工作就培养敬业的好习惯，领导者的敬业就非常重要。下属会效仿领导者的行为。领导者以身作则是对下属最好的教育和影响。领导力实施的过程，不能光靠言谈，更多地要靠身教。身教是指用行为来告诉下属，这件事情应当这样做，用行为来告诉下属，你对一件事情的期待和标准是什么；用行为来告诉下属，你所倡导的以及你所摒弃的是什么；用行为告诉下属，你做事的精神和职业的追求。《傅雷家书》中说："世界上最有力的论证莫如实际行动，最有效的教育莫如以身作则；自己做不到的事千万别要求别人；自己犯的毛病先批评自己，先改自己的。"要成为一个优秀的领导者，以身作则是必经之路。以身作则，可以通过以下6个标准来努力。这6个标准虽然表面并无波澜，但是真正做到却需要长期的修炼，而且对下属有很大的影响。接下来，我们就对这6个标准逐一剖析，找到精髓，方便领导者呈现更好的领导力，实现更好的影响力。

一、守时

关于守时有3个层面的应用场景。

1. 做事准时

从入职到退休，每个人都应该坚守的第一大职业素养就是准时。比如上班、参加培训、参加公司的活动、和客户约定的交付时间、与下属确认的反馈时间等，这些都要做到准时。在企业中，经常出现一个现象："11点59分现象"，还没到下班时间，很多人却处于下班状态了，都在讨论"中午吃什么""昨天去哪里了""哪个电视剧好看""哪个游戏好玩"等，这都是不准时的现象。还有很多领导开会，明明会前说，30分钟开个会，结果这个会却开了3小时，严重超时，这也是不守时的表现。领导说多久结束，就得多久结束，到时间结束不了就是自己控制时间有问题，不能无休止地拖延来"惩罚"参会人员。为什么一家公司经常有人迟到，往往是因为领导不能准时。很少有公司，领导不迟到、员工迟到的；也很少有公司，领导迟到、员工不迟到的。这种氛围的形成，领导起着至关重要的作用。

2020年12月，我在北京的一家企业做培训，当时约定的开课时间是上午9点。时间到了8：59，我正要上台讲课，人力资源部负责人找到我："老师，我们需要晚几分钟开课。"

我问："发生了什么事情？"

他说："我们领导还没到。"

我问："其他同事都到了吗？"

他说："都到了，就是领导还没到。"

我问："我们现在就是在等董事长一个人，是吗？大约几点开始呢？"

他说："是的。一般情况会晚到3～5分钟。我们晚10分钟开始怎么样？"

我心想"看来是习惯问题"，再看台下的学员已经有所懈怠，有的在交流生活琐事，有的在看手机，有的在埋头"苦睡"……几分钟后，董事长来到会场，我也接到了准备开始的"信号"。在后来的课程中，我不断强调领导者的守时问题。课间，董事长找到我，寒暄过后，开始了"检讨"："老师，实在不好意思，我今天确实有点特殊情况，来晚几分钟，让你久等了。"我说："不是我在等，是大家都在等。而且大家似乎已经习惯了。您以后不再迟到，才是对组织最大的推动。"再次上课前，董事长要求讲话，他特意提到了时间问题，当众做出承诺："以后我不会再迟到，再迟到一次罚款 200 元。"顿时，台下响起掌声。据说，后来董事长再没迟到过。守时，可以推动企业风气和文化的形成，这种文化一旦形成，在很大程度上会影响员工的心态和行为。

2. 抓好重点

时间在哪里，重点就在哪里。你投入时间最多的地方，在下属眼里，那就是最重要的事情。要想抓好重点，就要在工作中做到以下 6 点。

① 要取舍。领导要懂得取舍。放弃那些不重要的事情，专注那些重要不紧急的事情。能授权则授权，不做那些重复琐碎的事情。

② 要聚焦。做那些客户需要的、领导需要的、下属需要的、同事需要的、个人成长需要的事情。对于必须自己亲自处理的琐碎事情，集中时间统一处理。

③ 要计划。提前做好工作计划，按照计划去推进，遇到事情理性思考。

④ 要记录。学会写便签，防止遗忘。

⑤ 要专注。用"番茄钟"工作法，可以有效地防止走神和干扰。

⑥ 要总结。适时盘点自己每天的重点工作，防止"一条路走到黑"。

3. 把握当下

把握当下，也就是什么时间干什么事。只有把握好当下，你才能实现人生的极致：平衡。有些人事业成功，生活一团糟糕；有些人生活潇洒，事业毫无起色；有些人身体健康，家庭不幸福；有些人家庭很幸福，身体不健康等，这都不是成功，生活可以五颜六色，但绝不可乱七八糟。真正的成功是把握当下，掌控平衡。你可以参考九宫格平衡工具，对未来进行规划，如图 2-2 所示。

家庭	健康	学习
1. 2. 3.	1. 2. 3.	1. 2. 3.
事业 1. 2. 3.	202__年__月__日 制定	人际 1. 2. 3.
休闲 1. 2. 3.	自我实现 1. 2. 3.	理财 1. 2. 3.

图 2-2　九宫格平衡工具

二、守信

孔子讲："人而无信，不知其可也。"一个人如果不讲信用的话，那什么事情都做不了。在组织中，要想建立相互信任的关系，首先就要让自己成为一个值得信赖的人。为什么当今社会，借钱很难，主要原因就是信赖感的缺失。如果你具有让他人信任的能力，那你和周围人的关系自然而然就会好起来。为此，作为领导者，你要时常扪心自问，下属信任我吗？做领导者最悲催的就是：你说什么，下属都不信。而优秀的领导者是：你说什么，下属都信。所以守信就是领导力最核心的基础。

守信有两个层面的场景。

1. 说到做到

商鞅变法的成功源自什么？徙木立信，也叫城门立木，是一个典故。《史记·商君列传》记载："令既具，未布，恐民之不信，已乃立三丈之木于国都市南门，募民有能徙置北门者予十金。民怪之，莫敢徙。复曰'能徙者予五十金'。有一人徙之，辄予五十金，以明不欺。卒下令。"可翻译为：商鞅变法的条令已准备就绪，还没公布，商鞅担心百姓不相信自己颁布的法令，于是命人在都城市场南门前放置一根高三丈的木头，贴出告示，招募那些能把木头搬到北门的人，并奖励十金。百姓看到后感觉很奇怪，心中在想：搬动这个木头很简单，会给这么多钱吗？结果，没有人去搬木头。商鞅又说：能搬这个木头的人奖励五十金。有一个人搬了木头，果然就给了他五十金，以此来表明没有欺骗百姓，建立了信赖感。最终颁布的法令得以贯彻和实施。

在多年的培训和咨询生涯中，我经常去了解下属对领导者的评价，其中有一条让下属最难接受，就是说得好，做得差。要么激励不兑现，要么晋升不诚信，要么工资发得晚，要么奖金给得少，总之，一旦下属意识到"被骗"，信赖感的建立就难上加难。奉劝领导者，要么别说，若说必做。哪怕有损失，也要对自己说的话负责。这样才能渐渐修筑起诚信之墙。

2. 提前量

有些事情遇到突发情况，可能真的无法做到。比如，我和小李约了16点在某地见面，路上堵车非常严重，用其他交通方式也赶不过去。怎么办呢？可以提前给对方打电话说一下，让对方做调整，把风险和损失降到最低。如果预计完不成某项任务，实现不了某种结果，应提前跟对方说，让对方心里有个预期。对于能力不足造成的无法守信，提前量就是一种补充，越提前，对于对方来说，越有价值。比如，领导者说30分钟开完会，结果开了3个小时。像这种情况，就可以用提前量来避免下属的不适。30分钟时间到了，问题没解决完，领导者可以确认现场参会人员是否有事情需要处理。如果有人有事情要处理，应立即散会，因为自己说的30分钟，要说到做到。如果确认完后，发现大家没有要处理的事情，领导者要向大家申请个时间："同志们，不好意思，时间到了，问题还没处理完，大家能不能再给我 30 分钟？"有位销售站起来说："领导，不行，最多 10 分钟，因为客户在等我，这个客户特别重要，比咱们这个会议解决的问题还重要。"这个时候，在 10 分钟内必须结束。这就是提前量，让对方的心里有个预期，而不是无休止地拖延，让人觉得极不靠谱。

三、守心

守心有 3 个层面的场景。

1. 清静

王阳明毕生所下的"工夫"，都离不开"守心"。王阳明追求的"不动心"，与之有异曲同工之妙。王阳明所说"觉纷扰则静坐，觉懒看书则且看书"，意思就是守住内心不被外界干扰，守住内心不被事事所扰乱，时刻保持清醒和冷静。这是领导者要提升的重要素养。宋人苏洵在《心术》中提到："为将之道，当先治心。泰山崩于前而色不变，麋鹿兴于左而目不瞬，然后可以制利害，可以待敌。"意思是作为领导者，要先修养心性。即便泰山在眼前崩塌也脸色不变，比喻遇到外界的突然变化但不受影响；麋鹿突然出现在身边但眼睛不眨，比喻遇到美好的事物时也不受影响；能把握利害得失，从而抵御敌人。一个领导者的情绪，如果让下属猜得到，这个领导者就不算成功。哪怕下属恐惧、兴奋，领导者的情绪也要始终保持稳定。要做到胜不骄，败不馁，多一些理性的从容，少一些感性的鲁莽。

2. 慎独

曾国藩说，慎独则心安。这里所说的慎独，就是在不为人知的情况下，人还能坚守初心，即在缺少监视的状况下，也要耐得住孤单，驱得散恶念，守得住善心。要做到"独处守心"，防止错误思想及私欲，不生邪念，时时保持正念，这对自觉性的要求很高。有次，曾国藩的一个朋友纳了一个特别漂亮的妾室，他就假装去朋友家借书，多看了几眼朋友的妾。回家后，他醒悟过来之后痛骂自己禽兽不如。只是多看几眼，并没有其他过格的行为，他却万分自责，这就是对自己心性的高要求。慎独就是能够坚守自己的内心，杜绝逾矩的想法和事情。优秀的领导者，总能管理好那些独处的时间，做最有价值的事情，或者读书、写作、思考及研发等。想要改进自己的独处时间，可以参考表 2-6。

表 2-6　独处时间改进表

日期	独处时间	过去思想和行为	未来做法
周一			
周二			
周三			
周四			
周五			
周六			
周日			

3. 自律

王阳明说："人须有为己之心，方能克己；能克己，方能成己。"人需要有一颗修炼自己的心，才能克制自己的欲望；能够克制自己的欲望，才能成就真正的自己。自律就是克己，克己不是压抑自己的想法，而是约束自己的欲望，做到"有度"。

四、守仁

汉代贾谊的《新书》中有句话："爱出者爱返，福往者福来。"这句话是对邹穆公的领导力的描述。邹穆公爱民如子，他去世后，邹国的百姓哭哀3个月。卖酒的人家不要酒钱，卖肉的屠户罢市回家，顽皮的小孩不唱歌，舂米浆泥墙的人停止操作，妇女摘下珠宝首饰，男子取下玉佩饰品，表示对邹穆公的哀悼和怀念。所以，"爱出者爱返，福往者福来"，就是说领导者付出仁爱，也会得到下属的敬爱，给别人造福，也会得到更多的福运。作为领导者，要站在下属的视角思考，同时为下属提供更多的便利和关怀。只有这样，才能够收获更多的便利和关怀。领导者为下属思考，下属自然没有后顾之忧，将更多的精力用于工作，同时更加尊重领导者。

领导者守仁要做到以下3点。

1. 目中有人

很多领导者眼里只有事，却目中无人。天天忙于做事，加班做，带头做，凡事只讲原则，只看标准，不太考虑别人的感受和需求，这种领导者很忙，组织绩效可能也不差，但是组织氛围一般。这种领导者总感觉委屈和无奈，觉得下属跟不上自己的节奏，觉得下属敬业度不够，做事效率低下。领导者应该更多地关注人，把人放在第一位。目中有人就是了解人的需求和感受，让下属有存在感。

2019年9月，山东潍坊的某生产制造企业接了很多订单，所有人都忙着抓生产，于是加班就成了整个公司的常态。有位"90后"员工小王，找到车间李主任，想请假。

小王说："主任，我想请假，我奶奶过生日。"

在这里，请你思考一下，如果你是李主任，你会怎么做？全公司的人都在加班加点抓生产，小王却要请假，你是批准还是不批准？有人觉得不应该批准，所有人都在加班，不应该搞特殊，而且奶奶过生日又不是什么太重要的事情。甚至有人说，不仅不能批准，还应该训斥小王一顿，这个时候请假有没有搞错，回去写个检查。天天想什么呢！可如果小王没能给奶奶过生日，那么他接下来的工作状态会好吗？不仅今天，可能接连一段时间，他的状态都会令人担忧。

李主任的做法是："小王，你怎么不早说？工作别管了，赶紧回家吧！"小王离开单位2小时后，李主任又开车赶到小王家里，送了一个大蛋糕。

小王在接下来的时间里，工作态度、工作状态、工作绩效不断攀升。

人都是有情感的，你如何对他，他就如何对你，多一点仁爱之心，少一点苛责之语，下属就会多一份工作的热情。

2. 言中有温

言中有温，是指讲话做事不冰冷，带温度。一方面，要多微笑、多融入。领导者越严肃，组织氛围就越不好。经常微笑，能够增加领导者的亲和力，这样就能更好地融入下属的圈层，让下属感受到自己和领导者的同频。我经常建议，下属不要怕出错，领导者不要怕出丑。下属越出错，成长越快；领导者越出丑，凝聚越好。不要让下属觉得领导者格格不入，要让下属觉得"我们都一样"。建议领导者每天和下属一起做个小游戏，与下属一起吃个工作餐，与下属一起加个班，同频地做事，最容易融入。另一方面，要多问、多渗透。领导者要多去了解下属，除工作技能外，下属的生活喜好、家庭背景、性格特点等，都可以通过平时聊天获得这些信息。领导者不仅要看到下属的工作技能，更应该通过看整个人来确定领导方式。了解下属，询问信息，有助于实施精准化的领导。比如上文提到的小王，后来才知道他从小跟奶奶相依为命长大，奶奶是他最重要的亲人，奶奶的每个生日，对他来说都意义重大。

同时，要对下属的生活有所渗透，关注下属所在意的内容。要让下属感受到领导者的用心良苦，感受到组织对他的关注和关怀，感受到人与人之间的情感联结。让下属感受到被关照，感受到自己就是中心。领导者把中心让给下属，下属就会把信赖、尊重给到领导者。

3. 心中有爱

心中有爱，就是尊重每个人。

2020 年 8 月，在某银行北京分行的新员工聚餐时，新员工杨某不能喝酒，于是在领导敬酒时，他婉拒并表示了歉意。结果他被领导辱骂和掌掴，被同事起哄和辱骂。此事曝光后，该银行也被扒出一些经营管理问题，损失惨重。

2020 年 9 月，江苏昆山某电子厂出现了"扔证件"事件，3 名管理者在给员工发工牌时，不是让员工去取，更不是去送，而是喊到姓名，员工过去后，管理者直接把证件扔到地上，让员工自己弯腰到地上去捡。此事件在网络上引起轩然大波，被认为是对人格的践踏和侮辱，该厂之后又被爆出大量员工离职。这也算是对该电子厂的反馈，让领导们痛定思变。

尊重每个人包括：尊重每个人的人格，人人平等；尊重每个人的关于个人问题的自主决策，人人自由；尊重每个人在组织内的想法和建议，人人民主。很多优秀的企业有合理化建议箱，领导者每个月针对所有人提出的合理化建议一一回复，并进行有序分类，评选颁奖。对于不能采纳的建议，也能说明原因，做出鼓励。人人感受到平等，人人感受到尊重，人人感受到被理解，人人感受到能抬着头做事。这样的工作可能工资待遇并不高，员工却感受到无比的满足和幸福。

五、守则

《管子·法法》中说："不法法则事毋常，法不法则令不行，令而不行则令不法也，法而不行则修令者不审也，审而不行则赏罚轻也，重而不行则赏罚不信也，信而不行则不身先之也。故曰：禁胜于身则令行于民矣。"不依法实施法令，事情就没有规范；法令不依法实施，则法令就得不到推行；法令得不到推行，就不能称之为法令。法令得不到实施的原因，是因为起草法令的人不够慎重；如果慎重了还得不到实施，那是由于赏罚太轻；如果赏罚已经很重，还是得不到实施，那是由于赏罚不能够兑现；如果赏罚能够兑现却还是得不到实施，那就是由于君主不能以身作则。所以说：禁令如果能够约束君主自身，政令就能够推行到民众中去。可见，守则是组织制度推行实施的根本。

2016年7月，我在山东临沂一家印刷企业做咨询项目。这是一家民营企业，同时也是一个家族企业，老板娘是财务，小舅子是销售总监，大哥是常务副总经理，嫂子是人力资源部经理。一天，有一位刚上班不到一周的新员工迟到了，他按照企业规定向财务交了罚款，人力资源部经理同时进行了通报批评，此事也就结束了。紧接着第二天，人力资源部经理自己迟到了，既没有通报，也没有向财务缴纳罚款，新员工提出疑问，却被人力资源部经理教训了一顿，让他做好自己的工作，刚来公司要少说话，多做事。新员工性子耿直，直接将此事报告给了老板，老板查明后，直接将人力资源部经理也就是自己的嫂子开除。当时老板身边的亲戚都来给人力资源部经理说情，让老板把这件事情"圆滑变通"过去，新员工后来也觉得不好意思，没想到会这么严肃地处理人力资源部经理。他自己也去找老板说情，让老板从轻处理。老板顶住各种压力，毅然决然选择开除人力资源部经理。从此，企业中的新同事再也不会因为这是家族企业而感到惴惴不安，都能摆正心态，认真做事。不久，企业发展迈上新台阶。

所以，领导守则，本质上守的是自己的脸面。自己制定的规则，自己再破坏它，犹如搬起石头砸自己的脚。站在长远的角度看，每次对原则的遵守，都是对组织内环境的一次过滤，都会让下属看到更好的未来，这是智慧之举。

如果在一个组织中，制度无法推行，那么组织发展将无从谈起；如果在一个组织中，制度都能得以推行，那么组织发展将无所畏惧。成也规则，败也规则，遵守规则是每个领导者树立权威的机会和挑战。表2-7是制度实施改进表，注意，不是改制度，而是改善实施的措施。领导者应该找出那些实施起来有难度的制度，并制定出相关措施去解决，措施的出发点是：我可以怎么做？不是要求他人，而是从自己的角度，基于自己目前所具有的资源去思考，结合实际，做出改进。

表2-7　制度实施改进表

制度名称	实施挑战	我的做法	实施时间节点

六、守正

守正就是恪守正道。时代迅速发展，迫使领导者不断创新，但无论如何创新，都需要遵守正道，这就是成语"守正创新"的含义，即把握事物规律，根据一定的目的改变现存事物，创造新事物。领导者需要变化，但绝不能无原则地乱变，而是要基于原则本身做相应的变化，坚守正道。

守正有3个层面的场景。

1. 有正气

一方面，在日常的工作中，领导者要坚守原则，弘扬正气。比如不搞权谋，不走捷径，不做歪门邪道的事情。企业在发展中难免会出现不良风气，作为领导者，不应该被影响，而是去影响。不良风气像病毒一样，危害组织的发展。领导者要启动"杀毒软件"对系统内的病毒实施消杀。企业内的杀毒系统可以通过 3 个方面入手：自我查杀、结对子查杀、全盘查杀。自我查杀，即每个人找到自己的病毒，制定相关流程对病毒进行消杀。结对子查杀，就是两个人一组，相互查找病毒，防止对自己的病毒视而不见；找到彼此的病毒，直言不讳，启动程序进行查杀；全盘查杀，就是按照工作流程或是工作要素又或是问题的棘手程度，设定顺序依次集体查杀。经常性地对病毒进行查杀，才能保证组织的正常运作。另一方面，领导者要在遇到困难、问题的时候，摆正姿态，敢于亮剑。狭路相逢勇者胜。领导者在工作中难免会遇到困难，但困难本身并不可怕，可怕的是遇到困难时却逃避、放弃。作为领导者，下属遇到工作上的困难会向你请教，上级领导安排的任务往往很棘手，客户提出的问题会很刁钻，其他同事需要的协作可能比较特殊，面对这些问题，领导者的态度应该是敢于面对。

2. 能成器

守正还包含传承优秀的经验。优秀的经验如果不能被总结提炼，就会被遗忘，这会造成组织的最大浪费，因为他人需要再重复摸索。所以把优秀的经验提炼成工具表格，更利于传播和传承。比如销售冠军很厉害，一个人的业绩占公司业绩的 40%，但是从组织角度讲，这存在着风险，因为销售冠军一旦离职，公司业绩就会大幅下滑。用团队代替个人就是组织持续的根本。领导者需要把个人经验组织化，组织经验工具化，用工具替代个人的一厢情愿，代替个体的为所欲为。比如针对销售冠军的经验传承，领导者发现销售冠军有 4 个方面很优秀，即陌生拜访、客户沟通、价格谈判、售后服务。让甲、乙、丙、丁 4 个人分别复制一个维度，让甲复制陌生拜访，把销售冠军在陌生拜访中的语言、语气、动作，完整记录下来，每天去背话术，每天去练表情，每天去仿动作，经过训练，假以时日，可以复制陌生拜访的环节；让乙复制客户沟通，把话术写下来，每天去练；让丙学习价格谈判，总结不同阶段面对不同客户的报价谈价策略技巧是什么，形成标准化的操作模板，每天去练；让丁复制售后服务，把售后服务的沟通节奏、沟通话术、常见问题，梳理固化，形成细致完整的工作流程。这样一来，经过训练的 4 个人，就可以去替代一个销售冠军了，每个销售冠军如果都能被复制，组织就建立了不怕任何人离开的健康体系，为持续发展打下了基础。

3. 出新奇

"守正"通常和"出新"一起使用，时代在变，社会在变，员工在变，所以，领导者的领导方式在守正的基础上也要变。守正是根本，创新是发展。领导者要在恪守正道和底线的同时，发展创新，可以从 4 个方面来坚守正，出新奇。

（1）正目的。

解决任何问题，千万不要忘了初心，也就是做事的目的。比如减肥，目的应该是更健康。很多人往往为了减肥而减肥，采用了不健康的方式，结果是体重下降了，但身体也不健康了。领导者做激励，目的应该是改变下属的工作意愿，往往却造成很多下属的不满，反而影响了下属的工作意愿。比如做绩效考核，目的是提高与改进，最终却是越考核，绩效越差，没有达到考核的目的。绩效面谈也是如此，目的是让下属明确工作思路，做出改进，有些领导者谈了和没谈一样，还有些领导者越谈效果越差。所以事前要明确初心，明确目的，这是个大方向。

（2）正原则。

原则就是底线，是不允许被撼动的。麦当劳有立即解聘的 23 种行为，一旦哪位员工在工作中出现了其中的行为，将被无条件解聘，没有商量的余地。所以麦当劳领导者经常自豪地说：无论你是什么人，只要在麦当劳工作 3 个月，血液里流的一律是番茄酱的味道，这就是原则的影响、文化的影响。

（3）新形式。

目的不变，原则不变，形式得变。如果每次晨会都是你主持，都在一个会议室，都是一套流程，时间长了，谁还会有兴趣呢？要想组织氛围好，领导者要多做变化。界定好目的和原则之后，在其他方面尝试变化，把确定的变成不确定的，大家才会觉得更有意思。比如谁来主持晨会，不确定。在会议室里，领导者放个抽奖箱，里面塞入纸条，纸条上写明各种特征：早上到公司最晚的人，名字笔画最少的人，头发最短的人，戴黑框眼镜的人……大家根据纸条寻找符合特征的人，有时候可能不止一个，再通过讨论确定谁来组织晨会。这个过程就是轻松的氛围，组织里的每个人都是快乐的。人、地点、流程都可以换，只要目的、原则不变，形式可以丰富多彩。

（4）新方法。

心理学中有句话：凡事至少有 3 个以上的解决方法。完成一件事往往不止一个方法，领导者的最大误区就是总喜欢用自己的标准来判断和决策。有时候，领导者需要克制自己直接提出方法的冲动，从 3 个视角获得方法。① 从下属获得方法。开会讨论时，领导者要提问题而不给答案，让下属自己出方案，方案不够好，就鼓励大家继续思考，如果实在没有好方案，领导者再给方案也不迟。② 从客户获得方法。客户的抱怨、客户的不满、客户的建议等都是领导者获得方法的渠道。问问客户怎么想的，有什么期待，结合实际条件，有没有变通的可行性。③ 从未来获得方法，假设一种情况，目前的方法不具备使用条件了，还能有哪些新方法，如果没有，会不会很危险。这叫危机意识。这个方法未来不行了怎么办？这个思路未来行不通了怎么办？领导者需要居安思危，不断地寻找新方法来适应新的变化，适应新的潮流。

以上就是领导者以身作则的 6 个标准，如果没做到，就需要努力做到；如果已经做到，就影响身边人一起做得更好。要把它们作为工具，引领和指导自己的领导过程，为自己的领导力增姿添彩。

本节落地应用：

1. 知识点（学到了哪些）：_____

2. 认知转变：

（1）过去的认知：_____

（2）现在的认知：_____

3. 应用措施（有时间，有行为，有结果）：

（1）_____

（2）_____

（3）_____

CHAPTER 3

第三章

目标的力量：

我们一起来

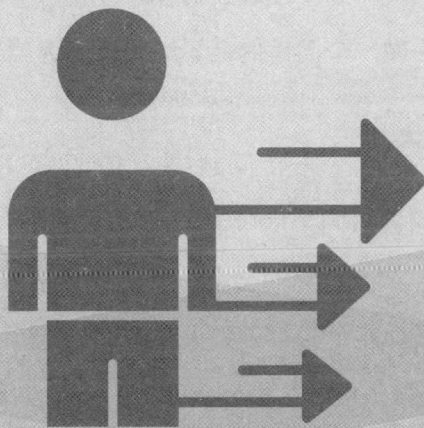

第一节　共识的目标才有力量

首先，请作为领导者的你思考一个问题，假设摆在你面前有 3 个方案，需要你做出决策，找出那个最容易成功的方案来推动和实施。经过团队的调研和论证，这 3 个方案中有 2 项指标特别重要：一个是目标的正确性，另一个是员工对这个目标的理解和认可程度，可以称为理解率。针对这 3 个方案的数据，请你做出选择。

方案 A，正确性是 100%，员工的理解率是 50%。　　　　　（　　）

方案 B，正确性是 70%，员工的理解率是 70%。　　　　　（　　）

方案 C，正确性是 50%，员工的理解率是 100%。　　　　　（　　）

无论你的选择是什么，你一定有你的选择理由和标准。这 3 个方案的侧重点是有所不同的。有的侧重正确性，不太考虑理解率；有的侧重理解率，不太考虑正确性。

先看方案 A，正确性是 100%，毋庸置疑这是最好的方案，但是下属不能完全理解，面对一个不理解的目标，你觉得下属会如何执行？在线下课程中，我经常去做一个简单的情景练习，挑选第一排离我最近的一位学员，给他安排一项工作："请帮我把这张桌子搬到火车站！"紧接着，我又抬头看向大家，问大家一个问题："大家觉得，他会不会搬起这张桌子去火车站？"大家异口同声地笑着说："不会！"我说："他不仅不会，内心可能还会骂我！"大家继而会心一笑。我紧接着说："如果我再说一句话，他可能马上就会起身搬桌子到火车站。"于是，我又面向这位学员说："你要把它（还是那张桌子）搬到火车站，我给你现金 2000 元。"这位学员马上站起来，要搬桌子走。我立即阻止了这个有可能让我损失惨重的行为，而且阻止了好几次。回顾整个过程，第一次，为什么这位学员不去执行？因为他不知道为什么要搬桌子。第二次，为什么他有这么强大的动机去搬桌子？因为他了解到一个信息，这个信息就是搬桌子的直接好处。一旦有了这个信息，哪怕面对保安的阻拦，他也会克服困难，采取行动，直到实现目标。他内心的动力来自知道了"为什么做"，知道了做事的意义和价值，于是动力也就形成了。所以，在正确性和理解率之间，领导者经常重视了正确性而忽略了理解率，最后却发现理解率才是下属产生动力的根本要素。

再看方案 B。基于我多年的授课经验，在课堂上选择 B 方案的领导者是比较多的。大多数人的想法是：我不走极端，不做出头鸟。这是一种共赢思维，适合资源协调；而做决策往往需要零和思维：非 A 即 B，必须有所侧重。必须具备抓住重点要素的能力，领导者才能在决策中做出正确的取舍。方案 B 的问题是目标不完全正确，大家也不能完全理解。这种想法往往是受到了木桶理论 1.0 版的影响，补齐短板是典型的管理思维。而领导思维往往是木桶理论 2.0 版：斜木桶理论。发挥长板到极致，这是领导思维，也是经营思维的重要体现。木桶理论 3.0 版，就是木桶缝隙理论，盛水多少取决于木板之间的缝隙，这个过程就是集合领导思维和管理思维的总和。所以，管理是搞平衡，而领导者做决策要有取舍。总之，方案 B 不是明智的选择。

最后看看方案 C，其侧重点在于大家对目标的理解。如同上文，学员理解目标之后，产生了强烈的执行动机。那么很多人又在担心一个问题：理解了，但是又不完全正确，会不会影响执行的效果。很多领导者的思维里有一种固化的认知：目标不能改。目标在执行中到底能不能调整呢？

2019 年 5 月，我到湖北宜昌一家企业做培训，企业的大门口挂了一个红彤彤的条幅，上面用金色大字写着"热烈庆祝本公司第一季度完成全年目标的两倍！"看到这句话，所有人的第一印象是：真厉害。待我多看几遍，仔细思考之后，则觉得有些不妥。第一季度完成全年目标，而且是两倍，那么接下来第二、三、四季度的工作状态可想而知。大家都会沉浸在第一季度完成目标的喜悦中，忽略了继续努力上进和创造辉煌。这样的状态不利于组织的健康发展。一个季度实现全年目标两倍的结果，来自两个原因：① 目标定低了；② 运气太好了。在一年中不到 5 月就面对这样一种现状，无论是什么原因产生的结果，都应该理性看待，及时对目标做出调整。所以，目标一定是可以调整的，只是别乱调整。领导者需要建立目标调整的机制。

通常目标调整有三步，被称为目标动态管理的三板斧：划范围、定流程、跟机制。

第一步，划范围是指界定清楚目标的上限和下限。目标太低，轻松实现了，团队就会失去动力。目标太高，则会使团队看不到希望，也没有动力。所以，目标太高、太低都不好，只有界定在某个区间，才会发挥目标本身的价值。

第二步，定流程是指如果低于下限了或者高于上限了，谁负责第一时间提供信息，谁负责组织召集会议，会议上通过什么方式来确定新目标，新目标的通过率是多少，提前确定新目标的流程和细节，避免手忙脚乱。这个过程需要先定流程，再确定负责人，再确定细节和材料。

第三步，跟机制就是新目标定好了，原来定的完成目标的奖金和绩效标准，还算不算？当然，这种情况通常需要调整。那么，奖金和绩效按照新目标如何做调整是大家最关心的，也最需要及时共享，让每个人都清楚。这样目标就实现了动态的管理，而不是一成不变。领导者要对目标实施动态化管理，具体实施可以参考表 3-1 所示。

表 3-1　目标动态管理三板斧

划范围		定流程		跟机制	
上限：	下限：	步骤：	负责人：	若完成：	若未完成：

　　领导力的最终目的是要实现共同目标。注意，这里的目标是共同目标。一个组织为什么必须有一个清晰明确的共同目标呢？因为，没有人会为别人的目标而努力，人只会为自己的目标而努力。你回忆一下自己的职业生涯。有没有下属在上班第一天告诉你："我要多努力，多加班，多赚钱，为了你住上更大的别墅而努力工作，为了你开上更好的车而努力奋斗。"应该没有这样的人。每个人都在为自己的目标而努力，所以领导者要做的就是把公司目标和员工的个人发展目标结合起来，达成共识。目标共识的前提是思想共识，统一思想的根本就是把员工的需求和公司的目标进行结合，达成共识。

　　2020 年，我给浙江嘉兴的一家公司做培训。在课前和公司负责人讨论问题时，他愁眉苦脸地告诉我："老师，你说我们的员工只认钱，该怎么办？"我说："这不是坏事，是好事。喜欢钱，我们就可以用钱制定规则，可以从机制的角度去设计，比如达到什么样的绩效发更多的钱，实现什么样的目标发更多的奖金。"我继续说道："每个人内心都有一种需求，只要有需求，就是好事，领导者就是要发现这种需求，重视这种需求，因为需求往往就是激励的切入点。那些无欲无求的下属才是最难被领导的。比如你发现有些人的团队业绩一般，尝试提醒他们要抓紧努力，而他却告诉你他不争。

这些人，在工作中不思进取，在生活中却追求物质享受。这才是最麻烦的。"最好的下属是积极向上工作，热情洋溢生活。所以，领导者要善于发现对方的需求，结合组织的目标，以此来统一思想、统一目标。

2019 年 9 月，我受邀到山东青岛一家做国际贸易的公司讲课。刚上讲台不久，我就提了一个问题："大家对于 2019 年的目标有没有信心完成？"没想到，很多人声音洪亮，动作夸张，精神高亢，大声喊："没问题，我们全力以赴，一定可以做到！"其中第一排有个小伙子，喊得很卖力，于是我忍不住和他进行了一番交谈。我问他："目前受国际经济形势影响，国外业务全面下滑，国内业务也受到波及，团队又不太稳定，这种情况下能实现 2019 年的目标吗？"没想到，他仍然用最大分贝的声音重复着刚才那段振奋人心的话。我再次有点崇拜这个团队，忍不住随口多说了一句："你大声告诉大家，公司 2019 年的目标是多少？"他仍然用最大分贝的声音说出了一句意想不到的话："我不知道，但是我一定要做到！"我差点当场晕倒，心想："你不知道，怎么可能做到呢？"他全身每个细胞都充满着力量，却没有方向。但是，如果每个人都不知道自己的目标和团队的目标，又怎么可能去实现它呢？

你或许觉得这个场景很可笑，这个小伙子似乎有点无厘头，但是这种情况并不是个例，很多企业的员工根本不知道企业的目标是什么，却高呼一定要完成。你有时间可以做个测试：单独找到董事长，问问他公司今年的目标是什么？再找到一个基层员工，问他同样的问题，看看二者的答案是否一致。如果一致，说明在目标上达成了共识，如果不一致，就和青岛那家公司没有区别。

当下属不知道目标是什么的时候，也就是失去了努力的方向。所以他们就只知低头拉车，而不知抬头看路。这种现象会造成巨大的人力浪费。如果一家公司不能调动员工发自内心的热情，那么实际上就是最大的浪费，这种浪费比仓库物料的浪费更加恐怖。而让员工具备工作热情的重要前提是目标的共识，每个人都只会为自己的目标而努力，因此共识的目标才会激励人心。

共同的目标通常有 3 个重要价值。

1. 提高组织凝聚力

华为的任正非在 2013 年公司的新年献词中强调，华为必须坚持"力出一孔，利出一孔"的原则。他表示："如果我们能坚持'力出一孔，利出一孔'，下一个倒下的就不会是华为；如果我们发散了'力出一孔，利出一孔'的原则，下一个倒下的也许就是华为。""力出一孔"就是打造共识，凝聚组织的力量。"利出一孔"就是把员工的个人需求和组织激励机制进行结合的过程。领导者不能只喊口号，而要给员工实实在在的实惠，基于员工的需求，优化激励机制。

所谓'上下同欲者胜'，一个组织靠着共同的目标把大家凝聚在一起，劲儿往一处使，团队的力量就会由此被聚焦。如果说每个人是一条有韧性的棉芯，那么部门就是绳股，棉芯之间、绳股之间彼此缠绕，公司就会形成一条绳子，这条绳子的结实程度，取决于绳股间相互缠绕的力度，就相当于部门的协作力度，因此，实现目标的冲劲或者力量大小就取决于目标的共识程度。

2. 优化组织专注力

在多年的培训咨询中，我遇到的最尴尬的现象就是"瞎忙"。也就是忙而无果。每当我走进这样的企业，第一感觉往往是特别欣慰。一派"风调雨顺"的繁荣景象，很多人都在忙碌地工作，有人在打电话，有人在送材料，有人在开会，有人在车间忙于生产……每个人看上去都非常地投入。这种景象似乎就是大家所希望的；这样的组织似乎也是大家所期望的；这样的企业似乎正是大家所向往的。但当你走进财务部，看到这家企业的报表时，却会发现"颗粒无收"的窘状——亏损。当你走进人力资源部，看到团队的绩效汇总表的时候，会发现团队绩效低下；当你走进总经理办公室，会发现总经理一头白发……整个企业看似在"忙"，实际上却在瞎忙，忙得没意义、没价值。整个企业就像一台机器在空转，给人感觉很好，仔细一看，却没带动齿轮。这是最让人难以接受的。共同的目标能让大家清晰地知道自己要干什么，抓住重点，做出取舍，只做和目标相关的事情，不做无关的事情、无关的项目。

3. 完善组织协作力

企业的最大内耗往往来自部门间的协作。协作中的最大问题是本位主义，只看到自己眼前的利益，只关注自己的目标。如果组织的目标是共识的目标，那么部门之间也就清晰了彼此的目标，理解了彼此的行为，接纳了彼此的观点和思路。于是可以避免部门矛盾和冲突。即便有冲突，也是建设性冲突——为组织发展而产生的冲突，而不是破坏性冲突——对于人身的攻击，为了个人私利的冲突。

部门协作之所以有问题，根本原因在于目标的不同。有的部门追求速度，有的部门追求品质，有的部门追求安全，有的部门追求客户满意度……如果部门领导目光短浅，只关注自己部门的目标和短期利益，忽略了部门的或者整个公司的长远利益，矛盾也就产生了。共同的目标能避免各种潜在的矛盾和冲突，容易形成共同的语言，降低组织的沟通成本，让部门间的协作更加默契，从而提高组织的协作效能。

本节落地应用：

1.知识点（学到了哪些）：_____

2.认知转变：

（1）过去的认知：_____

（2）现在的认知：_____

3.应用措施（有时间，有行为，有结果）：

（1）_____

（2）_____

（3）_____

第二节　目标达成共识的3层策略

去企业做培训咨询时，我在和企业负责人的沟通中经常会遇到一个现象：老板极度兴奋地描述自己即将更新的盈利模式、让企业迅速上市的方法和策略、企业清晰的愿景和目标、企业的文化理念和工作精神等，但遗憾的是，我和中基层团队一说，他们却一脸茫然，因为他们对这些未来的发展和目标竟然一无所知。一个优秀的组织必须有一个清晰明确的共同目标，但是这一点往往得不到领导者的重视。领导者对目标的共识不在意，把目标当作自己组织的商业机密，把它像个人隐私一样保护和隐藏起来，导致只有领导层知道公司目标，其他人一概不知。那么，领导者到底要靠什么来凝聚人心呢？从下属的角度看，对于目标的认知有3个层级。

一、让下属知道

让下属知道目标是达成共识的入口。下属如果根本不知道目标是什么，也就失去了工作的方向和努力的动机。做任何事情，都缺少自己的主观能动性。只知道做事情，而不知道为什么做，不知道做到什么程度。这就会造成下属天天请示，凡事必问："领导，先做哪个方案？""领导，哪个格式比较好？""领导，选哪个软件来写？"最终的结果是彼此都累。或者下属有动力，但是和团队的目标不相关，就如同前面提到的青岛某贸易公司的案例一样：下属全身充满力量，却没有方向。所以，团队的目标达成共识的第一个层级——入门级，就是要让下属知道公司的目标和公司的未来发展方向。这样，下属才有可能为此而努力。

让下属知道目标有 3 个步骤：告知、确认、强调。

告知的时间越早越好。领导者越早告诉下属目标是什么，下属就能越早知道自己努力的方向。既可以口头告知（在晨会或者公司大会上统一宣布），也可以书面告知（在公司 OA 平台发布或者下发文件），让大家方便留存。

确认有两个意思。一是领导者和下属确认是否知道目标。口头形式告知时，确认起来比较简单，问一句便可。书面形式的告知容易出问题。领导者以为发了文件，下属就能收到。其实未必，下属工作忙没来得及看，忘记点开或者文件混放等都可能造成"未读"。因此加句话"收到后请签字确认，第一时间回复"还是很有必要的。二是领导者让下属确认目标内容。对于收到的目标，下属有没有看，有没有思考，这才是更重要的。口头形式的目标内容，可以复述确认，加两句话"重复一遍""你想怎么办"。书面形式的目标内容，可以让大家收到后，写个执行思路。这样就可以保证下属收到目标了。

强调就是重复，重复也就是强调。领导者要想办法让下属更高频率地听到目标，看到目标，这样他们才会重视目标。最好的方式就是纳入机制，比如在晨会上加入一个流程，大家一起喊出组织的总体目标；在每月的质询会上，第一件事是先确认公司的年度目标；在制订每月工作计划的模板上加上年度目标的内容。这些固定的方法可以让下属周期性地看到目标，听到目标。最后能达成的结果是，每个人都能"脱口而出"地告诉所有人"我们的共同目标是 ××"。这 3 步可以通过目标确认表来实施，如表3-2 所示。

表 3-2 目标确认表

告知		确认		强调	
形式	步骤	是否收到	是否知道	时机	方法

（使用指南：形式可以是口头或书面；步骤是分哪几步来告知下属目标；是否收到，是否知道，用是、否来填写和确认；时机是指什么时候或什么周期性的会议；方法是纳入哪个流程或者结合哪个文件等）

这3个步骤是让下属知道目标的具体步骤，可以通过层层落实，让下属确实收到目标内容，避免断层和架空。但仅仅让下属知道目标还远远不够，领导者需要进入第二个层面，不仅让下属知道，且让下属发自内心地认可和理解目标。

二、让下属认可

英国军事家、政治家伯纳德·劳·蒙哥马利（Bernard Law Montgomery）曾说："我对领导力的定义就是召集一群伙伴达成共同目标的能力和意志，并激发他们自信。"

让下属知道目标仅仅是入口，更重要的是领导者要激发下属，让下属对目标的实施有信心。领导者往往追求下属的盲目服从，这是很可怕的，下属对目标不理解，就注定了执行中的热情度不高，共同目标也就更难实现。所以，不要强行指派目标，而应该尊重下属的想法和执行意愿。

试想有一天，你在办公室里审核文件，下属小李找到你说："领导，有件事我想跟你说下。"看上去小李似乎有重要的事情要表达。

于是你停下手头的工作，笑着对小李说："说吧，怎么了？"

小李也笑了一下，说道："领导，你也知道，目前我们团队人员不是很稳定，我们区域也非重点区域，客户规模比较小，你看目标的事能不能给打个折，我的想法是打个 8 折，你看行不行？"

如果是你，要不要给下属的目标打折呢？

如果打了 8 折，那么第二季度，小李又来找你："领导，你看看我们的情况，虽然打了 8 折，但按照目前的情况来看还是很难，第一季度，我们只完成了全年目标的 10%，你看是不是考虑一下，再给我们打个 5 折？"你说："好吧。"第三季度，他又找到你，话术也基本差不多，下属要求打 3 折……这样下去，目标的实现也就难上加难了。所以，领导者要牢记的原则是不要和下属讨论目标的合理性，而是和下属讨论目标的必要性。因为你发现下属的困难和问题是客观存在的，如果进行合理性的探讨就会掉入合理性的陷阱，因为所有的目标制定本质上都不合理，都是基于对未来事情的预测和界定。你要探讨的是必要性："小李，咱们公司能有今天的成绩和名次就是来自大胆地制定目标和全力以赴地实现目标，这次也是如此，越是这种时候，越需要我们对目标进行持续地坚守。公司的竞争就是对目标坚守的竞争，今年的目标我们能拿下，明年的日子大家都会更好过一些。执行中有问题，我们再探讨问题，目标存在的意义就是靠我们去努力完成的。"领导者探讨必要性，下属哪怕最后真的没完成，也比不断打折带来的结果强很多。

那么下属找到你，说公司给定的目标太高，作为领导者的你应该如何去回应呢？通常有 4 种方法来解决这种情况。

（1）做分解。

这类似于按揭买房。买房者拿不出那么多钱全款买房，于是向银行贷款，银行把钱给到开发商，买房者和银行形成了债务关系，而且是以月为时间单位去还钱，让买房者没有大额的还款压力，从而促进了买房的动机。对于工作目标也是如此，把年度目标分解为季度目标，再分解为月度目标，然后分解为周目标，甚至是工作日志，这样的层层分解像剥洋葱一样，让下属看到了每天做的工作目标并没有想象的那么高，从而有利于强化执行动机。

（2）给资源。

下属的想法是基于当下的资源做思考的。领导者告诉下属接下来将协调到的资源，有助于增强下属实现目标的信心。比如可以告诉小李："你说的目标高，是基于目前的资源和条件进行考虑的吧，明年1月，我会给你的团队再派5个有经验的人。"又或者给负责生产的下属增加两台进口的设备，给负责销售的团队提供一批新的客户资源……这都是给资源的方式。通过给资源让下属看到实现目标的逻辑和可能性，会增强下属的信心。

（3）优激励。

《黄石公三略》曾记载："香饵之下，必有悬鱼；重赏之下，必有死夫。"意思是好的鱼饵下肯定有上钩的大鱼，丰厚的奖赏下肯定有勇士。领导者要通过设计激励机制来激发下属的执行信心。明确告诉下属，做好了会得到什么；做不好会面临什么。优化激励机制，让下属能感受到实现目标的心动和实现不了目标的心痛，可以激发下属的执行潜能。

（4）提技能。

能力的提升也能让下属看到成功的希望。过去，下属不会谈大客户，那就通过辅导和培训，让他掌握和客户谈判的技巧；过去，下属工作效率较低，那就通过培训掌握新的工作方法，提升工作效率；过去，下属不会激发他的下属，不会绩效面谈，那就通过辅导和培训让他掌握管理技能，帮他实现对他的下属的能力提升和意愿激发……这都是在技能方面帮下属做提升，让他通过小的改变，看到大的希望。

以上这4种方法都可以让下属对高目标有更多的认可，这些方法也比较司空见惯。接下来我给大家介绍一个更好的方法——参与，即让下属参与目标的制定。具体的制定方法就是头脑风暴会。很多企业都开过头脑风暴会，效果却一般，往往是领导者说得多，下属说得少；性格外向的同事说得多，性格内向的同事说得少；心情好的同事说得多，心情不好的同事说得少，这就失去了头脑风暴会的价值。头脑风暴会的核心是让所有人投入进来，每个人贡献自己的智慧。这个操作标准和要点往往被忽略了，从而导致头脑风暴会流于形式，效果一般。领导者要想开好头脑风暴会，就要有意识地去调动和激发大家的参与性，通常可以秉承6项原则。①氛围高亢：先营造一个高亢的氛围。②集中思想：有明确的主题。③自由奔放：大家自由分享。④批判禁讲：鼓励表扬，不做批判。⑤质取于量：先有数量，再看质量。⑥团队为上：以团队为单位，不以个人为单位。这6项原则是在开头脑风暴会的时候要去坚守的。要开好一个高品质的头脑风暴会，核心是掌握好流程。头脑风暴会的核心流程有3步：所有人参与、少数人商量、一个人拍板。

（1）所有人参与。

2019年9月，在青岛崂山区的一家贸易公司，我组织大家用了5个小时的时间，开展了一次完整的头脑风暴会。当时原定的课程是下午2点开始，大家提前10分钟布置好了会场：现场分为5组，每组10人，把会议室内的所有窗帘全都拉上，所有灯全都关掉，于是整个会议室内漆黑一片。然后我打开笔记本电脑，播放一些劲爆的音乐。每个人进来以后就做一件事：跳舞！跳舞有两个作用。一是放得开。过去由于职位的制约或性格不同，导致大家放不开，这次因为没有开灯，看不清对面的人是谁，所以大家就能毫无顾忌地放开自我。二是做铺垫。人在午餐休息后，昏昏沉沉，开头脑风暴会，效果不会太理想。跳舞让人的血液循环加快，于是思维也就会更活跃，这种情况下才容易提出更多好的想法。跳舞时间不宜过长，控制在10分钟左右就好。下午2点一到，灯一开，所有同事分组坐好。总经理上台讲话，大致内容是：刚才的跳舞环节是打开我们的身体，接下来的环节则是打开我们的思维，每个人到台上讲一句话，这一句话要用第一人称的肯定句来表述你当下的最佳状态，要有感染力，要疯狂一些。我们的标准是第二个人要比第一个人更加疯狂，第三个人要比第二个人更加疯狂，咱们董事长最后一个上场。估计大家都没见过董事长的疯狂，想让董事长更疯狂一些，于是第一个上场的同事定调定得很高，他一上台，就大声喊了6个字："我疯了，我疯了！"接着就回到了自己的座位上坐好。没想到第二位同事更疯狂，直接跳到椅子上，用更高分贝的声音喊了同样的6个字："我疯了，我疯了！"第三位更加不得了，直接跳到桌子上，吓了同事们一跳，也喊了同样一句话。第四位，简直不得了，一上来就把上衣脱掉了，声嘶力竭喊了那6个字。

总经理一看，火候到了，于是出来"控场"："可以了，可以了。从刚才大家的表现来看，大家的状态都已经非常疯狂，就刚才这种状态，没有什么事情可以阻止我们，没有什么目标是不可能实现的。接下来，我宣布明年我们要实现的公司目标。"总经理很想把目标定为1亿元，但是说出来的却不是1亿元。总经理说道："我们的目标是2亿元。"刚说完，很多人皱着眉头，因为之前的情况是1亿元都没实现，现在却定出2亿元这样不靠谱的目标。大家议论纷纷，有的甚至在蔑视这样的想法。总经理装作看不到，继续说："接下来，我们要做的事情就是寻找实现目标的方法，这个环节，我们只要数量不要质量，下面以小组为单位，刚刚每组最后一位进入会议室的同事就是小组的组长，由各个小组长组织一下，一会儿我们看哪个小组写的方法数量最多，就可以拿走这些奖金。"总经理边说边从口袋里面掏出1000元放在了桌上。顿时场面安静下来。所有人都开始着手准备，有的沉着思考，有的铺好纸张，有的拿出若干支签字笔，有的在整理桌面。很快，大家做好了充分的准备。总经理说道："我们时间有限，给各小组25分钟的时间，看大家能写出多少条方法。各小组准备，3、2、1、开始！"然后他走到各个小组中间，不断地公布着各小组写出的数量："有的写了12条，有的竟然写了 19 条；还有 22 分钟，还有 10 分钟，还有 5 分钟，还有 1 分钟。时间到。"在这 25 分钟里，这个夸张的组织写出的数量完全超出了我的预期。就在 25 分钟的时间里，50 个人在这样一个会议室里，最后竟然写出了 3911 条方法。当然这里面绝大多数都是不靠谱的，有人写开飞机去见客户，有人写到非洲洽谈业务，有人写让产品自己会说话……在这 3911 条里面，有 12 条被认为是可以直接应用的。总经理对这个效率还是很满意的，尽管高价值内容的比例不高，但是在 25 分钟里想出 12 条立即可以应用的措施，还是非常值得肯定的。发自内心的参与，不仅是形式上的参与，还可以让每个人的潜能在这一刻被激发。整个过程的基调是感性的。领导者的感性有助于组织氛围的提升。如果领导者太严肃，那么组织氛围就不太好。

（2）少数人商量。

第二个环节是，总经理组织了另外一个"小会议"。总经理说："所有中层干部，各个部门的主管，今年参加过高潜班培训的骨干，拿好你们自己的总结和计划，带着今年所有的绩效考核的数据，10 分钟后，到小会议室开会。"这个会议的基调就是以理性为主。大家针对具体的数据和实际情况，重点讨论了客户如何细分、区域如何拓展、团队如何激励、产品如何优化，以及与盈利模式相关的问题。经过不断地探讨，不断地提供数据和思路，会议在 2 小时内结束。收获的是每个人都清楚了第二年的工作思路，明确了新的盈利来源和具体的迭代维度。

（3）一个人拍板。

最后的环节是一个人拍板，这个人就是总经理。小会议刚开完，5 分钟后，所有人回到大会议室，回到自己最初的小组里，等到会议室安静下来后，总经理严肃地走上台讲话："同志们，经过刚才的会议，我们觉得路还是要一步一步地走，饭还是要一口一口地吃，我们既要抬头看天，也得脚踏实地，最终我们决定把目标定为 1 亿元。"刚说完这句话，所有人顿时放松下来。总经理继续说道："接下来，我们有请各个部门的负责人上台喊出你们最后确定的目标和承诺。"顿时场面再次火爆，很多人争先恐后，跑到舞台两侧，争取早上台。在此期间，办公室主任在会场后方，扛着一台摄像机把每个人的讲话全都录了下来。录完后，大家对视频的播放地点有不同的看法：视频到底在哪里播放好呢？有人建议放到电梯间，有人建议放到会议室，有人建议放到网站上……最终这个视频放到了公司的餐厅里。原来的餐厅屏幕上播放的都是新闻，现在换成了自己公司的宣誓视频。视频在每天的三餐时间播放，于是产生了一种效果：业绩不好的人都不好意思去餐厅吃饭了。这样就形成一种结果：千斤重担众人挑，人人头上有指标。每个人都在为共同的目标而努力。所以领导者要牢记，让下属参与，他们才会对目标有归属感。每个人都参与了目标的制定环节，有了归属感才能保证他的努力程度。

三、让下属信以为真

下属对目标高度重视，坚定地相信目标能够实现，这是对目标认知的最高境界。要让下属对目标高度重视，领导者的重视就不可缺少，至少领导者要给下属塑造重视的感觉。具体方法就是3个字：仪式化。

很多单位在年底的时候，对于目标的宣布太过随意。往往是领导者随口喊了一句："同志们，咱们的目标定了，是1亿元。"说完就走了。结果如何呢？领导者前脚刚走，下属就继续讨论着刚刚没说完的趣事，根本没重视目标，第二天也就理所当然地忘了目标。这种情况，必须杜绝。要想让下属重视目标，领导者就应该在仪式化上下一些功夫。可以找一个五星级的酒店，要求每个人穿正装参加。酒店会议室的LED大屏幕上写着一行大字：张三与董事长 ×× 年目标签约仪式。张三走上舞台，和董事长两个人坐一排，分别在目标承诺书上签字，签字后，两个人相互交换文件，然后再签字，同时台下站着十几位"记者"，拿着相机对着两个人拍照。张三回座之后，李四再上，流程相同，李四回座之后，王五再上。每个人都要上台和董事长签目标承诺书，这个流程全走完了就会塑造一种领导者很重视的感觉。这时下属就会对目标高度重视，目标实现的概率也将大大提升，所以第三个层级的目的是让目标在下属心中种下一颗种子，让下属对目标高度地重视。要达成这样的程度，仪式化必不可少。类似的事情还有很多，比如单位领导出席培训会并上台给优秀员工发奖金，这些都是仪式化的具体应用。仪式化，就代表领导者对事情高度重视，于是下属就会更加重视。表 3-3 是一个仪式化应用计划表，领导者可以思考未来用于仪式化的场景和具体的应用步骤。

表 3-3　仪式化应用计划表

应用场景	具体步骤	所需资源	主导人

需要注意的是，不要把仪式化等同于形式化。形式化是只要面子，不要里子，金玉其外，败絮其中。仪式化则是既要面子，也要里子，为了里子，优化面子。杜绝形式化，倡导仪式化，才能不走偏。仪式化是领导者非常有必要掌握的一门艺术，它可以实现"四两拨千斤"的效果。

领导者在激发下属实现目标的过程中，需要牢记"我们一起来"。让下属更多地作为参与者，而不是参观者。下属的参与程度越深，后续的投入程度就越大。投入程度的大小就是领导力的重要体现。

本节落地应用：

1. 知识点（学到了哪些）：＿＿＿＿＿＿＿＿＿＿＿＿＿＿＿＿＿

2. 认知转变：

（1）过去的认知：＿＿＿＿＿＿＿＿＿＿＿＿＿＿＿＿＿＿＿

（2）现在的认知：＿＿＿＿＿＿＿＿＿＿＿＿＿＿＿＿＿＿＿

3. 应用措施（有时间，有行为，有结果）：

（1）＿＿＿＿＿＿＿＿＿＿＿＿＿＿＿＿＿＿＿＿＿＿＿＿＿

（2）＿＿＿＿＿＿＿＿＿＿＿＿＿＿＿＿＿＿＿＿＿＿＿＿＿

（3）＿＿＿＿＿＿＿＿＿＿＿＿＿＿＿＿＿＿＿＿＿＿＿＿＿

第三节 制定共同目标的8字方针

詹姆斯·库泽斯（James Kouzes）和巴里·波斯纳（Barry Posner）合著的《领导力》一书讲道："领导力就是动员大家为共同愿景努力奋斗的艺术。"也就是说，我们每天所做的事情，都在为未来的愿景做支撑和服务。上午8点我要给客户打个电话，9点要开个会，10点要整理一份资料，11点要和领导汇报工作……这些看似琐碎的事情，都应该能支撑未来愿景的实现。我们所做的事情支撑今天的工作日志，工作日志支撑周计划，周计划支撑月计划，月计划支撑年度计划，年度计划支撑公司的年度战略，公司年度战略支撑着3～5年战略目标，3～5年战略目标支撑着公司愿景，愿景支撑着使命，使命支撑着梦想。梦想对了，愿景才对，规划才对，计划才对，行为才对。所以，梦想是我们所有工作的原点，也是我们制定目标的原点。我们需要先找到原点，梳理愿景。尽管这些内容无法量化，只能通过语言描述，但是我们仍然要先确定方向，然后确定目标、计划、日志。梦想很远，日志就在当下。于是，领导者和下属一起制定目标的逻辑要遵循8个字：从远到近，由虚到实。这8个字是我们制定共同目标的方针和指导思想。

一、梦想

说到梦想，让我想起了马丁·路德·金（Martin Luther King, Jr.）的重要演讲《我有一个梦想》。它内涵丰富，让人记忆深刻，在黑人解放运动中起到了非常重要的作用。下面是我截取的一个片段。

我梦想有一天，这个国家会站立起来，真正实现其信条的真谛："我们认为这些真理是不言而喻的——人人生而平等。"

我梦想有一天，在佐治亚州的红色山岗上，昔日奴隶的儿子将能够和昔日奴隶主的儿子同席而坐，共叙手足情谊。

我梦想有一天，甚至连密西西比州这个正义匿迹，压迫成风的地方，也将变成自由和正义的绿洲。

我梦想有一天，我的四个孩子将在一个不是以他们的肤色，而是以他们的品格优劣来评价他们的国度里生活。

我梦想有一天，亚拉巴马州能够有所转变，尽管该州州长现在仍然满口异议，反对联邦法令，但有朝一日，那里的黑人男孩和女孩将能与白人男孩和女孩情同骨肉，携手并进。

我梦想有一天，幽谷上升，高山下降，坎坷曲折之路成坦途，圣光披露，满照人间。

马丁·路德·金在这篇文章中运用排比修辞手法来增强演讲的文采和感染力。该内容旨在改变当时美国黑人的不被尊重的现状，演讲词中观点鲜明、逻辑性强，能调动听众情绪，激发听众共鸣。

领导者也可以用这个方法来激发下属的情绪，引起下属共鸣。具体步骤如下：

① 领导者给予《我有一个梦想》模板做参考；

② 每位下属结合自己的感受去写《我有一个梦想》；

③ 组织公司级别的演讲 PK；

④ 选出最优秀的 5 位选手，进行集体投票；

⑤ 选出最能共鸣的内容，进行重新修改、雕琢、完善；

⑥ 确定《我有一个梦想》的内容；

⑦ 在公司最显眼的位置，制作梦想墙，让每位同事每天可见。

可以参考以下模板。

我有一个梦想

我有一个梦想，有一天，我们公司能够成为行业内最卓越的标杆企业，每年组织召开行业技术大会，制定行业标准，引领产业方向。

我有一个梦想，有一天，我们的团队经过不懈奋斗，成为世界 500 强企业学习的标杆和典范。

我有一个梦想，有一天，我们的产品和服务像自来水一样，流入千家万户，成为大家生活中不可或缺的一部分，一提起我们的品牌，无一不竖起大拇指。

我有一个梦想，有一天，我们的客户将持续获得方便、高效的体验，在与我们的合作中，一起成长，彼此成就，共赴美好。

我有一个梦想，有一天，我可以悄然退下，而站出来的是无数位比我更优秀的领导者。

为了这个梦想，我要用实力对冲竞争，尽吾力而无怨。

为了这个梦想，我要用思路对抗挑战，尽吾心而无悔。

为了这个梦想，我要用持续对峙运气，尽吾志而无畏。

让我们一起努力，为梦想而战！

在这个模板中有 3 个操作要点需要注意。一是逻辑。其分别从 5 个维度来描述梦想：公司、团队、产品、客户、我。这 5 个维度也是我们后续做年度目标时需要重点思考的。二是程度。尽可能打开每个人的思维，尽情地去想象最好的状态和最好的情景，无须理性思考能不能实现，只要是能想到的最好状态，就可以写上。三是格式。格式要统一，统一的格式读起来朗朗上口，更容易体现气势，会让组织中的听众更容易产生共鸣。

二、使命

判断一个组织是否优秀的标准之一是士气，也就是工作状态。我们发现工作状态优秀的人都是有使命感的人，有使命感的前提是组织得有使命。一个组织的使命渗透到部门、渗透到个人，于是塑造了大家优秀的工作状态。企业的使命和前面讲过的梦想，以及后面要讲的愿景息息相关，所包含的内容等都需要大家共同来制定，这里不再赘述。

使命就是企业存在的价值和意义。使命是一种"理想主义"，是用来追求的。使命应该描述企业如何"利他"，"他"指的是客户。使命通常包含两个维度，一个维度是聚焦客户，另一个维度是提供服务。聚焦客户就是要描述清楚，为哪部分客户服务；提供服务是指客户真正需要的是什么，这种需要往往不是产品本身，而是客户使用产品后所获得的价值和感受。所以确定使命的时候，要思考两个维度，一是客户是谁，企业为谁服务；二是客户最终需要的是什么，他们在这里获得的到底是什么。两个问题一结合就是企业的使命。每家优秀的企业都有自己的使命，而且都是非物质、非产品本身的，其是站在客户角度，并且涵盖社会价值的，都是在社会责任方面当责不让的。例如，Google 的使命是"整合全球信息，使人人皆可访问并从中受益"；沃尔玛的核心使命是"为顾客省钱，让他们生活得更好"；迪士尼的使命是"视游客为家人，为他们创造一生难忘的记忆"；麦当劳的使命是"无论是一小步，还是一大步，都要带动人类的进步"；通用电器的使命是"以科技及创新改善生活品质"。

企业使命的公式可以理解为：使命 = 客户 + 服务。

使命要落地，必须和个人相结合。企业有企业使命，部门有部门使命，个人有个人使命，这是企业内部使命落地的 3 个层次。可以参考表 3-4 来进行企业使命的三层落地。

表 3-4　企业使命的三层落地表

	客户	服务	措施
企业级			
部门级			
个人级			

注意：部门级、个人级的使命，客户可以是内部同事；措施要结合具体的场景。

三、愿景

愿景描述的是企业未来的样子。通常描述的时间节点是 10 年后。使命是"利他"的，愿景则是"利己"的，领导者需要告诉大家，未来大家要去哪里。通常愿景包含两个要素：一个是行业，另一个是野心。因此愿景的描述是感性的，虽然未必能够实现，但是应使大家一看就激动，一看就有力量。不能让大家心潮澎湃，不能感受到力量的描述，就不能称之为愿景。

愿景的公式可以表述为：愿景 = 行业 + 野心。在制定愿景的过程中，领导者要思考两个问题。一是聚焦行业，你所从事的是哪个行业。对于行业的表述要有可延展性。我曾经负责过山东一家主营电梯销售和售后服务公司的咨询项目，在制定愿景的时候，我们考虑过很多行业用词，否定了电梯、传送、传输等过于具体和过于笼统的词汇，最后确定行业属性为垂直交通。大家一致觉得这个词比较精准地界定了公司的行业范围。二是，明确野心。企业未来要做到什么程度，这个程度通常是一种地位的描述或是精神的追求。行业的常见词有数码集成、金融领域、网络经济、移动通信、房地产、行业设备供应商、家电生产制造等，野心的关键词有领导者、做得最好、世界著名、最受尊敬、第　名、主导者、杰出领导者、世界一流等，例如，波音公司的愿景是"在民用飞机领域中成为举足轻重的角色，把世界带入喷气时代"；万科公司的愿景是"成为中国房地产行业持续领跑者"；

小红书公司的愿景是"成为最受用户信任的互联网公司";盘石公司的愿景是"成为全球数字经济平台领跑者"。

从梦想到使命、到愿景,都是用感性的基调进行语言上的描述,可以称之为"虚",接下来对这些内容进行近距离的确定,阶段性的实施,也就是进入"实"的阶段。

四、战略目标

战略目标的制定,通常以"3年滚动式"为原则。举例说明,假如现在是2023年年底,那么企业要制定的是2024年、2025年、2026年的战略目标;到2024年年底,企业要制定的是2025年、2026年、2027年的战略目标。在2024年年底制定战略目标的时候,可能会对2025年或2026年的目标进行适当调整,这也是很正常的事情。同时,这也是"3年滚动式"原则的重要价值。领导者往往很难看到3年后的市场变化,随着外在经济环境和内部组织环境的变化进行适当的调整是极其必要的事情。"3年滚动式"原则的最大特点就是灵活,领导者可能很难看到未来5年、10年的市场经济变化和企业发展状况,但能做到的是尽量把未来3年的情况看清楚。领导者可以参考表3-5和表3-6来进行3年战略目标的确认。

表3-5　3年战略目标梳理表（2023年）

2024年目标	2025年目标	2026年目标

表3-6　3年战略目标梳理表（2024年）

2025年目标	2026年目标	2027年目标

制定战略目标后,领导者还需要思考的问题是如何制定战略规划。例如,

目前企业最赚钱的业务是 A 业务，这项业务的利润率最高，但领导者不要满足于当下，需要思考的是如果未来 A 业务消失了，被市场淘汰了，企业该怎么办？有没有其他业务做替代？如果没有可以接替它的业务，那么企业的未来发展就会危机重重。所以，领导者需要用发展的眼光做战略规划。领导者拿出一些精力做增长快的业务，这样企业才能持续，这类业务被称之为 B 增长业务。A 的特点是利润高，B 的特点是增长快。如果有更多的精力，领导者仍然可以思考的是，未来 B 业务也消失了，也被淘汰了，有没有其他业务做补充？领导者要思考的是未来的发展，站在更长远的角度看一个企业的持续发展，这类业务被称之为 C 类种子业务。种子业务需要的是培育，成功概率通常不高，需要不断试错，不断迭代，所以这类业务很少被企业重视。A 类看利润，B 类看增长，C 类看潜力。A 类思考的是如何赚今天的钱，B 类思考的是如何赚明天的钱，C 类思考的是如何赚后天的钱。针对三层业务规划的要点如表 3-7 所示。

表 3-7　三层业务规划的要点列表

	时间维度	利润视角	文化氛围	团队特点
核心业务	今天	当下最高	稳定	保守派
增长业务	明天	增长最快	提升	拓展派
种子业务	后天	最有潜力	尝试	创新派

只有用动态的思维做规划，用未来的眼光做战略，领导者才能制定符合时代发展和市场趋势的战略规划。不仅在业务上要这样思考，领导者还要用三层思维来思考区域：核心区域、增长区域、种子区域。核心区域是利润最高的区域，增长区域是业务增长最快的区域，种子区域是未来最有潜力的区域。用三层思维来思考客户：目前利润贡献最多的客户群体、利润增长最快的客户群体、未来最有潜力的客户群体。还可以思考内部团队：

核心团队、增长团队、种子团队等。将三层思维融会贯通地用于各个层面，目的只有一个，就是追求持续和更好。

五、年度目标

年度目标的制定需要注意两个边界：上限和下限。上限是战略导向，基于未来的梦想和愿景，领导者要做到什么程度；下限是资源导向，基于目前企业所拥有的设备和客户等资源，领导者能做到什么程度。所以，目标的制定要用战略导向做挑战，资源导向做底线。

战略导向可以从以下 4 个维度来考虑：愿景里程碑的分解（需要完成的程度，完成不了，影响愿景的实现）、市场容量和市场空间（所属门类市场的最大容量，客户采购的最大可能性）、其他部门的最大支持与配合（比如销售不会超过生产最多能生产的数量）、公司所有资源的最大产出比（采购、财务、物流等所能最大支持的产出可能性）。

再来看看底线，底线可以基于 4 个因素考虑：企业所在区域的 GDP 增长速度（当地城市的 GDP，不要因为水涨船高，高估企业自身的增长率）；企业所属行业的增长速度（行业的增长，也存在着水涨船高的情况）；主要竞争对手的增长速度（要存活得更好，需要对标竞争对手的增长速度，有标准，才有正知、正见）；过去 3 年自身的增长速度（要进步，需要看过去，过去 3 年代表着企业的整体能力和水平）。确定目标，需要结合上限、下限来确定范围，用前面章节讲的头脑风暴会确定具体目标。

综上所述，可以通过以下 7 个步骤来确定目标：①确定愿景；②分解愿景；③界定上限；④收集数据；⑤分析数据；⑥界定下限；⑦确定目标。前 3 个步骤定上限，之后 3 个步骤定下限，最后 1 个步骤定目标。领导者要让目标的制定不再只靠感觉，要用更倾向于科学的路径，瞄准方向，脚踏实地，不偏不倚，持续完善。

制定目标后，领导者需要思考实现目标的要点，这被称之为年度战略要点。考虑要点，不能只考虑重要，还要考虑全面，需要360°全方位考虑，既要考虑内外环境，又要考虑上下共识，还要考虑左右协作。

中国大部分企业的领导者，过于重视经营和盈利模式，较少考虑企业内功的修炼，从而导致领导者在目标层面只关注营业额，较少关注团队、业务、区域等的规划和发展。影响一家企业目标成败的关键一般有6个维度，每一个维度都非常重要，都会影响企业的成败，领导者需要高度重视。这6个维度是指销售目标、团队目标、营销模式、产品结构、区域扩展、客户群体。为了方便企业内部的传播和共识，可以参考表3-8所示的年度战略要点模板，在企业内部平台共享，减少沟通成本。

表3-8　××公司2023年度战略要点

序号	维度	程度
1	销售目标	销售额目标为520亿元，其中A产品销售额为400亿元，B产品销售额为110亿元，C产品销售额为10亿元
2	盈利模式	建立线上和海外独特盈利模式
3	客户目标	老客户比例由15%提升到30%
4	团队目标	打造一支敢承诺、能打胜仗的高效团队
5	文化打造	以主动承诺文化为核心，组织3次以上文化活动
6	机制流程	优化现有流程20%以上，新建线上、海外服务支持流程体系
其他	学习成长	至少派出20人参加北京大学EMBA总裁研修班

列出这些年度战略要点，是为了让企业的领导者都清楚自己接下来的努力方向。作为高层领导者需要想方设法地传递企业年度战略要点，比如制定企业战略墙，墙上画上梦想树、愿景路线图，写出战略要点；开月度会议，多做针对年度战略要点的回顾和检查等。这些都是为了在思想上达

成高度一致，更利于减少内耗，达成目标。这样高频率地呈现，久而久之，目标就会满满地渗透到每位员工的心中，目标的力量也就有所彰显。具体的年度、月度战略要点可以参考表3-9。

表3-9　年度、月度战略要点表

年度战略要点：		
1	销售目标	
2	盈利模式	
3	客户目标	
4	团队目标	
5	文化打造	
6	机制流程	
其他	学习成长	
月度战略要点：		
公司级		
财务部		
销售部		
生产部		
采购部		
人力资源部		
……		

2020年，河南郑州某生产制造企业梳理了非常清晰的目标传递路径。每月20日，员工领到工资就会去聚餐，而总经理不去，留下来加班，梳理下个月的月度工作要点，也就是月度战略要点。高层领导者的工作时间和中基层领导者要有区分，高层领导者通常在员工工作的时候他休息，员工休息的时候他工作。第二天，每个员工都神采飞扬、精神饱满地来上班，打开笔记本电脑一看，总经理已经发出了下个月的战略要点，立即紧张起来。在晨

会上，中层领导者把此事当作重点，进行了传达和分解。正式上班的第一件事，中层领导者就基于高层领导者的战略要点，分解形成自己的月度工作计划，然后发到平台，抄送自己部门内的所有下属。下属也已经形成固定的类似于条件反射似的习惯，很熟练地输出了下周的工作计划。员工的周计划提交中层领导者做确认，中层领导者的月计划提交高层领导者做确认，高层领导者确认签字后，月度计划于下月1日正式实施。经过这样系统的梳理和训练，目前这家企业的效率获得了大幅提升。

过去做计划，随心所欲，现在做计划，要有依据；过去做计划，格式凌乱，现在做计划，统一规范；过去做计划，模糊被动，现在做计划，精准管控。这样，领导者不仅可以有的放矢地工作，还能腾出更多的时间来思考企业未来的发展和团队的优化。

六、计划

计划的制订需要遵循从上而下的原则。也就是说，每个层级的目标是上个层级的计划，每个层级的计划是下个层级的目标。上级领导的计划是我的目标，我的计划是下级的目标。只有这样，制订的计划才能更好地支撑企业战略，实现共同的愿景和梦想。

计划司空见惯，每个企业都在做，但是从效果来看，差距却非常大，有的计划缺少分类，有的计划没法考量，有的计划没有节点，有的计划完不成都一样。一个好的工作计划，目的是聚焦重点工作，同时应把计划做好公开和共享，让领导、下属、跨部门同事都知道彼此的工作内容，信息公开，这样就能提高彼此的工作效率。表3-10是我做咨询项目时经常使用的一个月度工作计划模板，每家企业可以根据自己的需要做适当的调整。

表3-10　××公司（　）月工作计划

序号	一级分类	二级分类	具体工作	考核标准	完成节点				承诺	质询
					第一周	第二周	第三周	第四周		
	领导工作	打造企业文化								
		完善企业机制								
		加强团队建设								
		加速企业成长								
	业务工作（岗位职责）									

计划亮点与注意事项如下。

（1）左侧第一列为序号，目的是让领导者自己能迅速判断工作饱和度。领导者只需要看最后一个数字，就知道下月工作计划有多少条，从总体上有饱和度的判断。

（2）左侧第二列为一级分类，目的是让领导者有领导者意识，不要只局限于自己的业务工作，还要思考团队效能。

（3）左侧第三列为二级分类，目的是防止领导者基于个人喜好做领导，喜欢做什么就做什么，不喜欢的就不做，不能理性、全面地推动领导工作。这里将领导工作分为了4类——打造企业文化、完善企业机制、加强团队

106

建设、加速企业成长，以此来与战略要点遥相呼应，方便和领导者工作做对接。还可以在半年复盘时，找出自己半年来很少关注的维度，或许那就是你的薄弱项，下半年就要调整重点，补齐差距。

（4）左侧第四列为具体工作，就是要做什么事，这一项在每个计划中都有，在此不做赘述。

（5）左侧第五列为考核标准，即做到什么程度，这是计划的重点。一个计划做完了，如果到月底一看，没有办法考核，或者考核标准不一致，就会降低本项工作的价值。所以，必须要做到有依据、有数据、有证据，这样工作才能被检查和考核，从而为考评打下基础。

（6）左侧第六列为完成节点，一项工作，你计划在第几周完成，就在对应的下方区域画✔，目的是方便领导者检查工作。一个领导者无论有多少个下属，都可以把所有下属的月计划或周计划做成一个大的 Excel 表格，锁定表头，滚动鼠标就能看到在某一周或某一天，有多少位下属的工作第六列有✔，领导者在这个时间只关注✔的工作就好了，这就成了领导者检查的重点，聚焦了领导者的时间和精力。

（7）左侧第七列为承诺，目的是激发当事人的责任心。每个人对结果负责，而最大的负责就是敢于承诺，承诺就是如果做不到，将付出什么代价，重点是培养大家敢于承诺，形成敢于承担的组织文化。把承诺当成习惯，敢于承诺，聚焦承诺，兑现承诺，这种力量不容小觑。

（8）最后一项就是质询，目的是对于计划的完成进行质疑和询问。重点是用考核标准去对照实际完成情况，领导者对于不相信的内容，要求下属提供证据，对于下属未完成的工作，领导者要提供方向，对于需要配合的，领导者要提供资源和支持，目的就是聚焦结果，推动改进。

企业在推动计划的过程当中，可以将这 8 项"注意"作为一个参考标准，不断对照，适时改进，形成习惯。到此，从梦想到使命，从使命到愿景，从愿景到规划，从规划到目标，从目标到计划，形成了一条由远及近，从虚到实的目标执行路径图。这样的路径图会激发企业每个团队、每个部门、每个个体，让目标成为组织中所有成员的努力方向，让目标成为职场中最明亮的灯塔，让目标成为每个人心中最重要的一道风景。在这样的组织状态和这样的紧密配合下，目标的力量会得以持续发挥、极致发挥。

本节落地应用：

1. 知识点（学到了哪些）：＿＿＿＿＿＿＿＿＿＿＿＿＿＿＿

2. 认知转变：

（1）过去的认知：＿＿＿＿＿＿＿＿＿＿＿＿＿＿＿＿＿＿

（2）现在的认知：＿＿＿＿＿＿＿＿＿＿＿＿＿＿＿＿＿＿

3. 应用措施（有时间，有行为，有结果）：

（1）＿＿＿＿＿＿＿＿＿＿＿＿＿＿＿＿＿＿＿＿＿＿＿＿

（2）＿＿＿＿＿＿＿＿＿＿＿＿＿＿＿＿＿＿＿＿＿＿＿＿

（3）＿＿＿＿＿＿＿＿＿＿＿＿＿＿＿＿＿＿＿＿＿＿＿＿

第四节　基于人性的目标变现的5个流程

美国学者沃伦·G.本尼斯曾说："领导力就是将想象转变成现实的能力。"领导者需要把梦想和希望转化为现实和结果。前文已经分享了目标共识的重要性、目标共识的方法、制定目标的逻辑，从宏观上让大家对组织目标的制定、团队目标的共识具备了一些认知、方法和工具。这一节将从微观角度，以及人性和心理的角度来分析个人目标变现的心路历程，以及每个阶段的心理障碍和应对策略。

比尔·盖茨（Bill Gates）曾说："展望下个世纪，领导者会是那些帮助别人、让别人成长的人。"领导者需要持续不断地让下属成为更好的自己，只有这样，组织的状态才能不断地迭代和优化。下属在工作中遇到了问题，领导者会如何看待呢？下属在目标执行中心理产生了波动，领导者会如何对待呢？在目标实现的过程中，从接到目标、认知目标、分解目标到执行目标，其间人的心理会不断发生变化，人对目标的认知也会产生一些波动。这种干扰往往成为影响目标达成的关键因素，但很遗憾的是，它却很难引起领导者的重视，因此就会造成领导者和下属在目标认知方面产生很多差异。

领导者以为：只要说了目标，下属就会马上去执行。下属觉得：只有我听懂了我才会执行。

领导者以为：下属一定会竭尽全力。下属觉得：我只要说得过去就行。

领导者以为：下属会想办法解决问题。下属觉得：我汇报问题，领导得夸我积极。

领导者以为：下属会主动汇报。下属觉得：你还没催，等等再做。

领导者以为：下属能听懂背后的意思。下属觉得：领导要是有这个意思，早该说了。

领导者以为：下属只要没反馈就是正常。下属觉得：只要领导没提醒我，就是正常。

领导者以为：下属明白干得好拿得多。下属觉得：我干得好领导也不说，分明就是不知道。

领导者以为：下属知道要总结。下属觉得：既然结束了，我可以松口气了。

我们看到，领导者以为的和下属觉得的，存在着较大的差异。这种差异会造成目标执行上的内耗。

从下属接到目标到实现目标的过程，大体上会经过5个心理变化阶段：认知阶段、启动阶段、执行阶段、收尾阶段、复盘阶段。这5个阶段针对不同的工作场景，人的心理会有不同的变化，下面将对每个阶段的心理变化进行梳理，基于每个阶段的主要矛盾提出策略和方法，支持下属达成目标。

一、认知阶段

认知阶段的主要矛盾是对抗。下属对工作目标不清楚、不接受、不理解，这种对抗表现出来的或许是提出反对意见，又或许是阳奉阴违，对目标缺少热情和动力。下属通常面对目标有5种对抗表现，值得领导者关注和消除。

1. 我不理解，我对抗

当下属不理解工作目标的时候，内心会产生对抗。其中有目标本身的原因，比如目标过高；也有领导者传达的原因，比如讲不清楚；还有目标与员工不关联的原因，比如企业目标实现了，个人目标却难以变现。领导者应该高度重视，了解下属的真实需求，把下属的需求和组织目标进行结合，并将目标清晰地传达给下属，告之为什么做及做什么。

2. 我不喜欢，我对抗

我不喜欢，有两个维度。一个维度是我不喜欢这个目标，这个目标或许该做，但是我不想做。喜欢做的事和领导者让干的事不是一回事。领导者分配工作，需要把合适的人放到合适的岗位上，适才适岗，让每个人发挥自己的优势和特点，才能彼此成就。另一个维度是我不喜欢你。也就是领导者的领导风格或者领导方式，让下属不信任、不认可，比如领导者说话的语气生硬或无力，经常发火，天天批评、指责下属等。一个人如果不喜欢自己的领导，一般工作状态就不好。这往往是领导者面临的最大挑战。

3. 我不开心，我对抗

人在职场中通常有 4 种情感维度的需求：归属感、存在感、成就感、快乐感，领导者通常用统一的工装让下属有归属感；通过让下属参与企业管理的合理化建议，让下属有存在感；通过即时反馈和激励让下属有成就感；而快乐感往往最容易被忽略。员工心态如果不好，领导者又缺少洞悉和了解，就会导致隔靴搔痒，用了很多方法，但是下属的内心却从未被打开，完全没有在一个维度上解决问题。人毕竟是有情感的，当心情不好的时候，很难愉快地工作。这种不开心或许和工作无关，但势必会影响工作，需要引起领导者的思考和重视。我曾经服务过一家贸易公司，他们每天下午有个活动，所有人围成一个圈，通过游戏的方式选出一位同事到中间说一下今天的感受，再表演个小节目。这个活动可以将大家一天的不愉快、工作中的困难、挫折带来的郁闷，一扫而空。心情是动态的，经常发生变化，因此也需要领导者用长效机制持续去做。

4. 我没资源，我对抗

有句话叫"巧妇难为无米之炊"，领导者让下属去做某件事情，就需要提供必要的资源，这种资源包含物质资源、人际资源、方法资源、情绪资源等。不能只让马儿跑，却不给马儿吃草。不太注重资源的支持，往往会导致下属有力量、有想法、有思路，但是执行起来却阻力重重。

5. 你不公平，我对抗

某公司李经理给下属安排工作时是这样说的："小张，你的能力比较强，你就多承担一些，给你安排 800 万元的任务。小许，你手里客户资源有限，大客户不多，今年照顾你一下，给你安排 400 万元的任务。小孙，你经常驻外，还获得了客户送的拾金不昧的锦旗，今年给你安排 360 万元的任务……"这样的工作安排你能接受吗？如果你是小孙，估计可以接受，但如果你是小张，估计就很难接受了。领导者切忌在该公平的时候不公平，让下属觉得笨一点、差一点、弱一点，目标就会定的低一点。于是没有人选择表现更好，没有人愿意业绩更好，也就没有人喜欢突破纪录。领导者要营造"好人好报"的职业氛围，让人意识到能力越强，产出越多，得到的也就越多。小许的大客户不多，是因为自己不注重积累，没下功夫，如果再降低目标，那么小许可能不会去思考如何积累大客户了。小孙的拾金不昧和销售目标没有任何关系，如果硬扯关系，就会造成每个人都能找到降低目标的理由。有的同事会说"我还得过全勤奖呢""我还帮助过老太太过马路呢""我还救助过流浪猫呢"，等等。切忌让这些与绩效不相关的行为影响领导者分配任务。一碗水端平，才是组织最好的氛围，才更有利于清除下属的内心对抗。

二、启动阶段

启动阶段的主要矛盾是干扰。

启动阶段，就是要开始执行了。在目标启动阶段，下属往往会遇到

3 种干扰。这 3 种干扰影响了他们潜能的发挥。想要让下属有好的表现和绩效，清除干扰是必要的环节。

1．预言不幸

还没开始执行目标，就先想到了一堆困难。这些困难还没发生，以前也从没发生过，只是听别人说或者完全靠主观臆断想象出来的。比如，还没去谈客户就在想象：我去谈客户，会不会被拒；还没开始执行项目就瞎想：在项目执行中，成员会不会离职；还没开始汇报工作，就在想象：领导把我训一顿，怎么办……这些都是预言不幸的干扰。困难完全来自想象。哈佛心理学实验室曾经对人的焦虑进行过科学的量化、统计与具体分析，结果发现，人类几乎有 99% 以上的忧虑是想象出来的。统计发现，有 40% 的忧虑是源于对未来的担忧，有 30% 的忧虑是源于过去的事情，有 22% 的忧虑是因为生活中一些微不足道的小事，4% 的忧虑来自个人无法改变的事实，最后剩余的 4% 则来自我们正在做着的事情。所以，焦虑很少是真正的事情造成的，而更多的是源于想象，杞人忧天的担忧，自己吓唬自己，或者悔恨、遗憾过去。而一旦陷在情绪里出不来，焦虑的情绪就会导致更多的焦虑。想要减少焦虑的干扰，可以经常性地进行自我对话，也就是自己问自己。可通过问自己以下 4 个问题来排除干扰：这件事情可能的最坏结果是什么？我能不能接受？这种结果发生的概率有多少？我有哪些方法来获得更好的结果？当你理性思考的时候，就会弱化无端想象带来的焦虑。

2．夸大困难

困难确实存在，但是往往人们眼里只有困难而缺少对方法的思考。心理学里有句术语：注意力等于事实。就是说一个人一旦认定了一个观点，就会忽视其他的东西，而将他认定的观点无限放大，然后千方百计地找理由来支撑他的结论，而不管这个观点是否正确，最终他更加证明了自己的结论是正确的。这就如同疑邻盗斧，一个人总认为邻居偷了自己的斧头，就会觉得邻居的表情像偷斧头的，邻居走路的姿态也像偷斧头的，邻居说话也感觉像偷了斧头。最后，他却在自己家的某个角落里找到了不小心遗落的斧头。你关注什么，同时就会放大什么。你关注的是困难，那么困难将会越来越多。你关注的是目标，那么实现目标的方式也会越来越多。如图 3-1 所示，障碍的实际部分是黑色部分，虚线部分是想象的部分。于是障碍蒙蔽了双眼，使人看不到目标。要想看到目标就要去除虚线，抬高自己。去除虚线就是要正视困难，要提高能力或者提高自己的认知。首先，你要做的是正视困难，不高估它，拿出正确的方法来应对困难。你可以用 4 个问题来正视困难：目前的困难，如果可以量化的话，是多少分？实现目标的意愿，如果也可以量化，又是多少分？目前，可以想到的实现目标的方法有哪些？还有没有其他的方法？再想一想。如果没有了，下午或者第二天继续想一想。然后，你要考虑一下，你可以向谁来寻求支持和帮助？提高能力往往不是一朝一夕的事情，要提高的是自己的认知。提高自己就是要站在更高的维度看困难，比如站在企业高层的角度看困难，又或是以你的职场偶像的角度来看，比如乔布斯在遇到这样的问题时，他会如何看待问题，如何应对问题，采取什么行动。站在更高的维度，你就会无视困难，关注目标。

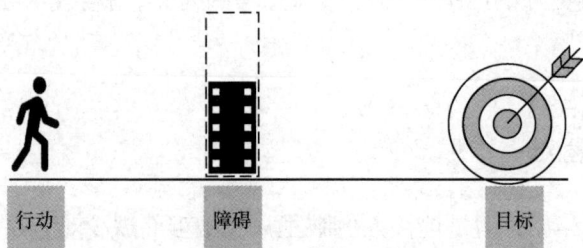

图 3-1　目标障碍示意

3. 决心不足

遇到比较大的困难时，人往往缺少实现目标的决心和信心，搁置了目标。在工作中，是遇到的困难多还是想到的方法多呢？有人说，困难多，解决一个又出现一个。有人说方法多，面对任何困难，总能找到实现目标的方法。到底是困难多还是方法多呢？

在台湾省有个画家叫谢坤山，他在16岁时，因为意外碰到高压电，失去了一条腿和两条胳膊，后来又在一次意外事故中失去一只眼睛。这样的经历，很多人都会自暴自弃，觉得人生没有希望。但是谢坤山并没有放弃，不断为自己的生存和发展努力着。后来他学会了自己吃饭，自己洗漱，打电话，做家务，还拥有了幸福的家庭。除此之外，他还成了一名画家，用嘴巴画画，经常拍卖和义捐自己的作品；他还经常到医院做义工，帮助患者振作起来；他还会去中小学讲座，帮助中小学生树立正确的人生观和价值观。谢坤山认为，如果过多地关注问题，关注困难，那么面临的将是无尽的痛苦。他反而一直在关注方法，探索方法，所以才能创造奇迹。关注方法，同时要拿出决心。决心大，方法多；决心小，困难多。方法多还是困难多，完全取决于决心。

三、执行阶段

执行阶段的主要矛盾是被动。

到了执行阶段，上级领导最想了解的是执行状态和执行程度。于是经常见到的情况是领导者在进行检查、督导、催促等。这些常规的管理方式降低了组织的效能。真正的高效组织应该激活每个个体的潜能。在组织中，每个个体都是各司其职的，也就可以取消"管理"这个动作了。真正的领导力体现在领导者会去调动每个人的主观能动性，而下属会独自努力来获得更好的效果。这个阶段最大的问题是，下属缺少主动性，不主动反馈，不主动思考，不主动防范问题。在执行阶段，领导者会遇到以下两种被动情况。

1. 被动反馈

领导安排完工作，迟迟等不到结果。于是领导就会担心：到底是怎么了？做还是没做？做到什么程度了？一概不知。某单位，总经理安排给财务部王经理一项工作，让他做个年度的财务报表，3天后的一个重要会议上要用。王经理明确表示收到。两天后的深夜，总经理忽然想起来，明天要参加会议了，不知道王经理的报表有没有做完，于是赶紧给对方打电话，遗憾的是对方已关机。接下来，总经理度过了一个不眠之夜。天一亮，他第一时间驱车赶往公司。等到王经理一来，立刻冲上去问道："王经理，我安排给你的报表，做完了没有？"王经理淡定地说："做完了！早就做完了！你安排给我这件事，当天就做完了。"总经理说："做完了，为什么不交给我？"王经理更淡定了："你也没跟我要啊。"到底应该是领导去催、去要，还是应该下属主动反馈呢？在组织中，有个原则：事前领导掌握的信息多，领导要主动；事中和事后，下属掌握的信息多，下属要主动。下属什么时机反馈比较好呢？这里推荐主动反馈的六大时机供参考：执行完后的第一时间；阶段性结果完成后的第一时间；执行中遇到困难，思考过后，有了两个以上的方案时；执行中遇到更好的信息、资源和方法时；领导安排工作时，刻意强调的环节完成后第一时间；例行反馈，如24小时反馈制、周例会、月例会等。这六大时机可以让每个下属抄写在便笺纸上，贴到自己办公桌的显眼位置，时刻提醒自己主动反馈。两年后，即使不贴这个便笺纸了，很多人也还是会这么做的，一个组织的文化也就形成了。建立主动反馈的文化，能大大提高组织的工作效率。

2．被动思考

在工作中，你有没有遇到过这样的情形：有的人遇到困难了，找到领导，把困难扔给领导，自己图个清静。有的人遇到困难了，把事情搁置一边，领导一问，就把一堆困难倾诉给领导。更有甚者，遇到困难了，干脆不再考虑这个事了，领导一问，甩出了一堆的理由和借口。李嘉诚的办公室经常挂着一句话，这句话是对所有下属的要求：当你提出困难时，请你提出解决方法，然后告诉我哪一个最好。他倒逼着下属给出选择题而不是问答题，把下属的智慧充分调动和利用起来。当遇到问题时，下属首先要自我思考，拿出更多的方案让领导做决策。思考得出答案或思考不出答案本质上都不重要。思考的过程更重要，这是培养下属独立思考习惯的起点，也是培养下属主动思考的重要方式。

四、收尾阶段

收尾阶段的主要矛盾是懈怠。

设想一个场景：某天，从事销售工作的小张运气特别好，签了个 500 万元的订单，本来小张当月的工作计划里面写的是月销售额 50 万元，这一天就完成了一个月业绩的 10 倍，可以想象得出来，小张会有多么兴奋。小张来到领导的办公室门前，仍然掩饰不住内心的喜悦，脑子里面不断闪现接下来的场景：领导会不会用最夸张的语言表扬我，会不会把我抱起来，会不会直接把我提拔到中层领导者的位置上……各种美好的画面在小张的脑海里不断盘旋。小张怀着兴奋的心情，敲开了门，急切地说道："李总，看，这是我今天的订单，这个订单一上午就完成了，是我加入公司以来，签到的销售额最大的订单。"作为领导的你，看了一眼，头也不抬地应了一句："嗯，知道了，继续努力。"瞬间，小张的心情跌到谷底，心想："真没意思，以后签单不签这么大的了，签个 5 万元的说得过去就得了。"然后转身离开了领导的办公室。在后续的工作中，小张的状态就懈怠了。执行中，领导者强调的是下属对工作过程、阶段性结果的反馈，事后要注意的是对执行结果的反馈。遇到好的结果，领导者千万不要吝啬自己的语言，该表扬的必须表扬。遇到不理想的结果，也没必要上来就发火，领导者需要了解原因，引导对方做出改变。无论什么结果，领导者都要引导下属往好的方向发展。针对事后的反馈，要秉承两个原则：一要快，二要准。快是指越早越好。孙膑曾经说过："奖不过夜，罚不还面。"奖励当天就要兑现，惩罚当时就要兑现。可见罚比奖还要快。原因是人犯错后，心理上会有愧疚感，但是愧疚感又会很快消失。等愧疚感都消失了再批评，基本无效，批评最好的时机是刚犯错，愧疚感最旺盛的时候。所以领导者要掌握快的原则。第二个原则就是准。好在哪里，差在哪里，要以事实为基础，不能主观判断。比如夸奖小张"你太牛了""你太厉害了""太优秀了"，这样的表扬太过宽泛，效果一般。可以具体一点："小张，你用一天的时间，签了一个月计划 10 倍的订单。这样的订单我也是第一次见到，这将会提升整个销售部在公司的位置，我特别佩服你的业务能力。"如果做得不好，也要聚焦到事实上。"小李，这个方案我看了一下，里面有 3 处错误，2 处格式错误，1 处数据不准。这个方案要在会上讲，会造成大家对数据的不信任，使我们的后续工作更难开展。以后咱们最好能多检查两遍，重点检查格式和数据。"无论是正面还是负面，都需要聚焦，千万不要让下属一头雾水，不知所云。反馈就是给下属加油，时不时地给点激励，让下属不再懈怠，持续变好。

五、复盘阶段

复盘阶段的主要矛盾是二过。二过，就是重复犯错误。复盘的目的是不二过，避免问题再次出现。

　　所有环节进行完了，领导者也反馈过了，但是从组织的角度来看，事情还没有完全结束。复盘阶段的核心是传承优秀的经验，解决迫切的问题。解决的最佳状态就是"不二过"，可以通过别人的错误来总结，避免自己犯错。收尾阶段有奖有罚，拿到奖励的人很有必要分享一下自己做事的过程和细节；得到惩罚的人也有必要反思一下自己做事的问题，以及下次避免问题发生的方式和方法。在复盘的过程中，领导者可以按照以下4个步骤的模板来设计问题，让下属回答。

　　一是回顾。回顾的重点是让当事人回顾细节和流程。"小李，当时你是怎么做的啊？"像这样的问题就比较宽泛，不太容易得到你想要的答案。小李的回答可能是："就是按照公司的流程走的啊。"应该具体地问："小李，你通常第一步做什么？具体怎么做呢？还有没有呢？如果不是这样的情况呢？"越是具体的问题，小李越容易回答，也越具有价值。

　　二是比较。把小白的做法和业务冠军的做法进行对比。这个过程需要画个T型图，左边写小白的做法，右边写业务冠军的做法。按照流程的顺序，把细节整理完整。

　　三是提取。这个是看差异过程。首先从大的环节看差异，可以将原有的流程加一步，减一步，或者改一步。因为所有流程都是为绩效服务的。做什么，怎么做，也要标注一下，用颜色做区分。针对差异，领导者需要认真思考，排除运气成分，排除个人因素，只看那些可复制、容易复制的，形成沉淀的基础内容。因为传承的原则是低标准，严要求。一方面大家都能做到的才容易传播，这就是低标准；另一方面，必须按照这个流程来，这就是严要求。

　　四是固化。找到那些差异的、有价值的要点之后，优化成可供操作的模板或者话术。这个时候通常要用到表格或者流程图。这个环节要注重细节，需要标注清楚应用场景、具体话术，甚至备注清楚语气语调、肢体表现形式等，只有这样，才能保证其他人在应用的过程中不走样。

以上 4 步既可以用于优秀经验的传承，也可以用于遇到问题时的总结改进。按照 4 步去推动和实施复盘，就可以把差的变成好的，把好的变成更好的。"更好"是复盘阶段的终极目的。

基于人性的目标变现的 5 个流程，是领导者通过改变下属的内心状态来实现更好结果的步骤。领导者要做的是透过行为看到内心状态，通过改变下属的内心状态，改变其行为，最终实现目标。

本节落地应用：

1. 知识点（学到了哪些）：＿＿＿＿＿＿＿＿＿＿＿＿＿＿＿＿

2. 认知转变：

（1）过去的认知：＿＿＿＿＿＿＿＿＿＿＿＿＿＿＿＿＿＿＿

（2）现在的认知：＿＿＿＿＿＿＿＿＿＿＿＿＿＿＿＿＿＿＿

3. 应用措施（有时间，有行为，有结果）：

（1）＿＿＿＿＿＿＿＿＿＿＿＿＿＿＿＿＿＿＿＿＿＿＿＿＿＿

（2）＿＿＿＿＿＿＿＿＿＿＿＿＿＿＿＿＿＿＿＿＿＿＿＿＿＿

（3）＿＿＿＿＿＿＿＿＿＿＿＿＿＿＿＿＿＿＿＿＿＿＿＿＿＿

CHAPTER 4

第四章

氛围的营造：

培养"不约而同"的默契感

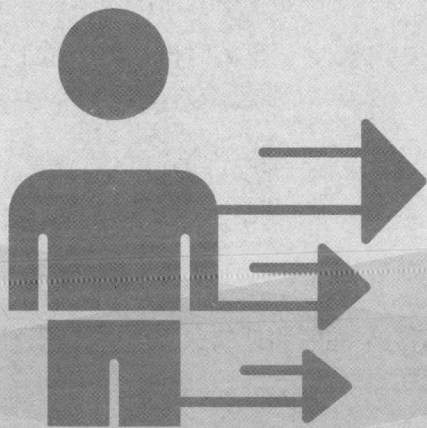

第一节　组织氛围的4个价值

　　领导者对领导力的期待往往是：一呼百应、全力以赴、不约而同等。而这些关键词的背后，最不可或缺的一个词是氛围。它看不见、摸不到，但却存在，而且会对组织产生特别重要的影响。英国莱斯特综合大学心理学博士艾德里安·诺斯（Adrian North）提出："当人们听到某些音乐时，会从精神上感受到那个时代的生活。"音乐就是一种氛围。大多数商场会播放轻音乐，这种轻松无压力的氛围，既可以提升品位，也更容易让消费者产生消费行为。如果临近春节等节假日，还有很多红灯笼、中国结等装饰品，这样的氛围也会影响你的内心，暗示你：过节了，该买些东西了。同样，组织也有组织的氛围，有的企业，只要你一踏入大门，立刻就能感受到这家企业的活力和状态。这种感受就是氛围带来的。

　　管理要由模糊到量化，那么如何去衡量下属的内心状态呢，这是一件比较困难的事情。但是只要有决心，方法总比困难多。于是，有家企业的高层领导者想了个办法，在每个办公室门口放一个玻璃瓶，同时给每个员工一堆3种颜色的玻璃球，下班的时候，每个员工需要将一个玻璃球扔进玻璃瓶。基于什么来扔玻璃球呢？答案：心情。如果你的心情特别好，扔一个红色玻璃球；如果心情一般，不算好也不算差，扔一个黄色玻璃球；如果心情特别糟糕，无论是组织原因或是个人原因造成的，扔一个蓝色玻璃球。在扔玻璃球的时候，没有人监控，其完全是个人真实情绪的反映。接下来，高层领导者要根据每个部门的玻璃球颜色去判断这个部门的整体氛围和状态。红色玻璃球多，表示这个部门的氛围非常好，部门负责人在营造氛围方面往往会有自己的方法；蓝色玻璃球过多，则要质询部门负责人，督促其做出调整，优化部门氛围。玻璃球在某种程度上代表了一个部门的氛围，而领导者也深知氛围为部门工作带来的价值和影响。氛围好的部门，团队成员有安全感，有创造力，更有韧性，遇到困难也会积极面对，因此其在认知、工作热情、团队稳定及绩效表现方面，会有明显的优势。

氛围对于组织有着重要意义，其在组织内通常有 4 个价值：打造共同认知、激发工作热情、保持团队稳定、支持组织绩效。

一、打造共同认知

进入 VUCA 时代后，制度的威力在衰减，取而代之的是氛围。氛围可以强化一个组织的共同认知，让团队成员自发地做事。下属用"自发"做事代替过去的"不得不"做事的感受。

氛围的最大价值在于打造共同认知，形成"不约而同"的默契感。这种默契感就是高度的自觉，无须强制，很多工作和行为自动完成。由于工作关系，我经常去很多单位做培训和咨询。每家公司都有自己的氛围，但同时彼此又有着很大的差异。2020 年，我去浙江舟山某单位做培训，当时约定的学员人数是 50 人，上课前一天，我又和组织培训的对接人进行确认，我问道："王经理，明天培训多少人？"王经理的回答让我有些惊讶，他说："老师，我们这个人数不太好确定。"我说："大约呢？给我一个人数范围也行。"我理解在单位内部做培训，很容易因为工作问题无法确定人数。而王经理接下来的回答让我大吃一惊，他说："大约的话，是 10 ~ 100 人。"这个答案对我来说已经没有任何价值。课程中，果然是人员随意走动，接打电话此起彼伏。组织者课后和我沟通："老师，我们很多同事都有工作，确实放不下，也没有办法完全禁止他们接听电话。大家反映你的课特别好，我们期待后续合作。"我的内心感受是，尽量不合作，这个课上得太煎熬。

我紧接着到了位于浙江宁波的一个单位，也是提前一天问了培训组织者一个问题："李主任，咱们明天参加培训的有多少人？"李主任说："老师，我们单位有个特点，培训这个事，从来不允许请假，明天 78 个人。"果然，在培训的两天时间里，78 位学员没有一个随意走动的，手机已经主动上交，摆放在会场两侧。在整个课程中，大家的参与度、互动性都很棒，课程效果自然也比较好。后续我又连续做了几期课程，每期的学员都表现上佳。这就是氛围的力量。宁波这个单位的所有员工有个共同的认知，培训就是来学习的，有工作冲突，应自己提前做好处理或者课后再去弥补。即便在最初，有人因为特殊情况，电话在课堂上响起过，也被立即制止了，因为大家听到铃声，立即投去了"鄙视"的目光，所有人都觉得，这个铃声与课堂格格不入，所有人都怀疑，手机响的同事是新员工，因为大家早已形成独特的共性认知。这种认知让大家有共同的判断和理念，让大家形成不约而同的默契感。

人的情绪和情感具有相通性与影响性，周围的环境和氛围对人的影响是巨大的。近朱者赤，近墨者黑，如果你的周围是一群努力、上进的人，那么你也一定会被这种氛围感染，进而让自己变得更优秀。

二、激发工作热情

氛围可以影响人的内心，让人更有快乐感和创造力，这就可以解释为什么有些销售型的企业在其他人看来好像过于激情澎湃，因为这样的企业需要类似的氛围去影响团队的工作意愿和对困难挫折的认知。

2019 年，我去山东德州一家保险公司做培训。我当时住的是和这家公司同一栋楼的酒店，房间又刚好在公司的楼上。按照预定的时间，我的课程是 9 点开始。早上 8 点，我正在课前准备，忽然听到楼下喊口号，放音乐。我忍不住好奇，这是在干什么？仔细一听才知道，是公司在搞氛围，早上先跳舞，让每个人拿出最佳的状态来迎战一天的工作。一会儿又听到楼下在开会，时而传来一阵笑声，时而安静一阵。我 8：45 到楼下时，所有人的状态已经非常到位，学习中要用的各种物品和教具也准备得非常妥当。在课前沟通中，我感受到了领导者的活力；课上，所有学员精力高度集中，主动举手回答问题的比例高达 90%，这样的氛围一直持续到一天的课程结束。我由衷地尊重和佩服这样的团队，我似乎能看得到他们在工作中遇到问题也会选择积极面对，这就是氛围的力量。优化了组织的氛围，就相当于强化了每个人的内心，让大家有更大的动力和自信去面对所遇到的一切。

三、保持团队稳定

好的领导者应该学会给组织营造一个好的氛围，让员工众心归拢，拧成一股绳。我记得我刚大学毕业的时候，在一家大型日化企业做销售工作，其实我个人比较内向，并不喜欢销售这项工作，当时也没有太多好的选择，就想先干着再说，看看后面有没有其他机会。慢慢地，我发现自己竟然喜欢上了这家企业，这源于我的主管，他是营造氛围的高手。当时我们的工资不高，每天工作还特别辛苦，能吸引我和其他同事就是因为组织的氛围。每天早上晨会前，我们会跳舞放松，接下来做销售训练、晨会学习，开始一天的工作。晚上还有一个项目就是"搞氛围"，大家围在一起，通过游戏选出一些人表演节目，一场快乐的节目结束，一天的疲惫顿时消失，然后大家一起去吃饭。领导者想营造氛围，不一定要耗费多少资源，主要在于意识。良好的组织氛围，可以让一个团队更加稳定，还能降低管理成本。

四、支持组织绩效

组织氛围会支持组织绩效。一个团队的氛围好，哪怕现在绩效不好，未来也一定好。一个团队氛围不好，哪怕现在业绩还不错，未来的绩效也会令人担忧。

2022 年 5 月，我去广州白云区一家企业做培训。早上 8 点，我就提前到了会议室。会议室的后墙特别吸引我，通过这面墙，我能判断出这家企业的氛围很好。墙上有一个光荣榜，光荣榜并不稀缺，很多企业都有，这家企业光荣榜的亮点在于团队名称，企业分为很多战队，在每个团队工作的时候，他们会冲着一个目标去努力，比如团队名字从下往上，依次是青铜战队、白银战队、黄金战队、铂金战队、钻石战队、星耀战队、王者战队。很显然，这是按照团队的绩效从下往上排的，我看到排到黄金、白银的战队很多，钻石往上的比较少，但是旁边有个留言区，大家都表达了对于超越钻石战队，做王者的决心和信心。光荣榜旁边还有一个针对个人排名和荣誉而建立的大型 KT 板。他们把所有人按段位划分，每个层级上有初级、中级、高级等。这样一来，让人有不同的荣耀感，既有娱乐性，又能结合工作。经过一天的培训也让我感受到了这家企业的与众不同，每个人的参与程度、回答问题的精准度、课间学习的敬业度等完全超出了我的预期。课后，我和企业领导沟通，他也表示，这几年大家的成长非常快，企业的发展也非常迅速，正处于一个高速增长阶段，我也在内心真诚地祝愿这家企业明天更美好。

在中国的餐饮界，要说菜品，可能各人口味不同，评价不一；可说到服务，就不得不提到海底捞了，海底捞的服务被称为让人难以拒绝的服务。餐饮服务本身不好做，因此这恰恰是领导力的价值得以发挥的机会，海底捞想方设法让员工感受到被服务的乐趣，领导者采取的具体做法是，给员工配保姆，让员工体验被服务的感觉，同时营造服务的氛围。在员工宿舍里，早上起床不用叠被子，也不用打扫卫生，因为有保姆在做。这样，员工回到工作岗位上，在工作时间内才能尽心尽力地为顾客服务。每个海底捞员工都有一定的权限，为顾客送菜，赠送礼品等。对下属的信任，不是口头上的宣扬而是真正的给予。海底捞后来发现越授权越好管，于是员工就有了更多服务顾客的资源和精力，对顾客的服务也非常周到，比如，为等待的顾客提供饮料水果、免费擦皮鞋、修剪指甲，赠送眼镜布、生日蛋糕、长寿面等，都体现了海底捞以人为本的氛围营造，这种氛围支持了组织的绩效，支持了组织的发展。

组织氛围就像空气，我们每天都离不开它，领导者要像净化空气一样，去优化组织的氛围，让员工感受到新鲜的氛围；组织氛围就像土壤，是员工成长赖以生存的主要资源，领导者要像爱护土地一样去优化组织氛围，让员工在出色的氛围中成长；组织氛围就像能量磁场，能够影响组织中的每一个人，领导者要像维护设备一样，去优化组织氛围，让员工在正能量的磁场中表现优异。

本节落地应用：

1. 知识点（学到了哪些）：＿＿＿＿＿＿＿＿＿＿＿＿＿＿＿

2. 认知转变：

（1）过去的认知：＿＿＿＿＿＿＿＿＿＿＿＿＿＿＿＿

（2）现在的认知：＿＿＿＿＿＿＿＿＿＿＿＿＿＿＿＿

3. 应用措施（有时间，有行为，有结果）：

（1）＿＿＿＿＿＿＿＿＿＿＿＿＿＿＿＿＿＿＿＿＿

（2）＿＿＿＿＿＿＿＿＿＿＿＿＿＿＿＿＿＿＿＿＿

（3）＿＿＿＿＿＿＿＿＿＿＿＿＿＿＿＿＿＿＿＿＿

第二节 VUCA时代领导者要营造的4个氛围

进入 VUCA 时代，每位领导者将面临更大的挑战。组织氛围的营造成为每个领导者的刚需。领导者需要在当下的环境中，优化自己的技能，从而适应社会发展和组织发展。在职场中，要用好新生代，就必须了解新生代，根据多年的职场培训和咨询的经历，我总结了 VUCA 时代员工的 7 个特点。

1. 受够了被评价，渴望被理解

大部分的新生代员工是在前辈们的评价声中成长的，他们对于前辈们给贴的标签不太感冒，更渴望能够被理解，让前辈们接受自己时代特色的行为。领导者应该根据这个特点，调整领导行为，接纳下属，认可下属，从而引领下属，激发下属。

2. 瞧不起中庸，更喜欢个性

"70 后""80 后"更在意的是"同"，新生代则完全不同，他们追求的是"异"，更在意的是"我们不一样"，要彰显个性，打造不同的风格。领导者要根据这一特点，给予下属舞台，让下属有机会展示自己的才能。

3. 不喜欢被管理，更喜欢自由

"管理"这个词，慢慢地将会离我们越来越远，取而代之的将是"领导"，要把下属看作一个独立思想的个体，无论安排工作还是让下属参与管理，都应该考虑下属的想法和感受。比如腾讯公司从不强制加班，是一种"我干了，你随意"的状态。在腾讯，按公司规定，员工 17：30 就可以下班了。但是公司有一项福利，就是员工加班到 18：30，公司会提供班车。等 17：30 该下班了，员工就会想，如果加班到 18：30，不仅会有加班费，还可以坐大巴车回家，于是索性直接加班到了 18：30。到了 18：30，员工又会想起来，公司还提供了另一项福利，就是公司会为加班到 20：00 的员工订工作餐，如果这个时候回家，自己还要买菜做饭，不如继续加班到 20：00。等到了 20：00，班车没有了，公司再次人性化地提供了一项福利，就是如果员工加班到 22：00，会为员工报销回家的打车费，于是员工又会主动加班到 22：00。所以，并不是腾讯的员工更努力，而是公司的规定更符合人性。要用领导的方式去吸引，而不是用管理的方式去约束。

4. 凡事带点夸张，喜欢说"我也行"

新生代更喜欢表现，喜欢夸张，喜欢吹牛，领导者要接纳这样的特点。给他们机会去吹牛，吹多了，自然要兑现几样。可以利用吹牛，建立竞争的氛围，建立承诺的习惯，将工作"使命化"，从而激发这波有"超人"情结的年轻人。

5. 藐视权威，追求平等

新生代天然反射似的藐视权威，更喜欢追求平等，而不太喜欢领导者高高在上。这对于领导者来说，是比较大的挑战。领导者需要彰显凡人的一面，学会承认自己的错误。

6. 要面子，更在意团队精神

新时代大多数是独生子女，他们更在意团队精神。领导者可以多从团队角度去引导和影响他们，比如多让家人看到他的成长，在团队面前给予正面评价，正所谓"训他本人不如训他们组，夸他本人不如夸他们队"。

7. 厌倦复杂的职场关系，更喜欢简单

新生代不喜欢办公室政治，不喜欢"潜规则"，喜欢简单的人际关系和纯粹的工作沟通。领导者要做的是建立开放的工作环境，建立对事不对人的工作原则，减少应酬式的交际，多做深入真诚的沟通。

领导者要针对新生代的需求和特点，帮下属解决问题，帮助下属成就自己，这样也就自然而然地完成了发挥领导力的过程。领导者要适时调整自己的领导风格，让下属的潜能得以发挥。结合新生代的特点与领导方式的调整，我发现一个优秀的组织应该包含4种必要的氛围，才能更加健康和卓越。这4种氛围往往是优秀的组织要格外投入精力去营造的。

一、信任

领导者上任，首要解决的问题就是信任问题，接下来你所说的话，如果大家不信，将会大大增加你的领导成本。

新项目刚建立，项目经理先要解决的也是信任问题，把彼此不熟悉的人迅速拉拢过来，通过大家的相互配合，完成一项重要的工作。如果缺乏信任，项目进度也会举步维艰。

部门间协作，提交一份招聘需求，提交一份财务预算，提交一份物料申请，提交一份加急订单，如果不信任对方，那么工作将陷入低效的陷阱。

可见，信任是一个组织不可或缺的氛围基础。缺乏信任就会降低整个组织的协作效率，也会影响整个组织的绩效。

通过麦肯锡信任公式，我们可以了解到建立信任的关键要素及它们之间的关系。

$$T=（C×R×I）/S$$
$$信任 =（可信度 × 可靠度 × 可亲度）/ 自私度$$

1. 可信度

可信度就是值不值得信任，有没有让人信任的资质和能力。我们知道，做建筑施工的企业需要资质，做财务、做法律、做消防……每个行业都有每个行业的资质，当领导者也是如此。领导者的资质是什么？让下属信任的依据是什么？比如你有管理世界 500 强的 10 年经历，或者你有海外留学的经历，或者你有带领团队持续提升业绩的经历等，这些都是资质或能力的体现。另外，可信度和一个人的处事方式有很大关系，值不值得下属跟随，往往还要看领导者的处事能力。

《新唐书·刑法志》记载了唐太宗李世民纵囚的故事：贞观六年（632年）十二月，唐太宗李世民亲自录囚（录囚，就是审录在押刑囚，检查下级机关的审判行为是否合法，是否存在问题，以便及时审决案件，避免冤假错案的发生）。这一批呈送的案卷中，共计有 390 名罪犯要被处以死刑。唐太宗了解到，这些囚犯听说即将被问斩后，日夜痛哭，边哭边诉说原委。有的人担心家中老母年事已高，无人照料；有的人担心家中三代单传，香火断灭；有的人担心老婆也会寻死，白白丢掉性命。思忖良久，唐太宗脑中突然闪过一个"想法"——纵囚。放死刑犯们回家，了却心中遗憾。众臣听罢，顿时担忧不已。想想看，这 390 名死囚可都是心狠手辣、十恶不赦的人，而且证据确凿，审核多遍，仍无可恕之处。这要是把他们放出去，无异于放虎归山，贻害无穷啊。但是皇上既定的事，一群臣子也阻挡不了，于是乎，在有气无力的"皇上圣明，宅心仁厚"声中，纵囚之事就这么定了。一众死囚扑通跪地谢恩。第二年，限期即满，390 名罪大恶极的死囚居然浩浩荡荡地如期归狱，并主动请求被处死。唐太宗见状，龙颜大悦，当场就赦免了所有囚犯。贞观纵囚，可谓惊世骇俗，唐太宗建立了与老百姓之间的不可动摇的信赖感。

2. 可靠度

可靠度就是一个人的靠谱程度，是投入度及履约能力的综合表现，别人能不能放心地把事情交给你，交给你的事情能不能尽心尽力地做好？作为领导者，能不能带领大家打胜仗？2021年，我到重庆的一个建筑企业做培训，培训地点是在项目部。中午用餐的时候，项目的安全总监说道："我们的局长当项目经理的时候，我们跟着他特别踏实，他负责的所有项目没有一个赔钱的。"这个人，无论是从上级领导的角度还是从下属的角度看都是值得信赖的。交代的事情总能用最好的结果呈现，时间长了就会形成一种独特的品牌和标签。在建立信任的过程中，人与人之间是有情感账户的，答应他人的事情，保质保量地完成一次，就为自己的账户增加了一定的分值，搞砸了一次，未兑现一次，都是在降低分值。每一次降低分值，就是在降低可靠度。修炼可靠度可以从以下3个方面来进行。

一是言必行，行必果。要么别说，说了必须做到。我经常答应很多培训机构，今天给资料，明天给大纲，而有时候因为突发情况，不能马上发送，我也会尽量在约定时间内完成。我曾经凌晨1点给对方微信发大纲，凌晨3点给对方邮箱里面发资料，哪怕有时候我已经睡觉，忽然想起来有个资料需要今天交给对方的，也会立即起床，兑现承诺。还有约定的上下课时间，我会在课前进行反复演练和预判，保证自己在讲完课程内容的同时，准时下课，绝不拖堂。很多学员在课后告诉我："老师，你的时间控制得太到位了，每次都不拖堂。"这些事情的积累都会增加可靠度。

二是敢承担，不推诿。遇到问题，上来就说是别人的原因，那么这个人不太靠谱。美国企业家 M.K. 阿什曾经提出过一个"阿什法则"：承认问题是解决问题的第一步，你越是躲着问题，问题越会揪住你不放。承认问题才能解决问题，遇到问题，先看自己的问题出在哪儿，自己可以改善的、优化的位置有哪些。即便他人有问题，说的时候也仍然先说自己的问题，然后再说客观的问题。

三是要认真，要努力。能力上可以不如人，但在态度上则要百分百过关。态度上过关的人，因为能力问题没有办好事情，也仍然可以获得一些机会。通常，人们会选择原谅那些能力不够的人，但是很少愿意原谅那些态度不正的人。努力是态度方面的关键词，是职场工作的指导方针。业绩不好，通常是不够认真和努力。只要认真和努力，能解决 90% 的核心问题。如果以上 3 点都做到了，坚持下去，成为习惯，那么可靠度也就慢慢建立起来了。

3. 可亲度

可亲度往往是一个人的魅力和情商的综合体现。其核心是关系。比如两个人上班时间谈工作，下了班还经常喝两杯，两家人也经常一起外出旅游，那么他们的关系就超出了普通的同事关系。可亲度和两个因素相关：魅力和情商。比如有些人自带喜感，人人见了都喜欢，讲话幽默，声音好听，形象气质好等，当然这一点往往是天生的因素，不太容易复制。情商则是在事情的处理上体现出的换位思考的能力，让别人舒服的能力。比如说话做事，考虑对方的感受；待人接物，总为对方着想；对方有困难，能够放下自己的事情，先帮对方解决困难等。随着时间的积累，可亲度也就建立起来了。

4. 自私度

这一项是分母，越小越好。自私度就是眼里只有自己的利益，张口闭口都是谈自己的事情。在与人相处的过程中，你会发现一个现象，越是只考虑自己的事，他人对你的帮助会越少，越是为他人着想，那么越多的人将会为你着想。对待自私度的最好的心态就是为他人考虑，让自己受益，让他人赢，让自己实现目的。接下来这个题，最能锻炼大家对于利益的分配能力，基于什么视角思考，得到的又是哪种结果。

例如，5个海盗抢到了100颗宝石，每一颗都是一样的大小和价值。他们决定这么分：①抽签决定自己的号码（1、2、3、4、5）；②先由1号提出分配方案，然后5人进行表决，当且仅当半数或超过半数的人同意时，按照他的提案进行分配，否则他将被扔进大海喂鲨鱼；③如果1号死了，那么由2号提出分配方案，然后4人进行表决，当且仅当半数或超过半数的人同意时，按照他的提案进行分配，否则他将被扔进大海喂鲨鱼；④依次类推……条件：每个海盗都是很聪明的人，都能很理智地判断得失，从而做出选择。问题：第一个海盗提出什么样的具体分配方案才能够使自己的收益最大化。也就是说假设你是1号海盗，怎么分才能使得利益最大化，并且自己还得活着。

对于这个问题的思考，我在课堂上经常听到的答案是不太可能。说不太可能的人觉得利益和他人的投票成反比，因为需要别人同意，所以利益最大化就不太可能。这也是很多人的初始想法。这个题目的最大思考着力点在于分配的顺序，顺序代表着机会，每个人的机会是不同的，大家能否同意，取决于自己的利益权衡，哪种方式好就选择哪个。

我们首先思考最简单的情形，因为越简单，就越容易获得确定的信息。假设1号、2号、3号都死了，就剩下4号和5号，轮到4号分，4号会怎么分呢？这是重要的思考十字路口，这里分对了，后面才能做对，这里分错了，后面永远做不对。有人说平分，这显然没有设身处地为4号着想，4号的情况是，自己占有绝对性的优势，怎么分，完全是自己说了算。所以4号的正常做法是要100颗，5号0个，然后自己举手说同意，满足题目要求，一半人同意事情就可以到此结束了。问题中的信息绝对对称，那么对于 5 号来说，他如果想到这一点，就会不太高兴，他的潜台词是必须在 4 号分之前，把这件事情确定下来。因为一旦等到 4 号来分，他将一颗宝石都没有。这样的心理就为 3 号分打下了坚实的基础，3 号会怎么分呢？搞定一位支持者就可以了，搞定 5 号最简单。3 号只需要这样分：99，0，1。5 号立即就同意了，因为如果是 4 号分的话，他将一个都没有。两者权衡选择最好的，3 号会这样分，4 号也清楚，因此 4 号不会这样善罢甘休的。4 号的潜台词是不能等到 3 号来分，3 号分之前，这件事情要确定下来，这样的心理就为 2 号分打下了基础。2 号搞定 4 号最容易，2 号的分配思路就是 99，0，1，0。2 号会这样分，3 号、5 号也知道了，他们的潜台词是不能等到 2 号来分，在 2 号分之前就得把这件事情确定下来，这样就会为 1 号来分打下基础。作为 1 号，搞定 3 号、5 号最容易，所以给 3 号 1 颗，给 5 号也分 1 颗。因此，作为 1 号，最佳的分配思路是 98，0，1，0，1。自己的利益最大化，还能活着，皆大欢喜。

这个思考的过程是，站在每种情形下，思考每个人的心理感受，不断调整方案。也有人问，如果无论哪种情形都有人不同意呢？这是一种鱼死网破的心理，不是理性的。题目要求的是理性思考。据说这道题是某大型企业的面试题，做对这道题的人年薪很高。你做对了吗？

二、竞争

我们先看一个故事：在很久以前，生活在挪威的人们对沙丁鱼非常喜爱，沙丁鱼的销路非常好，于是很多渔民便以捕捞沙丁鱼来维持生活。但是由于路途较远，鱼在船上会出现缺氧窒息死亡的情况，因此沙丁鱼的生存率特别低，人们买到的往往是死掉的沙丁鱼。鲜活的沙丁鱼做出的食物口感更好，更受顾客的欢迎，那么该如何获得活着的沙丁鱼呢？这个问题困扰了渔民很久。令人惊奇的是，在众多的渔船中却有一艘船可以把鲜活的沙丁鱼带到岸边，没有人打探到他们是采取了怎样的办法来保证鱼的鲜活。谜底是在船长离世后揭开的。原来，船长在满是沙丁鱼的水槽里放了一条鲇鱼，当鲇鱼进入陌生的环境时会不安地来回游动，当沙丁鱼看见在水里横冲直撞的鲇鱼时会因为害怕被吃掉而进入警戒状态，奋力地在水槽里来回游动，从而解决了沙丁鱼窒息的问题。这个故事就是心理学中的鲇鱼效应。沙丁鱼能活着到岸，靠的就是和鲇鱼的竞争。鲇鱼效应就是竞争机制的具体价值，它能让人爆发潜能，创造更多的可能性。无数人的潜能都是在竞争中被激发的，比如每届奥运会的世界纪录不断被刷新，就是竞争机制带来的结果。企业中的竞争机制也可以激发员工更多的潜能，出现更多的人才。关于竞争机制的建立通常有以下 4 个问题值得思考。

（1）什么时候建立？

通常，在业务淡季或年底、某个特殊的周年纪念日或领导者觉得应该去激发"休克鱼"的恰当时机，以及平时觉得氛围不佳需要提升的时候，都可以建立竞争机制。但需要注意的是，天天竞争，年年竞争，时间长了人们也会失去兴趣。

（2）谁来建立？

可以由公司高层领导者来建立公司级别的竞争机制，也可以由中层领导者建立部门内的竞争机制。人数的多少影响不大，哪怕三五个人也可以竞争。甚至一个人也可以和自己的过去竞争。只要有竞争意识，人就有了标准，也就有了成长的可能性。

（3）怎么建立？

这个环节最为复杂。建立竞争机制，首先要想清楚竞争是为了更好地激发大家的潜能，直接目的是激励，根本目的是提高、改进。一切竞争机制的建立，都应该遵循这个原则，这是根本。其次需要表述清楚竞争机制的具体内容，包含从什么时间开始，到什么时间结束，参与竞争的成员是哪些人，竞争的主要内容是什么，以什么标准来计量大家的绩效和结果，什么时间兑现竞争奖励，如果出现争议，通过哪些方式来解决等。总之，经常遇到的问题或者可能遇到的问题，都要通过文字描述清楚，防止后续影响大家的参与热情。

（4）有哪些注意事项？

事前，竞争机制的启动要仪式化，让高层领导者最好是董事长亲自参与讲话，代表重视，这样下属会更加重视。事中，及时反馈数据，每天通过文化墙更新数据，让每个人都能看到。实时更新，实时激励。事后，对于各种奖励，要第一时间予以兑现。切忌有"反正早晚都会给你的"想法，每晚一分钟，都是对下属的不尊重。领导者可以根据自己公司的情况来设计竞争机制，用竞争来激发团队潜能，实现组织效能最大化，如表 4-1 所示。

表 4-1　PK 机制建立表

PK 目的	什么时候建立	谁来建立	PK 机制内容	PK 奖励方式

三、敬业

组织最不可或缺的氛围应该是敬业。一旦形成敬业的氛围，组织中的每个人都会受到影响和感染，这种相互影响更能促进组织的健康发展。敬业不仅仅是玩命工作，也不仅仅是行为上的重复，更重要的是用心、用脑、多思考。敬业需要通过努力实现更好的绩效，为此我总结了对敬业的4 种理解。

（1）敬业就是要用最少的时间实现最大的价值。

在授课中，我经常做一个"撕纸条"的练习。首先让每人准备一张长方形的小纸条，长宽比大约为 10：1，然后用笔把长度分成 10 等份，用这张纸条代表人生百年，那么每等份就代表 10 年。接下来就是撕纸条的过程了。首先撕掉的是过去的时间。无论是谁，过去的时间已经过去，时间不可倒流。20 岁的人撕掉 2 格，30 岁的人撕掉 3 格……这个时候大家的参与度还是非常高的，我让大家把撕完后的纸条举起来挥动一下，大家也高兴地照做。我说："接下来，需要大家继续撕纸条。"这个时候，大家有些疑惑，过去的已经撕掉了，剩下的不都是自己可以掌控的了吗？我知道大家的疑惑，紧接着说："剩下的时间有些我们仍然无法掌控，比如我们刚才是按照每个人的寿命是 100 岁来设计的，但是现实往往比较残酷，活到 100 岁往往属于一种希望和祝愿。接下来需要做的是什么呢？继续撕纸条，按照多少岁的寿命来计算呢？国家卫生健康委员会于 2022 年公布的数据显示，我国居民人均预期寿命为 78.2 岁，我们就按照 80 岁来计算吧，那么需要再撕掉两格。"这个时候，很多人的表情开始有点不悦，手里的"时间"越来越少。我让大家继续挥动一下手中的纸条，大家也勉强做了，但已经没有了第一次的冲劲儿，尤其是年龄偏大的学员，似乎在忧虑未来。

我继续说："剩下的时间是不是都可以用来工作呢？当然也不是。还有一段时间我们需要享受退休的幸福，按照退休年龄 60 岁来计算，还要再撕掉 2 格。"这个时候，大家的眼睛似乎已经瞪起来了，有些人不太想往下撕了，还有人半开玩笑地说"再撕就没了"。我再次邀请大家挥动自己手中剩余的纸条，大家的表情凝重了很久，不再有开始时的兴奋。我继续说道："剩下的时间是不是都可以用来工作呢？也不是，我们还要每天拿出 1/3 的时间用来睡眠，所以无论剩下多少纸条，请再撕掉 1/3。"我再次邀请大家挥动一下纸条，同时提醒大家，手里的纸条一定要拿好，因为这是属于我们为数不多的时间。我继续说："剩下的时间是不是都可以用来工作呢？当然也不是。我们还需要逛街、购物、娱乐、吃饭等，所以，手里无论还剩多少纸条，请再撕掉一半。大家一定要珍惜剩下的小纸条，因为剩下的这段时间才是可以完全用来工作的时间。其中可能还包括上班迟到早退的时间。大家完全敬业、完全投入的时间其实会更少。我们需要的是把这些时间充分利用起来，完全地投入，这段时间所创造的财富将供养我们一生。我们的时间是非常有限的，敬业就是要牢牢掌握好这段时间，在有限的时间内创造无限的价值。"

（2）敬业就是要珍惜时间。

百岁公交老人亚瑟·温斯顿（Arthur Winston）是一位非常敬业的员工。他10岁参加工作，工作了90年，在美国洛杉矶大都会交通局车辆修理工岗位上干了70年。他每天上班，情绪高昂，从不倦怠，最让他自豪的事是当过工长，曾经领导过11位工人；他整整工作了90年！在90年的工作中，他只请过一天假！那是他妻子去世的时候。除此以外，他从没迟到早退过。在他90岁时，美国总统授予他"世纪员工"的荣誉称号。他1906出生，2006年去世，活了整整100岁。在他满100岁的时候，洛杉矶市政委员会为他举行了隆重的退休仪式。1996年，他获得美国总统授予的"世纪员工特别嘉奖"，洛杉矶交通局用他的名字命名他所在的车务段。他珍惜每一刻的工作时间。经过自己的累计和努力收获了敬业员工的称号。所以每个有成就的人都是珍惜时间的人。央视记者去采访王健林，迟到了3分钟，王健林就没再继续等，常人可能无法理解，人家毕竟是央视记者。但是对王健林来说，他的时间颗粒是很细致的。每15分钟，必须完成一项重要的工作，时间都是按照分钟来计算的。3分钟时间，对王健林来说已经很长了。连续13年荣登福布斯全球富豪榜榜首的企业家比尔·盖茨，行程表以5分钟为一个单位。在与人握手这些细节上，时间则按秒计。时间颗粒就是多长时间干一件事情。

（3）敬业就是要尊重职业，坚守原则。

医生的职业道德一直为业内人士所重视，从 2000 多年前的古希腊时期，医生收徒时都要求弟子宣誓遵守并维护医生的职业道德。这就是希波克拉底誓言。

希波克拉底，希腊名医，他出身医生世家，因为医术高明，用火扑灭瘟疫，编撰医书，并使用试验方法验证医学思想，被称为西方医学之父。因为希波克拉底第一次把医生就职宣言用文字记录下来，所以后人就把这个宣言称为《希波克拉底誓言》。2000 多年来，不计其数的正直的医生们都用行动践行这一誓言。很多医务工作者，在护士节这天会举行一次隆重的宣誓仪式，通过仪式让这种理念深入人心。大家会右手握拳，一起喊出作为医务工作者要秉承的原则和方针，用最洪亮的声音喊出希波克拉底誓言。这种誓言让更多的医务工作者爱上这一职业，于是才有更多的白衣天使不断地感动着我们。

每一个职场人也应该拿出职业化的态度来面对自己的工作，尊重自己的职业，把自己的工作放到重要的位置，用心工作，用爱工作，投入热情，这就是敬业的重要体现。

（4）敬业就是要保持热情，坚定不移。

敬业氛围的营造是企业组织发展的重要基石。努力思考，创新思考，换个思路等是敬业的重要表现。

营造敬业氛围，可以从 3 个角度入手。①领导者带头做。早出晚归，忠于职守。②倡导敬业的精神，奖励敬业的员工，让员工们知道，这个组织倡导什么，鼓励什么。③建立敬业机制。

四、分享

一个组织成长的最大奥秘就是分享。企业精英有自己独特的工作方法，而且这些工作方法可以让新同事或者绩效平庸的同事少走很多弯路。组织分享的文化价值就在于此。领导力是讲情景的，分享也是讲情景的，每个人擅长的维度和程度是有区别的，擅长哪个维度就在哪个维度做分享。比如有人擅长陌生拜访，无论什么样的客户，他总能想办法约到并能进行深入的沟通；比如有人擅长售后，无论遇到的客户脾气有多大，他总能化干戈为玉帛，顺利解决客户的问题；再比如有人擅长做PPT，无论什么样的资料，他总能迅速高效地转化为PPT，并且界面的设计、内容的系统性都很好。每个人都有擅长的领域，分享的目的是让每个人都成长。经过交流和分享，每个人都了解了别人擅长的内容，自己也掌握了一项新的技能。长此以往，就会成为全能型的人才，这会更加符合未来组织发展的需要。分享氛围的建立也要从机制开始，从机制到习惯，从习惯到氛围，从氛围到文化。

常见的机制有以下5种。①每个中高层领导者，每个月必须写一篇文章分享，可以是自己的成长体会，也可以是某项工作技能的分享，或者自己看了一本书，收益颇丰，写成文章分享出来。假如公司有50位中层领导者，每位中层领导者读了一本书，于是各写了一篇文章分享出来。尽管体验可能不同，但我只需要看50篇分享，就相当于读了50本书，50本书的精华就会被我吸收，从而节约了大量的时间——把50本书从头到尾读一遍的时间。②公司每次组织颁奖时，让领奖人现场进行5分钟的分享。既然能得奖，那么他一定在某个方面有过人之处，于是应该利用这个机会，让他分享给大家，如工作流程、工作思路和工作认知等，方便他人学习和借鉴。在这里，要强调的是不要吝啬自己的分享，越分享越能成就彼此。③每个周期的学习分享，公司组织月度分享会、季度分享会等，形成分享的习惯和意识。④每个项目结束后，让项目经理分享自己的工作经验，让成绩优秀的人分享自己的经历。⑤每个"第一次"分享，如第一次见客户、第一次签合同、第一次当"领导"、第一次独立操作项目等。只要是第一次，一定有一些不同的感受，把这些感受分享出来，让没有操作过的人更有信心，同时，操作过的人也能感同身受，从而增加彼此的了解。

以上5种机制，都可以纳入常规领导行为。一个组织内的每个人都有分享的义务，分享就是在组织这个蓄水池中加水，这样大家喝水的时候才能保证有水。分享创造智慧，分享产生裂变。

本节落地应用：

1.知识点（学到了哪些）：＿＿＿＿＿＿＿＿＿＿＿＿＿＿＿

2.认知转变：

（1）过去的认知：＿＿＿＿＿＿＿＿＿＿＿＿＿＿＿＿

（2）现在的认知：＿＿＿＿＿＿＿＿＿＿＿＿＿＿＿＿

3.应用措施（有时间，有行为，有结果）：

（1）＿＿＿＿＿＿＿＿＿＿＿＿＿＿＿＿＿＿＿＿

（2）＿＿＿＿＿＿＿＿＿＿＿＿＿＿＿＿＿＿＿＿

（3）＿＿＿＿＿＿＿＿＿＿＿＿＿＿＿＿＿＿＿＿

第三节 领导者营造氛围的10个方法

领导者不仅需要认识到氛围的重要性，而且要掌握营造氛围的方式和方法。营造组织氛围的通用原则是：变胜于同。多做变化，把确定的变成不确定的。确定的环境营造安全感，但是时间长了，会滋生惰性，而不确定的环境，却会培养组织的生命力。这也就解释了前文所说的"鲇鱼效应"。但凡组织氛围不好的公司，通常都缺乏活力，并且大多数在管理方式和组织活动上守旧老套，没有新意。比如每次开会都在同一个会议室，同一个主持人，同一套主持词，同一位领导用同样的语调、语气和风格去讲。时间长了，人慢慢地会逃避开会。因此，掌握营造氛围的方法，才是领导力发挥的关键。我经常推荐企业使用以下10个方法，并且取得了良好的效果，如图4-1所示。

图 4-1 营造企业氛围的 10 个方法

一、开放环境

我曾经服务过山东济南的一家公司，当时这家公司业绩不太好，组织氛围自然也不是很好。总经理很着急，一天在晨会上刚刚发了火，但冷静下来还是得解决业绩下滑的问题。于是，他来到销售部对销售经理说道："李经理，来我办公室一下。"李经理最近业绩非常惨淡，他明白去总经理办公室肯定没好事，但是他又不能不去，于是硬着头皮走进了总经理办公室。一进办公室，他就转身把门关上了，慢吞吞地走到领导办公桌前面，脑袋一耷拉，低声说道："领导，你骂吧，反正已经这样了，我也没办法。我想离职。"总经理本来正在低头看资料，还没来得及抬头，这么一听，有些不知所错，接下来讲了一堆道理。可李经理还是无动于衷。总经理最后说："这样吧，晚上我请你吃饭，咱们再好好聊聊。"结果是晚上搭进去了两瓶酒，但关于公司的业绩问题依然没解决，而且是根本没机会切入。

为什么会出现这样的结果呢？我们来对环境做个分析，当李经理走进总经理办公室随手关门的那一刻，就注定了这个问题陷入了一种怪圈。关门的动作是营造"封闭"氛围的动作。在封闭的环境中，人们喜欢交流情感、私事、机密等。人们谈恋爱喜欢去人少的地方，找封闭的环境，因为交流的是情感。再比如，深更半夜两人在酒馆里喝酒，整个酒馆就这两个人，大街上的人也寥寥无几，这时两人通常会聊八卦和吹牛。两人聊"咱们要多加班，多赚钱，为公司发展做贡献"的可能性极低，因为这是个封闭的环境。只有在开放的环境中，人们才容易热衷于交流经验、价值、正能量等。因此，领导者要营造开放的环境，只有在开放的环境中，人们才会感受到安全，减少猜测、生活琐事的干扰。要想营造开放的环境，需要从 3 个"凡事"来入手。

1. 凡事放到会上说

只要有人走进你的办公室后关门，你就要告诉他，这件事放到会上说；只要有人贴近你的耳朵，要跟你说点悄悄话，你就要告诉他，这件事放到会上说；只要有人想单独找你聊聊，你就告诉他，这件事放到会上说。把事放到会上说，就会杜绝那些因为人际关系和琐事而带来的困扰，营造一种开放的氛围，让同事们感受到公平。

2. 凡事允许大家讨论

当企业出现了一些问题与企业标准和要求有冲突的时候，大家可能会有多种声音。此时，领导者不要急于下定论，应先允许大家发言、讨论，分享自己的观点和看法。领导者如果不允许大家讨论，那么大家势必会在私下进行更多的讨论，效果远远不如公开讨论得好。在我合作过的一家培训机构里，曾经发生过这样一件事情。2019 年 7 月，正值雨季。有位新员工上班不到一周，早上在赶往会场的路上遇到特大暴雨造成迟到，路上曾通过短信联系领导请假，而领导未予回复。按照当时公司的规定，迟到 1 分钟要罚 10 元，她总共迟到 80 分钟，需要罚款 800 元。当领导在企业的 OA 平台上发出罚款通知的时候，她的回复表现得非常抗拒。她申请过请假，又入职不久，再加上特大暴雨造成的公交停运……总之有数个理由可以解释。于是在企业的 OA 平台上，大家展开了比较激烈的讨论：有人觉得最好不罚，因为确实情况特殊；有人觉得应该适当罚，毕竟迟到这么长时间；有人觉得要严格罚，制度面前人人平等，要结果，不要理由。最终经过大半天的讨论，认为不罚的，认为轻罚的，最后都发言说要严格按照标准来处理。当事人认识到了自己对于制度的不敬畏，也明白了请假的标准是经过领导同意后才能算请假，于是迅速给大家道歉，表示自己抗拒罚款是错误的，并缴纳了罚款。后来她成为一名非常优秀的销售顾问。经过讨论的道理才能更深入人心，大家从不同的视角，用不同的方式，让道理越辩越明，越辩越深入，逐渐形成了一种影响大家思维的氛围。

3. 凡事统一沟通平台

随着互联网以及更多终端设备的接入，很多企业对于沟通方式有了更多的选择。于是很多企业选择多种互联网渠道进行沟通，有 OA 平台、微信、

QQ、钉钉、飞书等。选择的渠道越多，人们沟通起来的效率往往越低。如果大家都用一个沟通平台，比如所有信息通过钉钉进行沟通，那么就会避免有些信息在 QQ，有些信息在 OA，于是可以将更多的信息在短时间内通知到更多的人。如果我们选择了更多的平台去沟通，就会使得一部分习惯用微信的人错过 QQ 信息，习惯于钉钉的人错过微信信息。所以应减少沟通平台的数量，最好只用一个平台来沟通，这样会有助于信息的高效流动，让组织的信息更容易短时间内形成共识，信息共识了，思想统一了，氛围也就开放了。

二、改变称呼

在工作中，我们见到领导者往往会称呼"张总""李主任""王经理"等，这种称呼似乎符合商务礼仪的要求和标准。如果站在领导者角度看，这没什么问题，但站在下属的角度看，问题就出现了，当我们称呼对方某某领导的时候，无形中会形成一种明显的层级感。这种层级感会形成上下级的交流障碍，会让下属的内心有种"总比对方矮半截"的感受，于是有些想法不敢说、有些想法不愿说、有些想法不能说。这就造成了信息的闭塞，不利于领导力的发挥。于是有些企业开始用花名代替职务，工作时间大家都称呼花名，比如"铁锤""翠花"等。花名的最大价值在于抹除了职位带来的干扰，让下属体会到平等，体会到"我们都一样"。

我曾经服务过的一家公司，每个人都有英文名字，英文名字绝不是为了崇洋媚外，也绝不是为了时尚跟风，更不是为了体现有文化，英文名字的最大价值是追求平等。称呼了英文名字，自然也就不太方便带上职位称呼。这样的称呼塑造了平等的氛围，让大家感受到了公平与开放。例如，在开会过程中，如果你要发言，可以直接提领导者的名字："Terry，我觉得这个问题，应该这样处理……""John，对于这个问题，我是这样看的……"大家坐在会议室里没有任何拘束和制约，有事直接发言，有想法直接表达，有问题直接反馈。在这样的氛围中，大家的想法就会最大限度地流动。很多智慧在此生发，很多事情在此完善。所以，领导者不要追求那个头衔，要做的是激发下属的智慧，为目标而战，为梦想而战。除在个人名字上体现公平外，还可以在部门名称上体现趣味性。曾经有家化妆品公司，部门名称都是灵蛇岛、桃花岛、绿竹林等武林小说中的地名，装修得古色古香，一进公司，令人感到一种"仙气"，这也是营造氛围的手段，让人耳目一新，兴趣盎然。改变称呼，去掉头衔和职位带来的心理干扰，能够有效地营造平等、开放的氛围，更有助于领导力的发挥。

三、增加活动

千篇一律的管理方式会降低组织的工作热情。多做变化，多做尝试，把确定的变为不确定的，会使组织更有活力，使组织成员对周围环境的变化更加敏感和期待。增加活动就是把过去既定的安排变为活动的形式，来确定相关的人员和流程。比如，有的公司开晨会，通常晨会的主持人要么是某部门的负责人，要么进行轮值，谁来主持晨会这件事在这种情景下就是确定的。如果变为活动就完全不同了。我在做咨询项目期间，经常会在晨会会议室墙上粘贴好多个不同颜色的气球，气球里面提前放入各种写了条件性质的纸条：比如公司内或者部门内（根据晨会参加人的范围来定）头发最长的人，来公司时间最长的人，名字笔画最多的人……设置了各种好玩的条件。其实，能调动大家积极探索的条件都可以设计。每天晨会结束后，由当天的主持人用牙签扎破气球，取出纸条，符合纸条上条件的人就是第二天的主持人。每次扎完气球，现场都十分热闹，大家都想知道是不是自己，又到底是谁。经常会有人讨论名字笔画，讨论头发长度等，在这样的情景下，氛围想不好都难。这种设计可以有效提升大家的参与度。这就是由既定安排变为活动确定的一种场景。

有时候，公司的大型活动或者某个项目的推动，需要确定相关岗位的人选和职责。这个过程也可以通过活动来实现，比直接指定某人负责某事的情况要好很多。曾经有家咨询公司，需要定期开总裁班和公开课，每次开课前都要进行必要的分工：课程上谁做总运营、谁负责拍照、谁负责主持、谁负责守门……各个岗位都得有人负责，这个课程才能顺利高效地运营。过去开课前的人员安排、职责分工，都是公司领导层根据感觉和经验统一安排，只要是统一安排的，大家的热情度都不高，都表现出"不得不"做的状态。变成活动后就完全不一样了，每个具体的岗位都要通过竞聘演讲，大家一起投票选举才能确定岗位负责人。也就是说，如果你想负责守门或者主持，你就要上台演讲，说下岗位的重要性，自己能够胜任的理由，表明自己的决心，然后大家一起来投票确定你是否合适。每个岗位都是大家自己争取来的，每个岗位也都是经过大家的共同投票来确定的，所以每个岗位的人对于自己岗位的工作就会足够珍惜。通过这种活动的方法，把确定变为不确定，把既定安排变为竞争活动，就能把大家不情愿做的事变为大家自己争取做的事，大家做起事情来自然也就格外地有动力、有热情、有干劲儿。

四、优化沟通

领导者的话通常会成为大家传播的样板。领导者的每句话都会在组织内进行发酵和传播，所以，领导者要在言谈举止上格外注意产生的影响和效果。著名管理学家切斯特·巴纳德（Chester Barnard）说过："高层次管理人员的首要作用，就是发展并维持意见沟通系统。"有研究表明，领导者将80%的时间用于沟通，可见沟通的品质决定了领导力的发挥。领导者对于每一次的沟通要慎重考虑，优化沟通。为此，我们可以在以下两方面下功夫。

1. 优化沟通内容

哥伦比亚大学商学院教授希滕德拉·瓦德瓦（Hitendra Wadhwa）在《内部掌控 外部影响》（*INNER MASTERY，OUTER IMPACT*）一书中讲到一个故事。一位 13 岁的女孩得了一场重病，在医院里等待手术。有一天，事情发生了变化，医生将她的父亲叫到病房外，说了两个坏消息。第一，你女儿的病情已经非常严重，原计划一星期之后的手术必须得提前到今天晚上。第二，医院出现了一个状况，没法给孩子提供麻醉，手术只能在没有麻醉的情况下进行。面对这样的消息，你会做何感想，又会如何去传达给当事人。我想没有哪个父亲受得了这样的消息……但是父亲回到病房，带给女儿的却是两个好消息。父亲是这样给女儿描述好消息的：第一，医生说今天就可以做手术了，不用再等一星期，这意味着 3 天之后你就能出院回家了！第二，医生们一直在观察你，他们认为你是最勇敢的少年，所以手术甚至不需要麻醉！很多年以后，女孩才知道事情的真相。她早就忘了自己当年是如何经历的那场手术，但她永远都记得父亲带给自己的两个好消息。这就是优化沟通效果。

那么如何做到优化沟通内容呢？

美国心理学家阿尔伯特·艾利斯（Albert Ellis）曾说："人不是为事情所困扰着，而是被对事情的看法困扰着！"他提出了著名的 ABC 理论。A（Activating event）是诱发性事件，B（Belief）是信念、看法、解释，C（Consequence）是情绪及行为结果。人们通常认为，人的情绪是直接由诱发事件 A 引起的，事情直接导致情绪和结果。但同样是受到领导批评，两个人的情绪态度却可能完全不同：一个人觉得领导关注自己的成长，会更加努力地工作；另一个人却觉得领导针对自己，伤心欲绝。优化沟通的内容就是在 B 上下功夫，转变信念，关注积极面。时刻思考的出发点就是：

这件事的价值是什么？这件事有哪些好处？把坏事看成好事，把危机看成机会，把困难当作挑战，总体的原则就是把坏事往好里说，好事往大里说，从而改变大家的心理认知，优化大家的情绪感受，拥有更加积极乐观的状态，营造更好的氛围。

2. 优化沟通渠道

子曰："工欲善其事，必先利其器。"领导者的时间精力有限，如能更好地借势是再好不过的事情。领导者需要把好消息传播得更广泛，效果更好，才能更好地营造组织的氛围。我给大家推荐一个职位：小喇叭。小喇叭既可以是公司级别的，也可以是部门级别的，通常由一位文采较好、正能量、善于营造氛围的人来担任。组织或部门内一旦有好消息，"小喇叭"就可以第一时间在公司平台或部门群内发出来，以此激励大家，营造更好的氛围。所以"小喇叭"需要速度快、内容佳、带鼓励3个要素。只有这样，"小喇叭"的效果才会更加明显。"小喇叭"每天至少传播一次信息，没有好消息的时候，也可以传播好的进度、好的节点，甚至是敬业的行为、努力的状态等。只要是正能量的，都可以通过"小喇叭"往公司这个大池塘里投入一枚石子，从而泛起层层涟漪，让每个同事的内心受到正能量的影响，激发正向的氛围。

"小喇叭"的发帖要注意"三发"。①要频发。每天都要有，一天1～3次。②有启发。让大家能获得新的信息，同时能有启发，知道自己未来可以怎么做。③能激发。语言风格以感性为主，能激发大家的斗志，让大家以更好的状态投入工作。

五、轮岗体验

要想组织氛围好，减免冲突不可少。减少彼此的隔阂，促进彼此的理解是组织氛围的重要保障。绝大部分的冲突和矛盾来自彼此的误会和不理解。想要消除这种隔阂，可以通过轮岗体验的活动来推动组织的和谐，建立组织的良好氛围。2022年年初，我培训过一家以销售为主的公司。在课前沟通时，总经理特别强调了同事间的冲突和互不理解，给工作带来了很大的障碍和干扰。其中，尤为突出的是财务部抱怨销售部收入高，自己收入少，他们尽管知道销售部工作辛苦，但仍然觉得工资差距过大。销售部不屑于解释，说后勤部门根本不理解自己的难处和挑战。上下级之间也相互推诿，指责彼此不负责任。领导指责下属没有责任心，下属埋怨领导做事欠思考，天天变来变去。针对这些问题，我在课上进行了相关的分析与讲解，重点讲了轮岗体验中的3个活动，并在课后进行跟进和实施，获得了超出预期的效果。注意，这3个都是活动，既然是活动，就是阶段性的，有开始，有结束，有规则，有注意事项。这3个活动分别是：握手行动、头狼行动、飞鹰行动。

1. 握手行动

握手行动通常指的是一线员工和后勤员工的轮岗。

一线岗位和后勤岗位之间之所以出现问题，主要是因为信息不对称和理解不到位。为了增加彼此的理解，可以将二者联合起来：将一位销售员工和一位后勤员工组成搭档，一起配合完成某项工作。通常用1～3天的时间，来进行一项竞争为主的活动。既然是活动，就可以把活动办得热热闹闹，办得更有趣味性。可以提前做好策划，给每位参与者提前起好名字，名字要耳熟能详、好玩、好用，体现活动的趣味性和风格。组成搭档以后，两个人一起做同一件事情，比如去拜访客户或者整理仓库，活动采取竞争的形式，分成若干小组，竞争维度最好不以绩效为主，采用短时间内能有成果的标准，比如拜访的数量、打电话的有效沟通数量、提交新客户基本信息的数量、合理化建议的含金量等。像后勤这类很难量化的工作，可以采取录制视频、拍成照片等形式来记录。大家一起展示，共同投票，最终确定优秀作品。整个过程要轻松、愉快，不要让大家有压力，以理解彼此的工作流程、体验彼此的工作强度为主，了解各自的工作。最后，相互提出一些合理化建议，方便大家后续更好地改进。制定握手行动方案表可参考表 4-2。

表 4-2　握手行动方案表

活动名称		起止时间	
参与部门		活动负责人	
解决问题		预期效果	

具体流程：
1. 抽签分组：
2. 活动介绍：
3. 活动实施：
4. 成果公示：

总结建议：

2. 头狼行动

头狼行动通常指的是上级和下级的轮岗。上下级之间的不理解往往源于职位差异带来的干扰，也就是所处的位置不同、角度不同，对事物发展的看法也就有所不同。头狼行动就是实现上下级的轮岗，让下属体验领导的不易，也让领导体验下属的艰辛。体验完成后，很多下属的感受是：原来领导也不容易；很多领导的感受是：原来下属也很委屈。经过轮岗，可以增加彼此的理解，促进组织的和谐。在这 3 个轮岗活动中，最需要注意的是头狼行动。这种轮岗活动如果控制不好，可能会带来一些风险，因此要格外注意以下 6 点。

（1）头狼活动的时间应适度，一周为佳。时间太短，很多工作体会不到；

时间太长，很难回到原来的层级状态。

（2）高层管理者不适合轮岗。高层管理者的决策会影响组织的关键指标，因此不适合轮岗，应防止因小失大，造成不必要的损失和后果。

（3）尽管已经轮岗，但对于关键问题，原领导仍然要把好关，以防造成严重失误，产生浪费或其他不良后果。

（4）给予必要的流程和指导，在正式交接前，应重点强调接下来工作的特点和难点，告知必要的流程和注意事项。

（5）在活动中，除反思自己、相互理解之外，领导还可以发现人才，看看下属有哪些好的领导方式和领导方法，从而作为未来自己改进的方向。

（6）在轮岗活动中，每个人要扮演好自己的角色，"领导"要有领导的姿态和格局，"下属"要服从领导的安排，做好自己的本职工作。切忌只换职位没换心态。

以上6点注意事项贯穿于头狼活动中的每一个环节、每一个细节中。我们都需要认真了解，同时牢记活动目的，防止走偏。

3. 飞鹰行动

飞鹰行动通常指的是上游和下游的轮岗。上下游之间是频繁接触的个体或团队，于是摩擦和矛盾就在所难免。比如生产部不理解销售部的艰辛，销售部不理解生产部的忙碌。生产部不了解采购部的为难，采购部不清楚生产部的压力。为了解决这个问题，增加彼此的理解，就可以采取飞鹰行动。飞鹰行动有5个操作要点，需要在活动中时刻对照，提升飞鹰行动的效果。

（1）轮岗既可以是部门间的，也可以是部门内紧邻工序的轮岗。比如同属于生产部，包装组和运输组的员工可以轮岗，装箱组和包装组的员工可以轮岗。

（2）飞鹰行动的轮岗，可以由当事人写书面申请，经相关领导审核通过后实施，之所以审核，是为了避免有些岗位申请人多、有些岗位申请人少的情况。

（3）飞鹰行动的流程有3步。一是提出期待，向对方提出期待和希望。二是轮岗体验，正式实施飞鹰行动。三是总结改进，将自己尝试后的感受进行总结，相互交流，促进包容。

（4）选择轮岗部门和小组。首选经常出现摩擦的部门和小组，这样的优先顺序会更好地体现飞鹰行动的效果。

（5）飞鹰行动的时间可适当延长，通常在3个月以上，能让大家对彼此的工作流程和工作感受有个充分的体验过程。这样的效果好过一堆的道理。

六、品牌账户

每个企业都有自己的品牌，每个产品也有自己的品牌，每个人也应该有自己的品牌。企业的品牌是大家对企业的认知，产品的品牌是大家对产品的认知，个人的品牌就是大家对这个人的认知。无论哪种品牌都需要经营。我们经常说，人要爱惜自己的"羽毛"，这个"羽毛"就是品牌的意思。领导者经常用绩效衡量一个人的工作能力，但是对于品质、素养、心态等软性要素却难以量化，而这些恰恰是影响组织氛围的关键要素。企业年终评选先进员工，有些企业是靠感觉，每个人根据自己的印象和判断，投票选出；还有的企业靠领导的印象，领导根据这一年的经历，回顾一下有哪些人才；甚至还有的企业靠抽签来决定最优秀的人。这些不公平的现象会严重扼杀员工的积极性，干扰组织的氛围。品牌账户就是用来解决这个问题的。每个人都有自己的品牌分账户，只要你做了件好事，就加分，做了件坏事，就扣分。品牌分账户靠的不再是感觉，而是事实，大家所做的每一件事的回响，让每个人都清楚，谁是公司里最受欢迎的人。在这样的氛围中，每个人都知道：付出有回报，好人有好报。这慢慢地就会激发更多的"好人出现"，让公司的良好氛围形成良性循环，形成连锁反应。品牌分账户的具体操作流程如下。

（1）建立账户。

每个人都有一个自己的品牌分账户，初始积分都是 0。在具体操作中，公司给每个人打印一个类似存折的账户单，人手一份，大家会更有感觉。后期可以做成电子版，减少公司成本。由企业管理部组织建立品牌分委员会，成员通常是各部门中层领导者，同时明确主要负责人。品牌分管理委员会负责管理每个人的品牌分账户的后台，每个月公示一次，方便员工核对；品牌分管理委员会也有权限调查加减分依据，处理申诉，决定加分幅度等。表 4-3 为管理委员会公示的品牌分账户变动表。

表 4-3　品牌分账户变动表

姓名	日期	变动	加减分依据	申请人	总分

（2）加减分依据。

如果有人做了一件好事，符合公司价值观，利于同事关系的和谐，帮助同事获得更好的成长，都可以加分，相反则扣分。这件好事，通常是超出岗位职责范围而且与绩效不直接相关的。例如，技术部专员主动申请跟销售部一起去见客户，帮助解答销售中关于技术的相关问题；市场部根据公司目前的市场情况整理了一份"客户见证"，方便销售部在销售工作中使用；有些员工加班为其他同事提供支持、整理资料等，都可以作为加分的依据。如有工作失职，给公司带来损失，遭到客户的指责甚至投诉等情况，就要在品牌分账户中扣分。

（3）加减分权限。

提出给对方加减分的人，我们称为申请人；被加减分的人，我们称为当事人。其他同事称为第三方。不同部门的同事都可以给彼此加减分，品牌分总运营基于公司的品牌分规则进行处理。如果需要加减分，需要有事实依据，由部门级运营按规则来处理，上报公司级总运营进行审核；公司高层领导者（副总经理以上）可以给公司所有员工加减分，公司所有员工也可以给公司高层领导者加减分。

（4）加减分流程。

由受益者或者第三方提出给某位员工加减分，并提出相关的事实依据：时间、地点、事件等。其他员工可以作为"跟帖人"对事件进行评价。当事人针对自己做的事情，也可以提出申请加减分。由品牌分总运营为当事人加减分并公示，以此勉励大家。

（5）加减分幅度。

加减分幅度通常为1～4分，如有特殊情况超过这个范围，比如申请人想要给当事人加5分以上，则至少要写1000字说明加分缘由，还至少要有3位同事跟帖点评见证。然后由公司级的管理委员会进行审核确认，防止人际关系影响品牌分的公正性。

（6）申诉建议。

对于不实加减分，任何人都有权利进行申诉，申诉内容提交品牌分管理委员会，由委员会通过调查取证，进行最终判断。对于过程和结果进行3天公示，如再无异议，则在后台计入品牌分账户。

（7）账户兑现。

每年年底根据每个人的账户余额情况，选出品牌分冠军，由董事长亲自颁奖。品牌分冠军在年底的战略年会上进行经验分享。

品牌分账户的使用会激发下属更多的善，让善意在更多的同事心中占据重要位置，以此来影响每个同事的心态，从而营造组织的良好氛围。

七、客户价值

客户价值，通俗地讲就是给客户带来的好处。客户价值越高，客户黏性越好，企业收益也就越高。客户价值通常用于对外的经营，其实在企业内部也有客户，如果组织中的每位同事都能像对待客户一样对待同事，那么组织氛围想不好都难。这种像对待客户一样对待同事的思维，被称为客户价值，精准点说，就是企业内部的客户价值。同事之间其实也是客户关系，很多工作都需要彼此提供价值才能让组织效能更高。企业内部判断谁是客户通常有以下标准。如果是平级之间，下道工序就是上道工序的客户。比如采购、生产、销售，生产是采购的客户，生产部有资格去评价采购部的物资品质如何。销售是生产的客户，销售部有资格去评价生产部产品的品质如何。梳理清楚这层关系后，每个部门也就清楚了在不同场景下自己是服务方还是被服务方。自己的工作结果，不能自己评价，而应让客户评价。如果是上下级之间，就要分情况了。从安排工作方面来看，下级是上级的客户；从提交结果方面来看，上级是下级的客户。所以，安排工作的时候，领导者要说清楚，不要总是嫌下属悟性不够，这只是因为职位造成的信息不对称。领导者要尽量做到复杂问题简单化，只要下属没听懂，领导者就要承担主要责任。提交结果时，领导者是客户，他有资格去评价下属的工作绩效和工作结果。当然还有其他情况，比如财务部需要销售部提交财务预算，财务部就是客户；销售部需要财务部进行报销流程培训，销售部就是客户。总而言之，谁接受结果，谁就是客户。在企业内部，除你本人之外，任何人都有可能是客户，因此保持服务意识非常重要。接下来，请你思考以下案例，如果是你，将会怎么办？

北京某公司，有研发、技术、生产、市场、销售、售后、企业管理等部门。

这件事就发生在公司的市场部和销售部之间。市场部负责制定公司的销售政策，销售部基于销售政策开展工作。市场部将政策制定完成后，召集销售部的所有人员进行宣贯，宣贯完成后，市场部又问了销售部全员，大家知道了吗？销售部门的人都说："知道了，没问题。"市场部也算完成了自己的工作。本来事情已经可以结束了。但在这之后，销售的100多位员工经常打电话来询问政策问题。市场部天天接到关于销售政策的电话，而且最让人难以接受的是，经常是不同的人问同样的问题，市场部电话俨然成了服务热线，浪费了市场部员工大量的时间和精力。虽说向销售部解释产品销售政策是市场部的职能，但电话太多，问题多有重复，长此以往必定会严重影响其他工作的开展，也会给公司造成大量内耗和浪费。市场部觉得销售部不可理喻，明明自己说知道了，之后又三番五次地打电话问，于是开始疲于应付，解答问题也是敷衍了事；而市场部的口头解释又往往令销售部似懂非懂，一知半解，在理解上出现新的偏差，销售部抱怨连连，认为市场部根本没有服务意识。因此，两个部门矛盾重重。很显然，两个部门这样下去，不仅自己的工作效率不高，还会影响组织的政策运营。

如果你在市场部，你觉得如何做能够缓解彼此的矛盾呢？另外一个视角，如果你在销售部，你觉得如何做能够缓解彼此的矛盾呢？注意，这个视角，是站在自己部门的角度，思考的出发点是：我可以怎么做？如果你有解决方案可以写在下方划线处，如果没有，也请你重新看案例，找出缓解彼此矛盾的方法。

如果我在市场部，我可以这样做：

1.＿＿＿＿＿＿＿＿＿＿＿＿＿＿＿＿＿＿＿＿＿＿＿＿＿＿＿＿＿＿

2.＿＿＿＿＿＿＿＿＿＿＿＿＿＿＿＿＿＿＿＿＿＿＿＿＿＿＿＿＿＿

3.＿＿＿＿＿＿＿＿＿＿＿＿＿＿＿＿＿＿＿＿＿＿＿＿＿＿＿＿＿＿

如果我在销售部，我可以这样做：

1.＿＿＿＿＿＿＿＿＿＿＿＿＿＿＿＿＿＿＿＿＿＿＿＿＿＿

2.＿＿＿＿＿＿＿＿＿＿＿＿＿＿＿＿＿＿＿＿＿＿＿＿＿＿

3.＿＿＿＿＿＿＿＿＿＿＿＿＿＿＿＿＿＿＿＿＿＿＿＿＿＿

针对案例做一下分析和思考，解决问题的总体思路是从最前端的动作入手。显然，最前端的动作是制定政策。另外，对于集体性问题、重复性问题，领导者一定要用机制手段处理，即通过固定的方法来解决，如将常见问题进行沉淀和汇总，制成小手册。在接到销售部电话时，市场部作为服务部门要保持积极的工作态度，如果问题仍然频发且重复，可以牺牲一下个人的时间和精力，保证本部门的工作能正常开展。最后对于问题的解决情况，要进行持续跟进和优化。按照这个思路，市场部可以采取以下6个动作来尽可能缓解彼此的矛盾。

（1）邀请参与。

制定产品销售政策时，对上询问领导要求，对下广泛征求销售部的意见和建议，最好让销售部部分代表一起来参与制定，这样一来，销售部对政策的理解就会更加充分。

（2）详细讲解。

组织宣讲交流会。不能仅仅靠宣贯，宣贯完成后还要落实到位，比如对现场的销售人员进行提问，至少提问4位，保证各个年龄段、会议室各个区域的人员都被提问到。如还有不清晰的，则继续详细讲解，再做提问，直到全部回答正确为止。接下来就是全体考试，如发现成绩不及格的，就继续详细讲解，讲理解误区，讲关键细节，考试成绩达到95分以上了，再发每人一张目标承诺书，让销售人员在目标承诺书上签字确认。目的是让问题提前暴露出来。

（3）保持态度。

接到销售部的问题，不要歧视，更不能讽刺挖苦，要时刻牢记自己是服务部门，销售部是客户，要对他们提出的每个问题进行细致的讲解，不要因为问题重复而态度冷漠，要保持自律和敬业。

（4）制定机制。

对于发现的集体性问题、重复性问题，可以制定《××销售政策50问》，发放到销售部，每人一份，方便销售人员自行查阅。

（5）专人负责。

找一位优秀代表驻扎销售部一周，现场观察，对于发现的问题现场解决，同时积极寻找销售部问题频发的根本原因，尝试拿出方案，从根本上解决问题。

（6）持续更新。

后续或许还会出现新问题，毕竟政策中涉及产品、客户等变量因素，政策会随着时间的推移有所变化，市场部也需要对政策进行持续地更新，比如更新到《××销售政策80问》，甚至是《××销售政策100问》，保证与时俱进。

分析完市场部，我们再分析一下销售部。仍然要回到市场部宣贯政策的环节，这是销售部首次接触销售政策，相当于市场部把政策交接给销售部，销售部有必要对政策内容的知晓程度负责。首先，需要认真地听取市场部的宣贯，基于自己对政策的理解，做出真实的反馈，知道就是知道，不知道就是不知道，不要不懂装懂。其次，要仔细反思，自己为什么三番五次地提出重复性问题。一种可能是，当有人通过电话获得答案后，并没有在销售内部进行分享，导致身边的其他同事也提出同样的问题，使市场部的耐心被消磨光了；还有一种可能是，部门的新同事未能得到及时的培训，随手拿起电话就跨部门去问，导致问题重复提及。问题之所以多，还可能是因为没有汇总和聚焦，员工不会的，没有问主管，主管不会的，没有问经理，经理不会的，没有问总监，每个人都在单独作战，没有形成自上而下的管理流程；问题也没有被统一汇总，统一解决。所以，销售部制定具体措施，可以参考下面的流程。

（1）真实反馈。

销售部要真实反馈自己的认知结果。知之为知之，不知为不知，知道就说知道，不知道更要说不知道，不要乱说，说结果，说事实。

（2）内部分享。

每位销售部同事，问完问题、解决完问题后，要先在部门群或者其他内部渠道对问题和答案进行公示，避免同一个问题被不同的同事反复问到。

（3）完善管理流程。

建立健全内部管理流程，不断重申和强调，员工不懂的先问主管，主管不明白的先问经理，经理不清楚的先问总监，总监汇总问题进行跨部门沟通。要求主管和经理拿出部分精力对团队负责，对每个下属的问题进行汇总和收集，提前了解，统一解决。

（4）新人培训。

新员工入职后，销售部应及时对其进行销售政策的培训，使其理解销售政策，避免多位新同事重复提问某一个问题。

（5）专人负责。

安排一位同事汇总所有问题，统一到市场部对接，拿到答案，然后将答案下发到销售部。再有问题，仍然由销售部对接人再去市场部对接。避免多人对接，导致忙乱不清。

（6）持续更新。

销售政策是动态的，随着时间、事件、相关人物、任务的变化，都会有所变化，需要及时调整。所以，后续遇到的新问题和答案，应自行更新到《××销售政策50问》中，并不断完善，不断更新。

八、三欣会议

组织内的氛围，往往和同事间的人际关系有很大关系。要解决组织氛围问题，就必须考虑人的思维带来的影响。领导者要做的是引导下属的思维，让其关注积极面。在与人相处的过程中我们发现，关注优点，人人可交，关注缺点，无人可交。从心理学的角度讲，每个人都希望被欣赏、被赞美、被表扬，人一旦被欣赏，精神状态、工作状态就会变得更好。同时，每个人都特别喜欢回顾自己的"成就"，回顾自己的"光辉历史"，改善关系需要从关注人的优点开始，这有助于组织氛围的提升。三欣会议就是解决这个问题的。三欣会议要注意3个原则。①公开。大家坐在一起，有事敞开说，在这样的环境中，大家的感受是安全的。②真诚。既然是表达欣赏和赞美，就要有发自内心的真诚，这样才会让人享受被欣赏的过程。③客观。欣赏和赞美是有依据、有感受的客观表达和描述，不要把这个活动搞成"拍马屁"大会。三欣会议的具体操作要点如下。

（1）规模。

公司规模太大可以分部门，部门规模太大可以分小组，每次三欣会议的人数应控制在8～12人，人太多，大家会有所拘束，不能畅所欲言，太少人，又会缺少氛围。

（2）主题。

确定主题做分享。主题可以是个人成长，也可以是某月绩效，还可以是某项企业文化的关键词。应提前让每个人做好准备。

（3）分工。

每组选择一个主持人，主持流程；选择一个记录人，记录下每个人的收获；选择一个计时员，负责时间提醒，每个同事的分享和反馈应控制在2分钟左右。

（4）分享。

大家围成圆圈坐下。通过"击鼓传花"或者抽签的方式选出第一位同事，让他站在圆圈中间进行分享，参考的发言结构为："我是×× ，我欣赏自己，在××方面，我的个人成长是……我的个人收获是……"

（5）反馈。

从右手边开始，每个同事依次给予中间这个同事鼓励和赞美。参考发言结构为："我欣赏你，在你身上我看到……通过你分享，我听到……我感受到……"

（6）分享。

当分享者听完所有的欣赏和赞美后，开始欣赏公司或者团队（基于第一条的公司范围还是部门范围而定），参考发言结构为："我欣赏公司，公司的……让我……，公司的……让我……"

（7）顺序。

从右手边开始，同事依次上台分享，接受欣赏，入座，直到所有人接受完欣赏。

（8）总结。

主持人进行总结，记录员公示记录内容，会议结束后，在公司平台进行发布，收藏文稿。

九、小幅激励

激励是领导者应该掌握的一门基本功。但往往有些激励机制设计得周期太长或维度太窄，这样会造成团队被激励的次数减少，效果也就不太理想。所以，"小幅"重点强调的是多维度、多节点、高频率激励。很多保险公司没有工资，只有佣金，但是氛围却很好，每天早上必定进行激励。晨会上，各种奖项五花八门，夕会上，各种奖励排队领取。人的心态往往容易在工作中受到影响而产生波动，但在这种高频的激励下，就能保持良好的状态面对工作、面对同事、面对单位。激励的参考原则有3项。

（1）多维度。

领导者要设计更多的激励项目。最佳进步奖、最佳新人奖、新晋主管奖、首单奖、全勤奖、最佳建议奖……只要是企业绩效需要的、企业文化倡导的都可以设计为奖项。维度多，可以让每个人都有机会、有希望获得奖项，从而使激励的范围更加广泛。

（2）多节点。

领导者要对激励过程做分解，把过程分解成若干个节点，在过程中做激励，就会让下属在过程中拥有更高的工作热情。

（3）高频率。

频率高，才能让下属有持续的状态。每次激励都有一个效果高峰，然后逐渐下滑到谷底，直到最后失去效果。频繁地激励能让下属的工作状态持续，甚至更好。激励的时机可以选在晨会、夕会，也可以在上午、下午的某个时间，或者在有好消息、有绩效的第一时间进行激励。尽管时间上较随意，但激励流程必须正式。

领导者可以根据这3点选择设计自己的激励体系，如表4-4所示。

表4-4　激励体系设计表

维度：绩效需要的	节点：过程的阶段结果	频率：激励的时间点

十、感恩风暴

同事间的即时反馈可以是欣赏、赞美和鼓励，还可以是感恩。能觉察和发现身边对自己有帮助的人并给予正式的反馈，就会激励对方的状态和行为，同时也会促进组织氛围更加和谐。感恩风暴就可以达成这样的效果。

感恩风暴的注意事项如下。

（1）时间选择。

感恩风暴的活动不太适合高频操作，建议每年一次，可以选择在感恩节、元旦或春节放假前进行。

（2）具体流程。

主持人宣贯感恩的重要性，讲感恩故事，发放规定数量的卡片；调低灯光，匹配轻音乐，邀请员工填卡片、读卡片；颁奖。

（3）卡片数量。

感恩卡（如表 4-5 所示）每人 5 张，邀请企业所有员工一起来填写，如果企业规模较大（200 人以上），可以由事业部单独组织。

表 4-5 感恩卡参考模板

你最想感恩的一位同事	感恩同事的原因	最想对他（她）说的一句话

（4）高层限制。

高层包含董事长、总经理、副总经理等领导，只发出感恩卡，不接受感恩卡，以防止"拍马屁"，影响感恩风暴的品质和效果。

（5）时间控制。

写卡片的时间控制在 20 分钟以内，读卡片的时间约为 30 分钟，同时注意音乐、灯光与情绪的配合。

（6）读卡流程。

企业总人数较少，如 50 人以下，则每人上台读出自己写的感恩卡，接收卡片的人在旁边接受祝福。企业规模大于 50 人的，每人写完卡片后，找到感恩的人，面对面读给他听，相互祝福、拥抱；得到卡片数量前 6 名的同事，上台读出自己的卡片，大家鼓掌祝福。

（7）颁奖留念。

董事长为3名得卡片最多的人颁发"感恩之星"奖品，并合影留念。

（8）拍摄留存。

为全过程拍摄照片和视频并做成回放，使其成为企业文化素材，为强化企业文化补充力量。

感恩风暴活动按照这8项注意事项就可以顺利地完成了，每个人懂得了感恩，表达了感恩，组织氛围得到了优化和提升。

以上10种营造氛围的方法，都是我在培训中运用过的方法。只要用心去思考、去设计，它们一定会帮助企业实现营造氛围、强化文化的效果。

本节落地应用：

1.知识点（学到了哪些）：＿＿＿＿＿＿＿＿＿＿＿＿＿＿＿

2.认知转变：

（1）过去的认知：＿＿＿＿＿＿＿＿＿＿＿＿＿＿＿＿＿

（2）现在的认知：＿＿＿＿＿＿＿＿＿＿＿＿＿＿＿＿＿

3.应用措施（有时间，有行为，有结果）：

（1）＿＿＿＿＿＿＿＿＿＿＿＿＿＿＿＿＿＿＿＿＿

（2）＿＿＿＿＿＿＿＿＿＿＿＿＿＿＿＿＿＿＿＿＿

（3）＿＿＿＿＿＿＿＿＿＿＿＿＿＿＿＿＿＿＿＿＿

CHAPTER 5

第五章

语言的魅力：

优秀的领导者，都这样讲

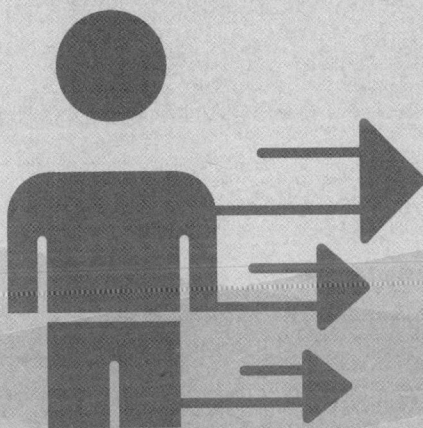

第一节　语言魅力的3个要素

无数的领导者拥有宏大的构想，却苦于无法有效、精准地传递给团队。

无数的领导者拥有远见卓识、远大宏图，却无法让下属理解。

无数的领导者自己激情澎湃、斗志昂扬，却无法有效地影响下属。

无数的领导者拥有真知灼见、缜密思维，却难以让下属很好地接受。

以上都是源于领导者缺少语言魅力。

语言魅力的修炼包含3个要素：语言情景（说对话）、语言内容（说什么）和语言气质（怎么说）。总体来说，语言情景就是说正确的话，语言内容和语言气质则保证把话说正确。这3个要素相辅相成，互相影响，共同塑造了语言的魅力。

一、语言情景

可以说，语言是人类最重要的交流渠道。同一个内容，在不同的场合、针对不同的对象、采用不同的语言方式，便会产生截然不同的效果。所以，在不同的场合，面对不同的对象和场景，我们应该说不同的话，也就是语言和场景要完全匹配，才能发挥语言的魅力。这就解释了为什么很多领导者口才很好，语言清晰有力，下属却总不买账。因为下属的接收线路和领导者的表达线路不同频。

2019年夏天，我去河北石家庄讲公开课，课后一家企业的李总单独找到我，向我诉苦："老师，我们公司这些员工'油盐不进'，该说的我都说了，该给的也都给了，团队却犹如一盘散沙，更别谈士气了。"我在简单沟通后，决定去他们企业做深入了解。

早上我刚到企业就见到了李总。李总说："老师，你在接待室先等一下，我去给大家开个晨会！"我说："李总，如果方便的话，我可以参加一下咱们的晨会吗？"李总说："当然可以！"在我和李总走进会议室之前，会议室里热闹非凡，有打闹的，有开玩笑的。我和李总一进会议室，整个会议室瞬间安静下来，大家有些紧张地看着我们。李总把笔记本电脑往桌上一扔，表情极为严肃，大声训斥道："你看你们的样子，再看看自己的业绩。尤其是王强，你是销售部的负责人，尽管前两个季度完成了目标，但是距离总目标还有很大差距。你好好抓抓你们部门的绩效，别天天自我感觉良好！还有李丽，你也是老同事了，我把设计部的工作交给你，是想让你做出更多有创意的方案。你看你们做的文案，天马行空，不知所云！还有孙刚，你们生产部简直就是次品生产基地，产品品质上不去，理由却一大堆，再这样下去，公司就毁在你手里了……"整个晨会虽然只有20分钟，但我却感受到了前所未有的压力和不自在。散会后，李总还在继续向我诉苦："你说这些人，就这精神头，能干好工作吗？"我说："李总，晨会和夕会，你更倾向于在哪个会上来解决问题？你又更倾向于在哪个会上激励大家呢？"李总忽然沉默了2秒，说："我刚才是不是不该骂他们？毕竟大家马上要投入工作。"我说："如果团队早上的氛围和士气不对，就会影响一天的工作。所以晨会应该以鼓励、表扬、让人快乐等感性的正向内容为主。晨会解决人的问题，解决团队士气的问题，解决心态问题。关于事的问题，应该放到夕会上去解决。既然要解决问题，就需要理性地分析和思考，切忌把生气、发火等个人情绪的宣泄当作解决问题的渠道，要对事不对人。晨会的表扬可以上纲上线，夕会的批评一定要就事论事。"后来，李总改变了自己的会议风格和领导方式，团队的士气和绩效都有所提升。

语言情景的匹配要注意 3 个要点。

（1）明初心，明确我的目的。

你可以做以下思考：我做这件事的目的是什么？我想通过这样的语言表达，达成什么样的效果？整个过程的基调和氛围如何更好地为我的目的服务？如果我是对方，会有哪些感受和想法？我的语言能否更好地支撑目的的实现？时刻明确语言的目的。

（2）通其心，就是你的语言能否被对方接受。

你需要思考的是：我要和谁讲？对方此时的感受是什么？我用什么样的语言才能让对方的感受更好？对方的表情、眼神、互动如何？如何判断对方是否听到，接受我的语言？重点关注接受。

（3）提信心，让对方内心更强大。

无论是激励谈判、绩效面谈，还是解决问题的谈话，都是为了让下属更有信心。你需要思考的是：下属在见我之前和之后，心态有没有变化？下属走出会议室或者我的办公室后的状态有没有变化？他是否更加相信自己的目标能够实现？是否更加有意愿为实现目标采取行动？

你可以通过这 3 个要点来判断和匹配语言情景。可以参考表 5-1，对自己的语言情景进行梳理。

表 5-1　语言情景梳理表

具体场景		受众对象		我的目的	
基本流程	整体格调宜：			整体格调忌：	
导入					
展开					
收尾					
总结	好的：			不足：	

语言情景示例如表 5-2 所示。

表 5-2　语言情景示例

具体场景	新员工入职讲话	受众对象	部门全员	我的目的	欢迎新人、激励大家
基本流程	整体格调宜：正式、正规、正能量、鼓励、期许			整体格调忌：敷衍、低落、批评	
导入	先肯定新员工优秀，公司发展迅速； 可用：记得 10 年前……记得我刚入职的第一天……记得我第一次被提拔……			忌：时间太长，不自然	
展开	我要讲"三更"：趋势会更好……机会会更多……我们会更棒……			忌：逻辑混乱，没完没了	
收尾	提希望：希望大家多帮助……也希望……发挥自己的潜能，为个人成长争取更多的机会……希望公司…… 做号召：目前公司……大家一定……			忌：讲空话，不切实际	
总结	好的：比如语言坚定有力、真诚、有激情			不足：比如逻辑不清，语言笼统	

二、语言内容

意大利诗人但丁说过：语言作为工具对于我们之重要，正如骏马对骑士的重要。最好的骏马适合于最好的骑士，最好的语言适合于最好的思想。语言情景强调的是格调风格要和场景一致，语言内容强调的其实就是说什么，这也是语言的核心。领导者对于内容的思考要占更大的比例，毕竟内容为王，但不需要用很长的时间去讲话，而是要更多地思考如何少讲还能效果好。可以参考以下"六有"来梳理好语言的内容，实现更好的效果。

（1）言之有时。

就是守时。讲话精练受人欢迎，讲话啰唆使人厌恶。很多领导者说"我就讲 5 分钟"，结果讲了 50 分钟；开会，经常开到凌晨；谈心，经常谈到深夜。时间对每个人来说都很宝贵，如果讲话的时间太长，就会导致听众的兴趣下降。这也是为什么很多人不人愿意开会的主要原因——领导者说起来没完没了。所以，应该事前有约定，说好多长时间；事中做控制，防止超时；事后作对照，确实用了多长时间。时间到了话没讲完时，我仍然建议领导者立即结束讲话，换个时间再讲，否则容易让人对彼此的信赖感产生怀疑。

（2）言之有序。

就是语言的顺序，也就是先说什么，后说什么。从宏观流程来看，演讲有三段论：导入、展开、收尾。导入的目的是引起受众对象的兴趣，带入主题；展开的目的是把中心思想一点点呈现出来；收尾的目的是回扣主题，更好地实现演讲的目的。从微观流程来看，一句话的表达顺序不同，效果截然不同。比如，屡战屡败和屡败屡战的效果区别很大。这就是顺序的价值，顺序的整理是为了更好地传达思想。

（3）言之有物。

就是讲话的中心思想，也就是：你到底想说什么？古希腊哲学家柏拉图说过：聪明的人有话要说才说话，愚蠢的人是为了说话而说话。很多人讲了半天，别人根本不知道他说的是什么。

要想言之有物，做好一加一减很重要。"加"就是加强转化。内容传递的最大障碍来自信息的不对称，你知道的对方不知道，如果你还不能说清楚，那么对方就理所当然地不知道了。领导者知道的信息多，下属知道的信息少，领导者最好用最简单的语言传递最复杂的思想，把复杂留给自己，把简单给予下属。把复杂问题简单化，让下属能听懂，同时降低下属的思考成本。"减"就是减少无用的话，既没有与主旨无关的内容，也没有多余的赘词。那些可有可无的内容、空话、套话，能减一段就减一段，能减一句就减一句，能减一词就减一词，能减一字就减一字。该略则略，能省则省，宜简则简，不说与目标无关、无的放矢的空话；不说虚无缥缈、重复啰唆的闲话；不说无依无据、随心所欲的假话。精简的语言才有力量。

（4）言之有理。

就是语言的结构和逻辑有条理，这是让内容清晰的关键要素。在平时的表达、沟通、汇报、谈判中，领导者都应该让自己的语言结构有条理，让内容虽多不乱。

常见的结构有 3 种：流程式、要素式、3W 式。流程式代表先后步骤，通常用"第一、第二、第三……"表示，有时还会用"首先、其次、然后、最后"表示，且顺序不能互换。要素式就是没有先后顺序的各个维度，通常用阿拉伯数字表示，有时候也可以没有数字，顺序可以根据需要进行互换。比如管理大师德鲁克说的"卓有成效的管理者 5 项修炼：时间管理、重视贡献、用人之长、要事优先、有效决策"，这 5 项修炼的顺序可以根据需要做出调整。3W 式——"3W"分别代表 WHY（为什么）、WHAT（是什么）、HOW（怎么做），常用于介绍新产品、新业务、新项目，用于对方完全不了解话题的场景。这 3 种结构会让对方感觉到条理。

逻辑是指彼此的关系支撑，比如亚里士多德说的"A 大于 B，B 大于 C，所以 A 大于 C"，这就是逻辑推理。逻辑通常分为归纳和演绎，归纳是在个体中找到共同特征，总结出一般性的规律；演绎是把规律套到个体中，得出个体的特征。

（5）言之有味。

每一句话都是一道菜，让人觉得有滋有味还是味同嚼蜡，取决于输出者的语言内容是经过精心设计和深入思考的，还是根据感觉随意说出的。好的语言内容，在感性上让人觉得有趣，在理性上让人觉得有用，最好能做到让人记得住，然后才是回味无穷，越思考越有道理。语言的内容若想有味，就需要设计成精练的短语。比如，最后总结时领导说"这次会议开得很好，大家总结了经验、沟通了看法、肯定了成绩、达成了共识、明确了方向"，这是一种归纳、概括。再比如，"我们的会议有 3 个特点：起点高、热情高、质量高，是三高"，这样的内容更容易引起受众的关注，受到受众的喜欢，久久不忘。

（6）言之有温。

人是有情感的，不喜欢冰冷的语言，更喜欢被人理解和关注。有这样一个故事：一天上午，女主人独自在家，当听到门铃声打开门时，眼前的一幕让她愣住了，只见一位彪形大汉手拿一把菜刀凶神恶煞地站在她家门口。女人见此情形，特别紧张，但很快就镇定了，面带微笑温和地说道："您卖刀啊！请进吧。"进屋后，女主人请他坐下，又热情地为他倒茶，这一意外之举令本想打劫的大汉竟不知所措，接着女主人又坐下来温和地笑着交流，与大汉谈论刀的质量，还不时地讨价还价。整个过程中，女主人始终用一种亲切的语气和这位男子说话，透露出一种温和的态度，一切都显得如此地亲切与从容。男子紧张的心情慢慢平静下来，心中本要抢劫的念头渐渐消散了，他借机把刀卖给了这位女主人，然后赶快跑掉了。温和也是一种力量，犹如太极，虽然不是猛烈的刚强，却也是绵绵有力。领导者讲话的情感部分就是语言的温度，领导者需要把冷冰冰的话转化成对方喜欢听的话。

领导者有三种话不能说，一旦说了，就会降低受众情绪，影响组织氛围。一不说负面定性的话，比如"你不讲诚信""你水平太低""你业绩太差"等，这样的话很容易伤人自尊。二不说责难绝对的话，比如"你怎么天天迟到""你怎么每次都把项目搞砸""你们这些人都达不到要求"等，这些含有"天天""每次""都"等绝对性的语言，会影响一个人的情绪，让人感受不到温度。三不说令人难堪的话。俗话说："看破不说破，知人不评人"。在生活中，对于身边人做出的不妥之事，有时我们会一眼看破，碍于场合、时机等，却并不说破，也不加以评论，否则，容易让人下不了台，还会伤了情。比如"你的钻石是假的吧""你的业绩是不是老李帮你做的""你就是不喜欢小王，所以才想搬到东边那个位置吧"等，让人根本受不住。

有些话可以通过语言艺术进行转化，从而带有温度。比如拜伦给盲人改诗句的故事。盲人自幼失明，父母双亡，他沿街乞讨，举着一个牌子"我是个盲人，需要帮助"，结果没人施舍给他钱。拜伦看见了，把牌子上的字改成了"春天来了，但我却看不见"，路人纷纷动了恻隐之心，解囊相助。这话很有温度，很有感情，能打动人心。

领导者给下属布置任务后，紧接着问道："你有能力完成这个任务吗？"下属很难回答。如果有能力，万一完不成呢？如果没有能力，又会让领导者觉得自己能力不足。这让下属特别为难。如果换个方式，领导者语气婉转，关切地问："你看，完成这个任务你有什么困难吗？"下属就更容易回答，需要资源或者需要哪方面支持。再比如，"正在施工，禁止通行"让人感觉很冰冷，如果加入些情感进行修改，可以是"施工给您带来不便，敬请绕行"使人更容易接受和理解。类似的还有"为了您和他人的幸福，请您注意交通安全""小草正在生长，请勿打扰"等，这就是言之有温，让人感受到语言的情感。

领导者讲话，应尽量避免使用权力性讲话（正式的、代表组织的、就事论事的），那会让人觉得距离较远。应尽量使用非权力性讲话（淡化身份和职位、平等交流、渗透生活和个人等），这样的讲话氛围会拉近人与人的距离，降低职位对关系的干扰。

三、语言气质

语言魅力是领导力发挥的一部分，大部分领导者经常会通过语言来表达自己的想法、激励团队或动员下属等。一个人在讲话中的表情、语气、语调、节奏、音量、音质、音准、肢体动作，统称为语言气质。语言气质会影响语言内容的输出，语言气质不同，语言效果也会千差万别。这就是同样一句话由不同的人表达出来，效果差别很大的主要原因。语言气质主要包含3个方面。

（1）激情。

法国作家沃韦纳戈曾说："智慧的最大成就，也许要归功于激情。"但凡有感召力的领导者都有一个特点，那就是激情。有些语言必须用激情的声音说出来，才能传递领导者的真情实感。一旦音量下降、情感下降，这些语言也就失去了灵魂。

（2）坚定。

领导者的每句话，不仅给团队传递了信息，还传递了一种信号，这种信号就是相信！坚定的语气，会增加对方的信赖感。领导者的语言要坚定，可以在3个方面下功夫。一是减少"我认为，我感觉，我觉得"等主观性较强的词语，这样的词会让人觉得不够自信，也就无法传递出坚定的信号。二是减少使用强转折词"但是"。这种强转折词会让人更关注后者，让人感觉到突然的变化，会降低安全感和信赖感。"小李这个方案的结构不错，标题也很好，但是……""小王的业绩比较突出，能力也很强，但是……"只要一加"但是"就会给人增加压力。三是减少使用长音，就是把一个字的声音拉得过长，这会让人感觉"你不坚定"。比如"这个……""那个……""嗯……"后面的字，如果声音简短就会有力，如果声音拉长就会让人感受到犹豫。坚定是领导者语言气质的关键，是领导者要重视且长期修炼的内容。当然，坚定再加上音量和神情的配合就会更好地彰显强劲的领导气势。

（3）节奏。

节奏就是有规律的变化。音乐的优美旋律，来自节奏；诗词的对仗押韵，来自节奏；排比的气势磅礴，来自节奏；语言的铿锵有力，也来自节奏。说话的抑扬顿挫、高低起伏、轻重缓急，就是节奏。该快则快，当慢则慢，需轻则轻，要重则重，才能形成语言的旋律、语言的色彩，也就是语言的气质。这种气质会增加受众的感性倾向，让人心生欢喜。有位意大利的音乐家，他上台没有唱歌，而是把数字有节奏、有变化地从 1 数到 100，结果倾倒了所有的观众，有的观众甚至感动得流下了眼泪，可见节奏在生活中是多么重要。节奏与语速有关系，但不是一回事，语速只表示说话的速度是快是慢，而节奏还包括起伏、强弱。

马丁·路德·金的演讲之所以感人至深，除内容之外，还因为有节奏的力量。排比的最大优势就是节奏，它可以通过节奏带动气势，让人感受到其中的情感。排比的节奏通常后一句比前一句更快、更高、更强，用语言的节奏推动情感的表达，从而带动受众情绪，影响对方的心态和情感。想要用好语言节奏，可以从以下两个方面来下功夫：重和轻。重就是加重语气，放慢速度，增加音量。轻就是减轻语气，加快速度，减小音量。需要"重"的内容有：重要的词句、让人感到疑惑的词句、结论性语言、口诀、要强调的内容，比如数据、人名、地名等。需要"轻"的内容有：大家都知道的内容、非重要的词句、故事的背景交代与铺垫、过渡的词句等。驾驭语言而不是被语言所驾驭，领导者才能更好地影响他人的内心，更好地发挥领导力。

语言魅力的修炼不是一蹴而就的事情，需要有意识地去学习和训练，需要强化自己的语言优势和特点，用好优点；也需要努力克服自己过往习惯带来的缺点和困扰，控好缺点，最终实现"优点可用，缺点可控"的最佳语言态势，为领导力的发挥增添色彩。

本节落地应用：

1. 知识点（学到了哪些）：＿＿＿＿＿＿＿＿＿＿＿＿＿＿＿＿

2. 认知转变：

（1）过去的认知：＿＿＿＿＿＿＿＿＿＿＿＿＿＿＿＿＿＿

（2）现在的认知：＿＿＿＿＿＿＿＿＿＿＿＿＿＿＿＿＿＿

3. 应用措施（有时间，有行为，有结果）：

（1）＿＿＿＿＿＿＿＿＿＿＿＿＿＿＿＿＿＿＿＿＿＿＿＿

（2）＿＿＿＿＿＿＿＿＿＿＿＿＿＿＿＿＿＿＿＿＿＿＿＿

（3）＿＿＿＿＿＿＿＿＿＿＿＿＿＿＿＿＿＿＿＿＿＿＿＿

第二节　非职权领导力的10个口诀

《论语·子路》记载了鲁定公与孔子的一段对话。定公问："一言而可以兴邦，有诸？"孔子对曰："言不可以若是其几也。人之言曰：'为君难，为臣不易。'如知为君之难也，不几乎一言而兴邦乎？"曰："一言而丧邦，有诸？"孔子对曰："言不可以若是其几也。人之言曰：'予无乐乎为君，唯其言而莫予违也。'如其善而莫之违也，不亦善乎？如不善而莫之违也，不几乎一言而丧邦乎？"

鲁定公问孔子说："一句话就可以使国家兴旺，有这样的话吗？"孔子回答说："话也不能这么说。不过，人们说：'做国君很难，做下臣也不易。'如果国君真能知道做国君的艰难，自然能够谨慎勤勉地做好每一件事情，不也就相当于使国家兴旺了吗？"鲁定公又问："一句话就可以使国家灭亡，有没有这样的话呢？"孔子回答说："话也不能这样讲。不过，人们说'我做国君没有别的快乐，只因为我说什么话都没有人敢违抗我，就很快乐。'如果说的话正确而没有人违抗，这不很好吗？但是如果说的话不正确还没有人提出、去违抗，不就相当于一句话可以使国家灭亡了吗？"

对于鲁定公的提问，孔子实际上作了肯定的回答。就是一言兴邦，一言丧邦。孔子还劝告鲁定公，应当行仁政、礼治，不应以国君所说的话无人敢于违抗而感到高兴，这恰恰应该是值得警惕的。作为统治者，一个念头、一句话如果不当，就有可能导致亡国。对于领导者来说，语言非常重要，要时刻反思和对照自己的言行。说出的话无论好坏，都有影响力，如何扬善力，抑恶力，是领导者要思考的重要内容。非职权领导力的10个口诀，就是领导者发挥领导力的重要武器。每个口诀都是凝练的语言，结合不同的场景，用对语言魅力，说对语言内容，更能彰显领导者的风采。

一、领导力口诀第一句：好！

领导者想要影响团队，个人关注点非常重要。关注下属的缺点，你会发现无人可用，关注下属的优点，你会发现人人可用。领导力口诀的第一句"好"，首先指的是领导者要关注下属的优点，关注好的维度。能看到美好，管理才会更加美好。很多领导者抱怨下属的工作技能低、工作素质差，甚至有些领导者觉得新生代完全不靠谱。领导者的抱怨本质上是一种逃避，是对于责任和使命的逃避。

2019年10月，我去浙江杭州一家民营企业做培训。总经理在课前沟通的时候，痛心疾首地说了一段话："我用人，特别不喜欢'90后''95后'，我现在主要喜欢'70后''60后''50后'。"我开玩笑地说了一句："你们公司可能要'绝后'。"紧接着，我继续说道："真正支撑公司未来和基业长青的不是你所喜欢的'70后''60后''50后'，而是'90后''95后'，无论你喜不喜欢，他们都会活得很好，并且比我们活的时间还长。我们要做的恰恰是了解他们的需求，有针对性地调整领导方式，激发他们的潜能。这才是领导者应该做的。"

由此推出的第一个场景是，领导者要关注到下属的"好"，激发下属的优势和长处，做到优点可用。

"好！"还有第二个场景，就是领导者要说正向的语言。要能做到"坏事往好说，好事往大说"的程度。

2020年夏天，我去江苏盐城一家保险公司做培训，当时所有的准备工作已经就绪，就等待主持人开场、我上台讲课了。这时，总经理（一家分公司的总经理）过来很大声地跟我抱怨道："老师，你看我们公司，管理得乱七八糟。本来要听你的课，结果总部临时有一个什么会，搞得我们焦头烂额，计划全给打乱了，今天的课是听不了了，我得请个假，应付那个会。"他一边抱怨着，一边离开了会议室。我只能一脸苦笑，摇头惋惜。

其实同样的场景，总经理完全可以换个说法："老师，您看我们公司的管理就是灵活，这不，总部刚又通知我们去开会，一定又有什么好的消息或者方案要传达。每次开会我们都会感受到变化，每次都有收获，相信这次也不例外。很遗憾没法听你的课，我开会回来一定翻看笔记，补上这次课程的损失。"

同样的一件事，不同的说法会塑造出不同的感觉，这完全取决于你的表达倾向。

"好！"的第三个场景是常常说"好"，不断认同下属。人的内心都有一种被认同的需求，尤其是来自领导和父母的认同，弥足珍贵。领导者要不吝美言，认同下属的积极表现或者绩优结果，下属的积极性就会更强。IBM 的董事长曾经说过"管理者想要什么就检查什么，没有人做你想要的，他只会做你检查的"。这句话我们可以修改一下，没有人做你想要的，他只会做你认同的。你不断地认同下属的绩效、想法、态度，下属就有被你重视和认同的感受。

《史记》中曾记载了这样一个故事。西汉时期，刘邦当了皇帝后在都城洛阳南宫摆酒设宴，招待文武百官。他问百官他与项羽的区别，百官纷纷夸赞他大仁大义。刘邦当时并不满意，于是有了以下一段话："夫运筹策帷帐之中，决胜于千里之外，吾不如子房；镇国家，抚百姓，给馈饷，不绝粮道，吾不如萧何；连百万之军，战必胜，攻必取，吾不如韩信。此三者，皆人杰也，吾能用之，此吾所以取天下也。项羽有一范增而不能用，此其所以为我擒也。"群臣听了，心悦诚服。

这段话的核心揭示的就是刘邦用人的能力。他认为，做谋略不如张良，管后勤不如萧何，指挥战斗不如韩信。三人都是人才，但为刘邦所用。项羽有一谋士范增，却未能被重用，所以刘邦比项羽强的地方主要在用人。

刘邦用人，用的都是比自己强的人，这才是他最厉害的地方。很多领导者的问题在于总是喜欢用不如自己的人，组织发展自然会令人担忧。我们不禁要思考一个问题，为什么领导者喜欢用不如自己的人？本质上有两个原因，第一个原因是怕被替代，能人来了，取代自己的位置怎么办？这是一种非常短视的想法，技术高手未必是好领导，而且大部分不是。第二个原因则是，能人的个性也同样突出，不太好驾驭，庸人好管。所以做管理的时间长了，你会深刻体会到一句话"能人顶用不好用，庸人好用不顶用"。人们理性上喜欢用顶用的，感性上喜欢用好用的，而在做决定的时刻，人的大脑最终会倾向于感性而非理性。所以领导者用人一定要克服个人的喜好，不要以自己的喜好为前提，要以组织的需要为前提，这才是根本。

刘邦能用好能人，和"用好"的"好"字也有很大关系。设想一个场景，下属在会上提了一个建议，向你提交了一份方案，或者对于某个项目提出了一些创意。当然，在你来看，这些想法、思路、创意不完善的地方很多，那你会怎么回应呢？是直接指出问题？还是责备一番？以上都不合适。刘邦最厉害的地方就是能克制个人的情绪，面带微笑，看着对方的眼睛，认真地说出第一句话"你讲的很有道理"。试想一下，下属听到后会有什么感受？一定是感到被认同，这也是很多下属的迫切需求。而刘邦说第二句话的时候，会身体前倾，提升音量，极度兴奋地说"我怎么没想到"。此时下属的感受是满满的成就感，这是绝大多数下属的迫切需求。第三句话"这个太重要了"，推动成就感上升到极致。下属的心理优化才是领导者发挥领导力的具体标准。这3句话，刘邦经常说，你也可以经常用。

关于领导力的第一个口诀"好"，需要领导者认识到重要性，继而在领导下属的过程中，多去揣摩应用场景和应用技巧，多尝试，多思考，多练习，自然就可以优化下属的心理感受，促进下属提升工作意愿。让"好"在组织内扎根，从而让"好"帮助你去创造更多的"好"。

二、领导力口诀第二句："冲啊"

如果你经常感到下属的积极性不高，干劲不足，缺乏热情；

如果你经常感觉下属工作状态不佳，敷衍了事；

如果你经常感觉下属阳奉阴违，责任心不强；

如果你经常感觉下属缺少冲劲，应付流程，临阵退缩；

那么请你使用领导力口诀第二句"冲啊"来解决以上问题。

"冲啊"可以理解为 3 个方面。①气势。遇到困难，不是抱怨，而是关注方法；不是逃避，而是勇于面对；不是退缩，而是迎难而上。能力可以不如人，但是气势绝对不能输。一个组织的气势一旦建立起来，就会在无形中激发下属的工作意愿。②带头。就是跟我上，不是给我上。责任面前，困难面前，我先来。③忘我。无视个人利益，以组织利益、下属利益为首要目标。

三、领导力口诀第三句："你说呢"

周五早上，你正心情愉悦地走在公司的走廊里，准备进办公室，开始一天的工作。此时的你，精力充沛，状态极佳。刚到门口，你发现下属张聪已经在门口等候了，你有点吃惊，不知道对方这么早来办公室要干什么。你刚要询问，张聪先开口了："领导，早上好，我等你 10 分钟了。我有个问题需要你的协助。我有个大客户，觉得咱们的报价太高了，这是所有的信息和资料，你看看怎么办？不过，你得快点，我怕夜长梦多，把客户搞丢了。"张聪一边说着，一边把资料放在你的办公桌上，转身走出办公室。留下了翻看资料的你。

刚放下资料，你的另一个下属李明，匆匆忙忙跑进你的办公室，气呼呼地说道："领导，这是我的差旅费用报销单，昨天财务竟然不给报，理由是票据不合格，这马上月底了，我又要出差，辛苦你跟财务交涉一下。这样，你先看一下我的票据，你是这方面的专家，帮我整理一下，得快啊，要是错过报销时间可就惨了。"你忽然意识到这个问题似乎也很重要，顿时皱起眉头，翻看起了报销单。

还没开始看第二张报销单，王达走进你的办公室，一脸严肃，开门见山地说道："领导，这是我的标书，方案还有些细节需要调整。客户说会在这次参与投标的公司中选一个最合适的，纳入自己的供应商库，准备常年合作。这个标书非常重要，请你再仔细看看，毕竟你在这方面非常专业。"

你拿起标书，觉得这件事似乎更重要。你准备拿出 2 小时来把这 3 个问题处理完。你刚要着手大干一场，总部来了个电话，要求你立即参加一个紧急会议。你放下资料起身离开办公室，手头的事情，只能周末加班做。

周末，你走在加班的路上，却在篮球场看到几个熟悉的身影，他们分别是张聪、李明、王达，还有几位其他同事。

到了周一早上，3 位下属同时出现在你的办公室里，都问了一个问题："领导，上周的事处理得怎么样了？"

当你把你努力加班的结果反馈给 3 位下属以后，通常会得到下属的两种回应。一种是"表扬"：太棒了，领导就是领导。另一种是"批评"：领导，你看，你都做不好，这件事让我去干，我怎么可能干好呢？以后安排工作的时候你可得多考虑一下。

事情的本质过程是这样的：下属给你安排工作，知道你在做什么，跟进你的工作进度，表现好就表扬，表现不好就批评。这其实是下属管理领导的过程，被称为逆向管理。

要避免掉入逆向管理的陷阱，关键在于如何应对下属的提问。对于下属提出的问题，领导者要不要直接给方法？这里又有 3 种情况：①我知道方法，于是直接给。②我拿不准，考虑一下。③我不知道方法，去找别人求助。

这 3 个情况都存在，但这 3 种回答都不好。这 3 种回答都剥夺了下属独立思考的能力，都让下属失去了独立成长的机会。正确的回答方式是 3 个字："你说呢？"要用"你说呢"这个口诀，来启发引导下属独立思考，让下属获得独立成长的机会。

领导者就算知道方法，也要让下属去独立思考，因为你的方法未必是最好的，下属有可能会想出比你更好的方法。即使你的方法是最好的，下属通过思考，可能也会想到，这时候这个方法对下属来说会更有成就感。如果你的方法是最好的，下属想的所有方法也没有你的方法好，这时仍然不建议直接给下属方法，你可以通过边鼓励边引导的方式，一步一步让下属把你要给的最好的方法说出来。

领导者不知道方法，就要大胆地告诉下属"我不知道"，千万不要不懂装懂，否则将面临后续更大的压力和挑战。领导者不要为了所谓的自尊和面子，无视自己的责任和下属的成长。这是得不偿失的事情。

领导者如果拿不准，也要避免说"考虑一下"，因为你一考虑，就相当于接过了下属的接力棒，他就再也不用考虑了。应该告诉下属"你回去考虑一下，拿 3 个方案，我们再一起探讨"。启发下属的智慧，让下属对自己的工作负责，对自己的成长负责，是领导者不可推卸的责任。

在一次上公开课前，我正在备课，助理跑来找我："老师，我们马上要开课了。"

我说："是啊。"这话没问题，因为毕竟是个陈述句。

下面，问题来了，接着助理说道："我们应该找个什么样的会场？"

我就说了 3 个字："你说呢？"

助理现场就蒙了，好像从来没考虑过这个问题，大脑飞速地运转，不断搜索着过去的经验和对本次课程的认知，然后磕磕巴巴地说出了第一句："我，我，我觉得应该找个交通比较方便的！"说完后，他顿时松了一口气。

我没跟着松口气，追问了一句："还有呢？"

他又陷入紧张的思索，然后说出第二句："找个餐饮也比较方便的。"

我又问："还有呢？"

他说："找个会议室不带柱子的，否则会影响学员听课的视线。"

我又问："还有呢？"

他说："找个桌椅比较新、能移动的。"

我又问："还有呢？"

他说："找个设备比较好用、音质效果比较好的。"

我又问："还有呢？"

他说："没有了。"

我说："去干吧！"

你会发现，你想到的，他也都能想到，一个人能做领导者，通常不是因为智商高，值得领导者去思考的恰恰是自己是不是低估了下属的智慧。一家企业的最大浪费是对员工智慧的浪费，往往把浪费员工智慧当成了管理的习惯。多用"你说呢"，能降低自己的时间成本，提高下属的成就感，何乐而不为。

"你说呢"这个口诀适用于上级对下级或不紧急的情况。用错情景，则会有风险。比如董事长去你工作的车间视察，问了一句："咱们部门的 5S 推行得如何？"你答："你说呢？"后果可想而知。再比如仓库里面出现了火情，紧急情况下，下属向你汇报"领导，仓库着火了，怎么办？"你回复："你说呢？"也会错过最佳时机。

选对场景，多问"你说呢"，少说"这样做"，将使你的领导力再上一个台阶。

四、领导力口诀第四句："你试试看"

第三句口诀探讨的是方法，第四句口诀研究的则是行为。"你试试看"不是威胁下属，而是让下属去尝试，是理论联系实际的过程。它是对方法的验证，同时也是下属自我成长的必经之路。"你试试看"有 3 个方面的含义：行动、容错、情景。

① 行动。让下属去尝试，鼓励下属采取行动，是领导者的重要工作。行动是产生结果的关键环节。陆游曾说："纸上得来终觉浅，绝知此事要躬行。"想法必须靠行动去验证，实践是检验真理的唯一标准。企业不缺少雄才伟略的战略家，缺少的是实实在在的执行者。领导者要鼓励下属行动，让下属在行动中验证自己的方法和思路。下属在行动中，如果发现自己的方法是对的，就会拥有成就感；如果发现自己的方法有不足之处，就会拥有改进的需求，会通过改进获得进步；如果发现自己的方法是完全不靠谱的，和目标背道而驰的，也至少知道了这个方法是不可行的。无论哪种情况对下属来说都是有意义的。

"你试试看"表示领导者对下属思路和方法的认可，表示目前在理论层面上，已经比较好了，只是还需要对方法的验证。就像"小马过河"一样，松鼠说，水很深，淹死过自己的一个伙伴；水牛说，水很浅，还不到膝盖的高度。河水到底深还是浅，小马尝试的结果是，既没有松鼠说得那样深，也没有水牛说得那样浅。小马收获的是尝试后的成就感，从而明白了，事情不能只靠听说，要聚焦事实，聚焦实践，才能真正解决问题。

② 容错。"你试试看"是允许下属犯错。下属的成长绝大部分来自不断地学习、实践、犯错、改进。不要害怕失败，要对下属的失败表示接纳和理解。所有的创新必然经历过失败，没有失败的成功是不值得的。允许下属犯错和失败，有 3 个层面的价值。首先，犯错是学习的机会，要从错

误后的总结中学习。错误是一种提醒，提醒你有更好的方法去实现自己的目标，可以通过反思、总结、改进，找到更好的方法。我有一次出差，买的是杭州站的高铁票，却想当然地跑到杭州东站去坐高铁。从那次以后，我对在哪个站上车，至少会确认3遍，再没犯过这样的错误。其次，犯错是积累的过程。越多的失败和错误，就会有越多的机会和积累。这就如同做销售，不可能面对的每个客户都会成交一样。那些没成交的客户，就是一种积累。没有前面9个客户的拒绝和不屑，或许就不会有第10个客户的成交与持续。最后，犯错是一种历练。没经过风吹雨打，没经过苦难挫折，没经过失败犯错，人的心态是脆弱的。可能遇到一点风吹草动，就草木皆兵，忧心忡忡，不可终日。失败可以提升职场的钝感力，让下属在未来的工作中能坦然面对挫折和困难。

犯错有很多好处，但并不是鼓励下属去犯错，而是让领导者有容错的肚量和心态，能接纳和理解下属的犯错。"你试试看"是对下属容错的一句口诀，代表着领导者对犯错的容许和接纳。

③情景。领导力的发挥必须结合情景，情景的最大特点是没有放之四海而皆准的标准，需要领导者用理论结合情景，拿出措施。领导力的塑造除了非职权就是情景。领导力公式可以简单理解为：领导力 = 非职权 × 情景。

有些人听过很多有道理的话，却仍然过不好这一生，就是因为那些有道理的话未必适合自身的情景。领导力的失效，在很大程度上是情景的不匹配或者是对于情景的轻视而造成的。高度重视情景，结合实际，领导力才有价值。你可能是技术专家，但是在业务谈判上，可能就是个新手；你可能是经验丰富的业务高手，但是对于编程，可能一窍不通；你或许是创业元老，但是未必对数字化有所了解；所以领导力是有情景的，大部分领导力的发挥是在自己擅长的范围内。技术专家在技术上发挥领导力，但遇到业务问题可能会"卡壳"；业务高手在业务上有着独特的领导力，但是遇到编程问题可能变得不太自信；创业元老在绩效与经验方面具备领导力，但遇到新生事物却不知所措。所以，经验的最大弊端在于无情景。领导者安排工作，应尽量不规定方法和过程，而是和下属界定好目标和结果，让下属用自己的方法，针对情景灵活调整。因事而变，随机调整，才是持续的根本。

"你试试看"就是告诉下属理论的局限性，没有万能钥匙，需要自己结合场景去尝试、去应用，才能判断方法与实际的匹配度。

五、领导力口诀第五句："我讲个故事"

领导者的语言修炼，永远避不开一个话题：故事。道理都是苍白的，人天然地对故事充满期待和信任。因此，讲故事能提升下属对领导者的信赖感。那些优秀企业和优秀领导者都是讲故事的高手。通用电气的战略故事、IBM 创新的故事、麦当劳清洁的故事、德胜洋楼的工匠故事、胖东来客户价值的故事、乔布斯的产品故事、马云的创业故事等，每家优秀的企业都传承一些故事，留存在人们的脑海中，挥之不去，回味无穷。

故事之所以能让人无障碍地接纳，是因为故事有 3 个特点：场景性、情感性、启发性。

①场景性：每个故事都有场景的交代。比如，从前有座山，山里有座庙，庙里有个和尚。这句话就会让人想到峰峦叠嶂之中，云雾缭绕之下，矗立着一座青砖绿瓦的寺庙。比如，那是 2002 年的第一场雪，比以往时候来得更晚些，就会让人想象到大雪纷飞，一片银装素裹的景象。场景化的语言是故事必不可少的开场因素。场景性通常用 4W 来描述，即 When（时间）、Where（地点）、Who（人物）、What（事物）。

②情感性：故事之所以能吸引人，就是因为情感性。情感性来自两个维度：纵向的情节和横向的细节。情节的进度，环环相扣，让人对接下来的情节充满期待。就像我们看电视剧、看金庸的武侠小说停不下来一样，当

我们对未来的情节充满期待，很想知道结局是什么的时候，就不自觉地被吸引了。横向细节是描述某一事物的细腻程度。比如用汗水把他的衣服浸湿了，来替代天气很热；用他在门口徘徊了40分钟，来替代他很犹豫等。对细节的描述，目的是让对方得出你要表达的答案，让对方能感受到你没有直接给出的形容词。

③启发性：故事的落脚点是启发性，即想通过故事说明什么事，想传递一个什么样的观点。启发性的最终目的，是领导者要给下属植入的观点。要实现启发性的结果，有两个步骤：问和答。比如为什么会是这个结果呢？因为小李的敬业和负责。为什么王经理又重新写了一遍呢？因为诚信和负责。这些都是落实启发性的路径。事前交代清楚场景，事中描述关键细节，事后升华核心观点，这样的故事就能让人愿意听，记得住，有启迪。

讲故事，要把握好三大时机：新人刚来，讲文化的故事，让价值观故事在新人的大脑中占据它该有的位置；年底年初，讲愿景的故事，总结过去，聚焦当下，描绘未来，让大家对未来的公司发展有更深刻的认知和了解；特殊时期，比如项目启动、品牌推广、表彰大会时，讲激励的故事，把活动的价值和意义讲清楚，让大家对接下来的项目执行具备强大的执行动机。

"我讲个故事"是影响下属的重要武器。讲故事可以用4种形式讲。①语言故事。用生动的语言描述一个故事，这是故事的主要呈现形式。②行动故事。用实际行动去创造一个故事，比如资助失学儿童、带头捐款、看望下属生病的家属等，就是在用行动创造故事。③共创故事。邀请入职3年以上的同事一起回顾职业经历中印象深刻的故事，挑选故事，修饰故事，然后做传播。这样的故事对组织的影响力不容小觑。④放大故事。把一些小事件放大去呈现。通常这些小事可以引发其他一系列大事。比如禁烟的化工企业，仓库门口竟然有烟头，要小事变大，通过搜集各种火灾事故的视频、图片去呈现其危害性，通过管理层一起研讨宣誓塑造重要性，通过重申制度与流程营造严肃性。

六、领导力口诀第六句："这是我的问题"

约翰·肯尼斯·加勒比说："所有的领导者都有一个共同的特点：明确地直面群众的焦虑。这个是领导力的本质。"也就是说，领导者要避免让下属遇到棘手的问题，避免让下属有压力。在困难和问题面前，领导者必须适时出现。领导者的"这是我的问题"，代表着当责与接纳。纳尔逊·罗利赫拉赫拉·曼德拉说："一切顺利、庆祝胜利的时候，最好站在人后行领导之责。有危险时则要站在前方。这样，人们才会欣赏你的领导能力。"可见担责的重要。"这是我的问题"通常有3种场景。①组织问题的场景。面对组织资源、上级领导决策造成的问题，敢于说"这是我的问题"，既可以获得上级领导的认可，又可以获得下属的信任。如果你说，这个问题是公司的问题，是资源的问题，等同于说"我无能为力"，会降低上级领导对你的评价；同时下属也看不到未来和希望。②下属问题的场景。面对下属理解错误、执行偏差造成的问题，领导者敢于说"这是我的问题"，下属才能在未来放开手脚大胆执行。如果换成"这是小李的问题""这是小王的问题""这是你们的问题"就会造成小李、小王、大家今后做事蹑手蹑脚，生怕犯错，也就失去了很多成长机会。③确实是我的问题。面对个人决策、指令下达不准造成的问题，领导者要敢于承认，直面负责。应避免推诿，造成下属对领导的失信。"这是我的问题"不只是承认问题这么简单，领导者需要针对问题，组织复盘，获得解决问题的策略。

"这是我的问题"有如下的应用三板斧。

第一斧：避免下属遇到棘手问题。执行前，应深入分析各种情景的优劣，同时针对确定的工作计划制定应急预案。有应急预案的计划比没有应急预案的计划达成率要高很多。应急预案就是"凡事预则立，不预则废"，提前做思考；应急预案就是以确定性来应对变化莫测的不确定性；应急预案就是保障问题发生时，能第一时间对问题进行迅速处理和应对。交通部门、农业部门有应对恶劣天气的应急预案；企业有应对各种舆论的应急预案；每个项目有应对各种突发状况的应急预案；每个人有应对各种意外情况的预案。有预案，并不是心态不积极，而是不盲目乐观，基于未来的视角，思考当下的计划，制定应急的措施。可以参考表5-3制定应急预案。

表 5-3　应急预案制定表

工作流程	具体内容	可能问题	应急方案	所需资源	责任人
第一步					
第二步					
第三步					
第四步					
第五步					

第二斧：第一时间面对集体问题。在集体问题、重要问题面前，领导者能在第一时间出现，会降低集体焦虑。领导者不要做"表针"，而要做"闹钟"，不是天天围着下属转，而是关键时刻得出现。第一时间出现，能让下属找到依靠，找到主心骨；第一时间出现，代表着领导者的"靠谱"，下属觉得你是靠得住的；第一时间出现，代表着下属内心的放松和对问题解决的信心。领导力大师罗纳德·海菲兹（Ronald Heifetz）提出"领导是解决适应性问题，管理是解决技术性问题"。海菲兹所说的适应性问题，是变化的、复杂的、棘手的、集体的问题，面对这些问题，领导者有必要第一时间出现，因为集体问题的解决靠的是组织的力量。领导者第一时间出现，问题就已经解决了一半。"第一时间出现"有两个含义。其一，代表着深入现场，因为有可能你面临的是一个"纸老虎"型的假问题。曾经有家生产制造企业，

主要生产一种耐高温的设备，总经理接到一个紧急电话：进口的设备零件不对，可能导致全厂停产。他第一时间赶到现场，发现进口的零件确实不对，但仔细研究后发现，只是零件中有一个螺丝缺失，而这个螺丝在当地很容易采购到，于是立即安排人员采购，全厂当天又继续投入了生产。试想一下，如果总经理没去现场，会出现什么情况？可能的情况是，总经理安排第二批采购，叮嘱下属催促对方尽快发货，同时全厂放假等通知。那么订单的工期、团队的稳定性、客户的满意度等都可能出现问题。其二，代表着组织利益高于一切。领导者可能在忙于写报告，可能在忙于下属的绩效面谈，可能在忙于面试新员工，但是第一时间出现在集体问题面前仍然非常重要。不是一对一的事情不重要，而是集体问题更重要。处理集体问题时，领导本质上是在营造一种氛围，影响的是下属集体的心理判断。这是非职权领导力的重要体现。

第三斧：组织分析解决问题。"这是我的问题"代表着接纳，代表着迎难而上、不怕挫折的勇气，代表着我要开始着手对问题进行处理。领导者应组织大家一起进行分析、解决问题，而不是自己解决问题。企业需要的是"我们"来解决问题，需要的是领导者给出解决问题的方向：要不要解决？要不要认真解决？要不要现在解决？领导者的组织分析过程，就是把这3个问题以肯定的感受传递给下属的过程。领导力本身是塑造感觉、传递感受的过程。领导者的核心就是"组织"，鼓励下属积极思考，贡献自己的想法，积极参与方案的制定。领导者要做的是边确认，边鼓励，边引导。问题来自集体，答案来自集体，领导者像一条线串起每颗珍珠，呈现每一串项链。

七、领导力口诀第七句："这件事不是坏事"

拿破仑说："领袖就是一个贩卖希望的商人。"我们常听到一句话："压力产生动力。"这句话的意思很笼统，在很多场景中未必适用。比如张三和李四两个人，张三在前面跑，李四在后面拼命追。张三有个好的机会，来了辆奔驰车，他跳上车走了，而此时的李四则不追了，这么大的压力却没产生动力。这时候，刚好李四也遇到一个机会，在他面前来了辆劳斯莱斯，现在的李四有没有可能继续追？一定会的，因为他看到了希望。所以，压力本身不能产生动力，前提是得有希望。这句话也可以解释为，希望产生动力。让人有希望，人才会有动力。激励的逻辑也是如此，激励机制的制定，就是让大家看到希望和可能性，在这种情况下，大家才更愿意付出努力。在一切情况发展顺利的场景中，领导力的体现通常不太明显；在有了很大突破、创造了特别好的业绩的时候，领导力的体现也很难让下属有明显感受；体现领导力的最佳场景是遇到失败、面对挫折时，在这种不良情景下的应对策略，最能体现领导力的价值。"这件事不是坏事"这句话，就能够在团队遇到失败、遇到坎坷的情境下，给团队塑造希望。

三国时的曹操不仅是一位军事家、书法家、政治家，更是一位非常优秀的领导者。尤其是他在面对挫折、失败时，尽现了一个领导者发挥领导力的过程。曹操兵败赤壁后，很多士兵失去了信心和斗志，拖着沉重的身体和疲惫的步伐，相互搀扶着回营。曹操发现士气低落，想办法改变现状。他没有责骂下属战斗不力，而是通过一段真切的讲话，正视了失败，塑造了希望。内容大体如下。

我们八十三万人的大军挥师南下，却败于孙、刘五六万人的军队，为何？我看最根本的原因，是最近这些年，我们胜仗打得太多，兵骄将怠，文恬武嬉，轻敌自负，尤其是我，居然连一个小小的苦肉计都未能识破。致使东吴火攻得手。由此看来，我们是到了该吃一个败仗的时候了。

失败是个好事，失败能够教我们如何成功，失败能够教我们如何取胜，失败能够教会我们如何取得天下。一个人要想成事，就得拿得起、放得下，打仗也是如此，要胜得起，也要败得起。我们虽受赤壁重创，但是我们的根基基本未伤，天下州郡我们仍然掌握青、幽、并、冀四个州。我们的城池、兵马、子民、赋税，仍然数倍于孙权、刘备。朝廷仍然在许昌，仍然在我们的手中。

反观孙权、刘备则不然，危难的时候他们会抱成一团，同仇敌忾，一旦取胜他们就会明争暗斗，就会尔虞我诈。孙刘之辈先前如此，日后会更甚。总之，他们早晚分裂，早晚必败！

曹操这段话的核心逻辑就是"这件事不是坏事"。这段话在当时的情景下，起到了非常大的激励作用。士兵们听完，开始由消极懈怠到斗志昂扬，由难过无力到充满力量，由不知所措到信心百倍。这就是曹操这段话的最大价值。这段话的主要目的是在所有士兵看不到希望的时候，作为领导者要塑造希望，让大家看到美好的未来。而塑造希望的时机，往往是在失败的场景中，这样才会更有价值。当下属对于一次失败束手无策时，要告诉下属"这件事不是坏事"；当下属在工作中，遇到挫折郁郁寡欢时，要告诉下属"这件事不是坏事"；当下属在遇到压力、力不从心时，要告诉下属"这件事不是坏事"。这一方面可以让人感受到领导者的乐观和豁达，另一方面可以让下属从不同的视角看待问题。人们往往在失败面前放大失败，继而否定自己的一切。领导者恰恰要改变下属的这种错误的认知和想法，让团队所有成员正确看待失败，正视自己的成绩和不足，不走极端，不自暴自弃，甚至还要带领下属看到未来更好的愿景。

作为领导者，需要通过失败来反思：哪里做得不好，找到原因；通过失败来正视自己：能力如何，怎么做最好；通过失败找希望：成功路径在哪里，未来基于什么来获得成功。即使失败了，也要告诉下属"这不是坏事"，我们能把它变成好事。看到失败背后的希望，客观地看待失败，不被失败所定义，才能有更好的未来。

八、领导力口诀第八句："这件事就交给你了"

美国第 26 任总统西奥多·罗斯福（Theodore Roosevelt）说："最好的领导者是能够选出合适的人完成他安排的任务，然后在他们完成任务期间克制自己不去干涉。"领导者要敢于放手，把事情安排给下属去做。当然领导者不是不做事，而是只做该做的，只做重点的事，只做自己这个层级匹配的事。组织对基层员工的要求，就是两个字"我能"，但是对领导者的要求，则是 3 个字"我们能"，一字之差，区别很大。如果坐在领导者的位子上，大脑停留在"我能"上，带团队就会苦不堪言。之所以会出现这样的现象是因为领导者对下属的办事能力不够放心，总是觉得不如自己做更踏实，时间长了，反而限制了下属的成长。就如同罗斯福所说，领导者要敢于授权，同时保持克制，不去干预，不去纠正，结果往往会超出预期。

"这件事就交给你了"，本质上是领导者对下属的信任和授权，同时还暗含着我要给你提供帮助和支持的意思。这句话在事前说，下属就会被激励，感受到领导者的信任，从而有更强的责任感。这句话在事中说，会激发下属独立思考，让下属投入更多的精力去思考问题，拿出合适的方案解决问题。

"这件事就交给你了"，适用于以下 3 种场景。

（1）事情风险低，琐碎重复。

领导者不要亲自去做所有的事情，否则就会迷失自己，找不到方向和重点。面对一件事有 3 种状态。①"这件事，你别管，我来吧"：入手。就是自己亲自做，往往会忙乱差错累，效率还不高。②"这件事，咱们一起做"：牵手。就是和下属一起做事情，有助于建立更好的上下级关系，可一且出现问题，责任难以界定和划分，下属往往会产生依赖心理。③"这件事就交给你了"：放手。把事情完全交给下属去做，自己不再去干预和关注，只等结果。有些事情经常发生，而且操作起来非常烦琐，即便做错了，也影响不大，这类事情可以让下属独立去完成。在事前，要告诉下属"这件事就交给你了"，让下属杜绝依赖，独立完成，避免后续的请教和过多的汇报。对自己来说，节约了时间做其他重要的事情，对下属来说，这也是锻炼提升的机会。此类事情，有必要放手，让下属独立完成。

（2）下属能力强，愿做能做。

第一种情景是站在事情的角度，从事情本身去思考问题的。还有些事情，虽然有风险，但是下属能力强，做这些事又有经验，而且，下属个人愿意独当一面，在这种情景时，往往考虑的是人的因素。下属有能力、有意愿、有经验，如果领导者再去干涉，就是干扰，会让下属有"领导不信任"的错觉。领导者不如大胆放手，让下属独立处理，这对下属来说反而是一种激励，知道自己要对这件事情负责，所以会更用心地做好事情，避免出现错误。

下属的经验比较容易判断，能力也较容易测试，意愿的了解往往才是比较棘手的问题。领导者可以在安排工作的时候，根据下属的表现来判断下属的意愿。说"这件事就交给你了"的时候观察下属的表情和情绪，下属说"放心吧，领导，我一定完成任务……"（有决心，有承诺）、"行，我努力完成"（对于完成任务，不太确信）、"好的"（接受任务，边做边看）、"好吧"（领导安排的，不得不做）这几种状态，领导者如能极为敏感地意识到，会有助于提前做准备，保证事情的顺利进行。如果出现以上这4种情况，领导者可以作为参考。毕竟语言本身具有隐蔽性，领导者很难通过语言精准地判断意愿。最好还可以结合其他因素共同判断，比如可以通过看下属说话的语气是否坚定、讲话的状态是否自信来综合判断。

（3）领导者没时间，分身乏术。

在前两种情景中，领导者都是主动的。而有时候，很多重要的事情同时发生，领导者分身乏术，只能处理一件事情，那么有些事情就必须安排给下属去处理。比如既要参加总部的会议，又有个重要的客户要见，那就得找到一位得力干将，对他说"这件事就交给你了"。当然，在被动的场景中，领导者重点需要思考3个方面：事、人、式。事：哪些事情，我做；哪些事情，让下属做，选择相对不太重要的事情让下属去做。人：这么多下属，安排给谁做最合适，选择能力强、意愿高、有经验的下属来做这件事。式：选择指定的工作方式还是让下属随意发挥；要不要跟进或让下属汇报；安排下属做的时候，应该强调哪些内容等。做好这3个方面的事情，即便被动授权，也能顺利应对。第八句口诀"这件事交给你了"代表了领导力的深层次蜕变，完成了从"我能"到"我们能"的转变。

九、领导力口诀第九句："还有没有更好的方式"

领导力变革之父约翰·P.科特（John P.kotter）对"管理"和"领导"两者作了解析，他提出，管理是维持秩序，领导是引领变革。"还有没有更好的方式"就是引发下属打破目前状态，迭代到另外一个状态的钥匙。它是一个破与立的循环过程，是不断对现在提出疑问，否定当下，追求更好的过程。"还有没有更好的方式"，一方面可以引发下属的深入思考，另一方面可以塑造不断突破、不断追求卓越的企业文化，于无形当中形成"更上一层楼"的思维习惯。企业的竞争本质上是解决问题的能力的竞争，越能更好地解决问题，越能在市场竞争中占据更大的优势。领导者想要更高效、更根本、更全面地解决问题，就要不断引发下属横向思考，以寻求更多、更好的解决问题的路径。

领导力大师约翰·C.麦克斯韦尔曾说："领袖，知其道，行其道，授其道者也。"第九句口诀"还有没有更好的方式"是让下属知，让下属行，然后形成习惯的过程。这句口诀通常有3种应用场景。

（1）下属有问题，有方案。

领导者经常强调，鼓励下属独立思考。当下属在工作中遇到了问题，经过自己的独立思考，带着方案来找到作为领导的你时，你应该感到欣慰。你看完或者听完方案后，觉得问题解决的效率不高，或者问题的解决成本过高，往往需要引导下属进行横向思考，这种场景可以应用"还有没有更好的方式"来对下属进行提问。如果下属再提出的方案还是不能满足你的预期，仍然可以继续使用"还有没有更好的方式"推动。如果仍然不能得到理想的方案且事情不紧急，可以给下属留出更多的时间回去思考，直到有了更满意的方案为止。如果事情紧急，那么你需要用"还有没有更好的方式"这句话问自己：可不可以换人去做？可不可以为其提供资源或解决问题的相关思路，以促使事情高效达成？

（2）领导者有发现，有期待。

领导者在督导检查下属的工作时，发现下属的工作方法不高效，或者工作方案有问题，可以找到当事人，问"还有没有更好的方式"，前提一定是了解了真实情况，切忌道听途说。还有一种情况是，尽管目前下属的工作方式没有问题，一切顺利进行，但你对事情有更高的期待，也可以引导下属去思考"还有没有更好的方式"，这句话可以持续问，直到符合预期为止。让下属不断朝着更好的方向努力，是领导者说出本口诀的最终目的。

（3）平时有倡导，有反馈。

管理学大师彼得·德鲁克曾说："领导力不是'磁性人格'，那只是一种油腔滑调的说法。领导力是将一个人的视野提升到更高的层次，将一个人的绩效提升到更高的水准，塑造一个超越常规局限的格局。"所以，领导者激发下属的智慧就变得非常重要。领导者在平时的工作中，要多鼓励、多倡导下属对于问题的多维度思考，要不断地征求下属对问题的看法和解决思路。

2009 年，我曾经服务过山东济南的一家汽车配件企业。当时，企业在度过创业期后，已经出现了老员工的职业倦怠问题，很多部门负责人只关注自己的工作，不关注企业的发展和人员的流失。此时，总经理最期待的是，如何让大家都为公司的发展着想，为公司的经营操心，为团队的壮大思考，于是经常找下属沟通，希望大家都能提供自己的思路和方法，但效果不佳，大部分人的回答就是"很好""不错""没建议"等敷衍性语言。后来，总经理换了个方式，在绩效考核中加入一个维度，就是合理化建议的数量，要求每个人每个月至少提交 9 条合理化建议。当时很多人的第一感觉是，哪有那么多建议。公司 300 多人，每个人每个月 9 条，这项机制不会持续太久。但是在实际执行中，这项规定却执行了 2 年多，而且对于问题的解决思路，越来越有高度，越来越有价值。大家的合理化建议为公司节约了很多成本，避免了一些风险，其中很多的创造性方法还提升了组织协作的效能。

在推动合理化建议这项机制过程中，领导者要注意以下 4 点。

① 仪式化：挂条幅，喊口号，做宣传，让大家看到领导者做这件事的决心和信心。

② 广泛化：每个人都参与，对于内部管理、外部经营、同事协作等各个方面都可以去思考。每个人，无论是高层领导者、中层领导者还是基层领导者，无论是新员工还是老员工，无论是销售部还是保安部，都要对组织发展做出思考，提出自己的建议和想法。

③ 闭环化：针对大家提出的建议，领导者要全部认真仔细地看一遍。很多企业推行过合理化建议的机制，其效果不好的原因是领导者不重视。

领导者不能一一审阅下属的建议，对于建议也没有及时反馈。这让下属感受不到领导者的重视。因此，领导者应对建议做出即时反馈。

④ 常态化：就是别停。合理化建议，不仅需要认真做，还需要持续做。一方面，大家最初发现的问题，可能只是些表面问题，时间长了，大家就会更加敏锐，能发现一些深层次的问题；另一方面，问题总是不可避免地持续发生，解决问题的思维和方法要持续精进，才能形成大家积极思考的习惯，最终形成企业文化。以上就是第九句口诀的应用场景。

十、领导力口诀第十句："事情有难度，谁愿来承担"

在企业内，领导者最应该打造的一种文化是主动文化，让下属具备主动意识，如主动承担更高目标，主动反馈工作进展，主动拿出应急预案等。不用领导者去催，事情都能在下属的主动工作中得以解决。一种是反复催，另一种是主动做，两者的差距会影响组织的效能高低。

"事情有难度，谁愿来承担"就是培养下属主动担责的意识，一旦在这样的语言情景中，下属接手工作，他的责任心将会更强。站在下属的视角看，首先，领导者知道这件事不容易，也就知道了做这件事的困难，会更理解这项工作，并提供一些支持。其次，领导者比较重视这件事，同时又没有非常合适的人选，就会出现一个令领导深刻印象的机会，当然背后也一定会有挑战。当领导者说出这句口诀后，如果有下属主动担责说"我来"，那么这位下属后续遇到问题时，就会主动克服，会更有意愿破除困难，提交结果。比如，张总说："小李，去二楼会议室，把投影仪拿来？"小李走到二楼会议室，发现没有投影仪。小李会说："张总，二楼会议室没有投影仪。"如果张总说："我这需要一个投影仪，谁能帮我去取一下？"小李说："张总，我来。"小李跑到二楼会议室，发现没有投影仪，就会到三楼会议室去找，或者打电话到行政部去问，或者想办法到其他部门去借，总之，小李会投入更多的精力去完成自己主动担责的任务。

在日常工作中，下属通常有 5 种工作状态。

① 等待安排，被动去做。这种工作状态的口头禅是："你不安排，我做什么。"这是一种依赖性人格，不安排不做，不催不交，不说不动，这样的工作状态会严重影响组织的工作效能，让领导者苦不堪言。

② 主动请示，明确才做。这种工作状态的口头禅是："领导，你看我该干点什么。"这比第一种状态好很多，但是仍然不知道自己要做什么，缺乏对组织和对自己岗位职责的认知与理解，仍然会影响组织的正常运营。

③ 建议等待，批示才做。这种工作状态的口头禅是："领导，这是我的建议，我等你回复。"下属对于工作，知道自己要做什么，也有自己的思考和判断，能对自己岗位的结果负责。这时可以改善的是建议的品质和等待的时间，提升建议品质，缩短等待时间。

④ 主动行动，频繁请示。这种工作状态的口头禅是："领导，我已经开始着手做某事了；领导，我做到某某程度了；领导，我有事耽搁了；领导，我遇到问题了。"下属很积极主动，同时频繁请示、告知，让领导时刻知道自己的工作状态和工作进度。只是汇报频率太高，严重干扰了领导的工作节奏。

⑤ 主动行动，适时汇报。这种工作状态的口头禅是："领导，某事我已经开始做了，目前进行到某某阶段，遇到了 × × 问题，我的方案是……"下属主动做事，独立思考，有了问题也能适时汇报，选择领导合适的时间，进行方案性汇报，让领导既知晓事情的进度，又能有时间处理自己必须亲自处理的事情。

很明显，领导者会更喜欢第 5 种工作状态。在实际工作中，大部分人可能会集中在第 2、3、4 种状态，尤其是第 3 种状态，领导者要做的就是激发下属到更高的行动层级。

"这事很重要，谁愿来承担"就是培养第 5 种工作状态的关键口诀。应让优秀的下属通过自己的主动承担，影响身边的同事一起来主动担责。优秀的下属也能在行动中激发潜能，见招拆招地提升解决问题的能力。这句口诀有 3 种应用场景。

① 事情很重要，没有合适人选。由于彼此缺乏足够的了解，因此新领导、新团队、新项目等常会出现这种情况。通过"这事很重要，谁愿来承担"能发现人才，加强彼此的了解，为后续工作打下基础。

② 事情很重要，有合适人选。领导者对团队成员的技能比较了解，只是想通过这句口诀，测试一下胜任者是否具有主动担责的品质和意识，毕竟在工作中，态度与能力都是不可忽略的要素。同时，这也有助于发现人才，对于目前领导者觉得不合适，还想要主动承担的下属，要大力培养和重视。

③ 事情很重要，有合适人选，但合适人选很忙，要培养新骨干。团队经常会出现有能力的人担任了很多个项目的项目经理，超出了他本人的精力范围。时间一久，这也会降低他的工作意愿。可以通过培养，让有机会成为胜任者的人，承担此项工作，同时领导者在工作中给予必要的指导和支持，让人才不断涌现。

"这事很重要，谁愿来承担"是提高下属主动性的绝佳语言口诀，让下属更主动，让领导更轻松，领导力就如同锥在囊中，自然呈现。

这 10 句口诀，每一句都需要领导者结合自己的实际领导场景，匹配使用。在使用中，领导者不仅要把内容说出来，还要注意自己的语气、语调和情感，让下属感受到你要传达的目的，只有这样，口诀才能帮你淋漓尽致地发挥领导力。

本节落地应用：

1. 知识点（学到了哪些）：＿＿＿＿＿＿＿＿＿＿＿＿＿＿＿＿＿

2. 认知转变：

（1）过去的认知：＿＿＿＿＿＿＿＿＿＿＿＿＿＿＿＿＿＿＿

（2）现在的认知：＿＿＿＿＿＿＿＿＿＿＿＿＿＿＿＿＿＿＿

3. 应用措施（有时间，有行为，有结果）：

（1）＿＿＿＿＿＿＿＿＿＿＿＿＿＿＿＿＿＿＿＿＿＿＿＿＿

（2）＿＿＿＿＿＿＿＿＿＿＿＿＿＿＿＿＿＿＿＿＿＿＿＿＿

（3）＿＿＿＿＿＿＿＿＿＿＿＿＿＿＿＿＿＿＿＿＿＿＿＿＿

第三节　3种常见会议的具体操作流程

你是否为了开会而开会，各种例会犹如鸡肋，去留两难，徒加心烦？

你是否每天被无数个会议包围着，导致自己没有独立的时间处理重要的工作？

你是否每天在会议上记录一大堆内容，后续却发现没有什么和自己的实际工作相关的？

你是否每天疲于应付各种会议，发现部门效率、组织效率没有提高，反而降低？

你是否每天抱着解决问题的想法去开会，最后却衍生出很多新问题？

你是否总想快速结束会议，高效投入工作，但是会议往往被延长，进度常常被打乱？

作为领导者，开会是永远避不开的一个话题，一个企业会议效率的高低，往往可以反映出企业运营效率的高低。高效开会也就成为领导者要去深入研究的一个课题。在企业中，无论是统一思想达成共识，还是彼此了解加强凝聚，或是针对问题着手解决，通常需要通过会议来实现。有3种会议反映了一个组织的工作效率。①晨会。晨会是每个企业每天应该做的一件事，是企业文化的一部分，新同事或者第三方，往往通过晨会了解一家企业的文化和组织效率的高低。②质询会。质询会是针对工作绩效的会议，每个人在会议上针对自己的工作绩效，进行公开分享和质询，以保证绩效的改进和信息的共享。③问题解决会。在工作中遇到问题需要着手解决，领导者为此组织很多专项会议，来迅速高效地处理棘手问题，从而让更多的工作顺利进行。下面将针对这3种会议，梳理相关的参考流程，以便提高会议效率和组织效率。

一、晨会

晨会是每个企业每天应该开的会议，既可以提升士气、安排工作，又可以对企业的文化进行塑造与传播。一个企业的晨会品质很重要，但是因为天天开，所以很多领导者对晨会没有进行过太多的思考，往往抱着"别人开，我也开"的想法，导致没能发挥晨会的真正价值。晨会要想获得更好的效果，需要遵循一定的原则，参考一定的流程。开好晨会通常有3个原则。①动静结合，有动有静。既要有动的环节，比如游戏、互动等，也要有静的环节，比如思考、绩效回顾、工作安排、计划承诺等。②上下结合，承上启下。既要有上级领导的新计划，也要有下级团队的新建议。一般来说晨会分为公司级晨会和部门级晨会，先开公司级晨会，然后召开部门级晨会。在部门级晨会上，以公司级晨会为基础，传达领导者意图，传递工作安排。③新旧结合，有变有恒。晨会的"变"会激发团队的好奇心，让大家更愿意参与到晨会中来。"恒"则是不变，会让大家明确公司做事的原则和主张，渗透到每个人的内心。晨会要有所变，有所不变。晨会的"变"，主要在形式和表现方面，比如晨会的方式、晨会的内容、主持人，要时常更新；同时，晨会的目的、晨会时间、晨会的原则，则要"恒"，最好不变，以形成大家对晨会的认知。基于以上的3个原则，晨会的流程可以这样来安排。

1. 动

晨会开始后，先让大家有个动的环节，活动一下筋骨，抖擞一下精神。企业规模不大的（50人以内）可以全员一起跳操，需要注意的是跳操的选择要"常变"，因为人们对新鲜的事物会更感兴趣。

2. 静

晨会最好分部门进行，部门负责人开完公司级的晨会，要组织部门内人员开部门级的晨会，对于刚刚接收的任务和目标，进行部门转化、分解和安排，这样层层下来才能保证公司的战略不跑偏。需要特别注意的是，各部门的晨会主持人，不一定是部门的负责人，对于人选、地点等，要遵循"变胜于同"的原则，要做变化，否则团队会慢慢地失去对晨会的兴趣。

3. 气

保持职业化状态。部门内的所有人列成两队，面对面，保持职业化，主持人先问好，然后给大家5秒的时间，整理自己的着装，再让每位同事检查对面同事的工牌和仪容仪表，为今天的工作打下职业化的基础。

4. 天

文化的传播和传承。文化的传播不是一朝一夕的事情，需要常态化传播。晨会就是文化传播的一个好载体，企业愿景、使命、价值观、战略目标，都可以通过晨会进行传播，从而深入每个人的内心，不仅让每个人能脱口而出企业文化，还能形成统一的认知和行动。

5. 地

当日工作的安排与日结果承诺。在晨会上，每个人需要明确自己今天的工作目标和工作计划，同时也要清楚其他同事的工作安排，这个过程也是信息共享的过程。每个人都应清楚部门的工作进度，同时知道自己和同事的工作内容，从而加强彼此的理解，达成共识。部门负责人在此环节需要对每个人的工作安排和结果进行调整，有不符合预期或者不满意的，可以提出建议和想法，由下属重新做出调整，再做日结果承诺。对于过高的目标和过多的工作量，也可以做出提醒，给予资源支持或者调整日结果承诺。

6. 励

收尾环节，做好激励。通过以上的环节，状态提升了，事也清楚了，还需要彼此做出激励。利用团队的力量，彼此激励，可以营造部门内愉悦的氛围，让大家立即投入工作，因此收尾的环节，要简短有力。

"动、静、气、天、地、励" 6 个字，就是晨会流程的主要概括，领导者要围绕 6 个字的主要轮廓，根据企业、部门的实际情况，做出属于自己的特色晨会，让晨会成为大家最期待、最喜欢、最陶醉的一个会议，让晨会成为支撑企业发展和文化建设的重要会议。与晨会相对应的是夕会，夕会需要以理性为主，针对大家晨会的日工作结果，进行核对和跟进，有问题，解决问题，有困难，克服困难，同时为第二天的工作，提供思路和建议，再为晨会打下基础。这里不再赘述夕会的内容。

二、质询会

企业的运营过程，可以概括为两个动作，一个是制订计划，另一个是完成计划。这两个动作的质量，体现了领导者的水平。领导者有无数的计划和想法，年底才发现这些都没实现；领导者认真努力地做过工作计划，最后被意外情况打乱，导致计划不了了之；领导者对制订计划很关注，对计划的执行与管理却无从下手，导致很多计划浮于表面，流于形式。质询会，就是专门针对工作计划进行管控的一类会议。在会议上，每个人都需要汇报自己上一个阶段的工作结果和下一个阶段的工作计划，由第一负责人和其他同事基于工作结果的事实进行质询。目的是对于上一阶段的工作结果进行总结和改进，同时在信息共享的前提下，制订出下一阶段的工作计划。质询会也有 3 个原则。

① 对事不对人原则。质询，就是质疑和询问，但不是批评。针对未完成的工作结果，领导者应站在客观的解决问题的角度，不带个人主观色彩地提出问题，解决问题。对于其他人不熟悉或者不了解的情况，允许被质询人进行解释和说明，质询人也可以要求被质询人提供证据，有事说事，公开透明，这样的环境才是解决问题的环境。质询会应解决事的问题，不解决人的问题。

② 聚焦不发散的原则。质询会是个专项会议，这个会议只解决计划管控的问题，不解决其他问题，如果有其他问题，可以另外再开其他会议去解决。质询会的聚焦是为了把大家的精力更好地集中在计划管控上，一分散，就影响了效果。质询会和晨会的分类相似，分为公司级和部门级。公司级的质询会，通常由总经理组织，部门负责人参加，以月计划质询为主；部门级的质询会，通常由部门负责人组织，部门内所有人参加，以周计划质询为主。应先召开公司级的质询会，再召开部门级的质询会，提前定好质询会时间，固定不变，如与其他事情有冲突，让其他事情延期，保证质询会不耽搁、不错过。

③ 高效不拖延的原则。质询会既然是个专项会议，而且聚焦于解决问题，那么就必须做到高效。为了高效，就需要提前准备，当场解决，不迁就、不拖延。会前，做好材料、地点、时间的准备；会中，针对遇到的问题，大家一起探讨，提出思路，现场解决。为了保证高效，应删除无关的环节和流程，被质询人只按照标准话术逐一阐述。以上 3 项原则是开好质询会的基础，再参考下列流程就能开好质询会。

1. 会前准备

（1）无论是公司级还是部门级的质询会，都需要参会者提前一天提交自己的月报、月计划或者周报、周计划，由主持人整理留存，并抄送一份给总经理。

（2）质询会的时间固定不变。比如每月3号召开公司级质询会，每周一召开部门级质询会，一旦确定，不再调整，具体时间、地点与形式（线上还是线下）根据实际情况由主持人提前一天通知各参会人员。

（3）主持人提醒各参会人员，带好计划涉及的材料，方便领导者高效质询。

（4）主持人准备好相关物料：主持稿、流程表以及现场可能会用到的相机、桌牌、奖品与罚单等。

（5）主持人事前安排好质询会流程，通常按照业务反顺序安排，首先从财务开始，其次是销售……并按照被质询顺序，把每个部门的计划整理排序，做好准备。测试投影仪和会场所有设备，布置会场桌椅，保证质询会顺利进行。

2. 会中运营

（1）主持人组织签到，入座，维持会议座次和秩序，保证会议正常开展。

（2）主持人开场，宣布本次质询会为本年度第几次质询会，部门级的质询会由部门负责人宣布。

（3）主持人介绍被质询人，邀请被质询人上台阐述工作结果与工作计划。

（4）被质询人上台后，无须问好，无须介绍，直接由约定的话术开始阐述。① 我上个月的工作结果有几项，完成的有几项，未完成的有几项。② 我的重点工作完成情况（完成或未完成即可，无须解释）。③ 我的几项未完成工作，原因是……新措施是……④ 我下个月的工作计划一共有几项，重点工作是……请领导和同事质询。

（5）质询人质询分两部分，一部分是针对周报的质询，主要让被质询人提供事实与数据，就是用证据说话，对不明确的、不清晰的，追问清楚。关于计划的质询，先看有没有遗漏，再看是否过多，通常控制在 6 ～ 12 条，太多了没重点；领导再看计划的质量，也就是工作结果是否符合预期。质询人注意自己的质询语气和质询内容，平等交流，只质询写入计划的工作，不算旧账。

（6）主持人应把控好被质询人的话术和时间，提醒质询人的质询时间，防止超时、超限。对质询人与被质询人的质询内容做好记录，要求现场调整改正的，督促现场完成。

（7）主持人基于被质询的结果，按照事前约定对被质询人进行奖惩。

（8）主持人待所有被质询人完成工作质询后，公布质询结果，包含月报完成率和月计划通过率，感谢大家的坦诚与支持，提醒会后改进的被质询人尽快提交计划，宣布质询会结束。

3. 会后跟进

（1）主持人再次跟进被质询人需要改进的工作计划，及时提醒和督促。

（2）主持人记录质询会的数据和内容，为以后查阅做好准备。

（3）主持人于 48 小时内，将质询报告发至公司平台。

至此，质询会流程结束。在整个过程中，对于主持人而言，流程较多，投入的精力和时间也较多，因此对于规模比较大的企业，可以由专职人员负责，平时跟进工作计划，提醒工作进度，督促改进结果。对于规模不大的企业，可以由企业管理部员工兼职担任主持人，负责组织召开质询会，而平时的工作跟进与进度提醒，由被质询人的直属领导来进行。领导者以质询会为一个阶段性的节点，回看上个周期，展望下个周期，一步一脚印，才能更好地保证整个组织正向前进。

三、问题解决会

企业发展当中，不可避免地会遇到很多问题，当有些问题比较复杂，短时间内不能拿出解决方法的时候，往往要依靠团队的力量，通过开会解决。会议中，每个人发表自己的看法和观点，为解决问题提供思路和方法。在这类会议中，最可怕的是计划开 30 分钟，结果用了 3 小时，于是很多人"谈会色变"，尽量避免参加会议，受不了无休止地拖延和漫无目的地乱讲。为了更好地组织问题解决会，领导者应当思考如何让会议效率更高，让大家通过会议能有所收获，对下次会议不反感，甚至有期待，这才是会议的较好状态。

2019 年我去江苏南京讲公开课，课后有位企业的董事长邀请我去他的公司聊聊，想组织一个人才梯队的培训项目。在聊天的过程中，他表现出对下属的各种不满："这帮员工眼里只有钱，一点责任心都没有。""每次开会，不是无精打采，就是默不作声，来和不来没什么区别。""会上不说话，会后就议论。""一说加班，满脸的不满意。""这帮人怎么就没有我这样的工作热情呢？"……沟通完之后，我没说太多，很快就针对员工层面做了个面谈调研。在和员工的沟通中，我获得了一些不同的信息，员工的普遍不满有："我们老板不到下班不开会，我们 17：30 下班，每天 17：20 开会，一开就开到 22 点，我们根本没有自己的时间。""每次开会说的事情和我们没有任何关系。""好像不开会，就不知道干什么，但是开了会，发现也解决不了什么。""会上就他一个人说，基本没有让我们说的机会，偶尔让我们说了，后续也没有处理结果。""开会本来应该解决问题，结果每次开会倒衍生出好多新问题。""每天大部分的时间都用在了开会上，工作很难开展。"当天下午，我和董事长沟通，我说："今天晚上的会议，我来帮你组织召开。"董事长眼前一亮，有点兴奋："好啊，我也学习一下。"他对我组织的会议有些期待。

我问："今天晚上几点开会？"

他说："我们一般都是 17：20 开会。"

我问："今天 17：00 开会，行不行？"

他说："行啊，没问题！"

我问："今天晚上要解决几个问题？"

他想了想说："大约四五个吧。"

我说："最好能确定一下，你再考虑一下，到底要解决几个问题。"

他说："我思考了一下，要解决 5 个问题。"

我说："好的，同时我提个小要求，能不能会议结束，直接下班。"

他想都没想，立即答应："完全没问题。"

紧接着，我先到会议室，把 5 个问题提前写到白板上，静候 17：00 的会议开始。16：50 左右，大家陆陆续续地来到了会议室，每个人的入场姿态几乎雷同，左手拿着笔记本和笔，用来做笔记，右手端着保温杯、泡着茶叶、冒着热气，一股茶香飘然而过。我一看这姿态不对，立刻让大家先把水杯放回去，表示会议要高效和简短。等大家再次返回后，又都在拿着纸巾、湿巾擦桌子、擦椅子，我赶紧说，不用擦，用不着，今天站着开会。我通过长期的观察发现，开会的姿态往往决定着开会的时长。只要泡杯茶，会议时间应该不会短；只要站着开会，这个会议肯定开不长。我把白板拉到中间，先就第一件事提问，我问这件事是属于哪个部门的事，由谁去做，谁来检查，谁来承诺，大家认领完，立即擦掉。第二件事，谁去做，谁检查，谁承诺，擦掉。第三件事、第四件事，以此类推。到第五件事情处理完，时间已到17：20，我说"同志们，立即下班"。所有参会人员都有些惊讶，难掩兴奋，有位同事竟然笑着跑到我身边说："这是我们公司历史上第一次没到下班时间，我们都下班了。"后来我又和董事长沟通，达成了共识，开会不能为了开而开，开会应该直奔目的，也就是解决问题。有些会，能不开则不开，有些人，能不来则不来，有些话，能不说则不说。会议简短而高效，既节约大家的时间，又提升工作的效率，何乐而不为。董事长也非常认可，改善了会议中诸多复杂冗长的环节，精简了很多流程。他在第二天的晨会上承诺，以后每次的会议绝不超过90分钟，单独的问题解决会，力争30分钟内结束。克服了文山会海，打造高效的会议文化，确实在很大程度上提高了会议效率，团队更加稳定，业绩也在稳步提升。

问题解决会若要高效，应当遵循3个原则。

① 少。能不开，则不开。那么哪些事要开会，哪些事无须开会呢？没事，坚决不开会。有事，要看这个事是不是必须通过会议来解决，如果不是需要大家共同参与来解决的事，不要开会。

② 小。能不来，则不来。就是有些人可以不参加尽量不参加。比如开生产流程的优化会议，财务来开会，意义就不大。尽量开小会，只让必须参加的人来参加，领导者应确定好，哪些部门可以不参加，哪些部门的哪些人可以不参加。如果一个会议中30%的人与这个会议的内容无关，那么这个会议的氛围、会议的效果将会大打折扣。参加会议的相关人，需要贡献自己的智慧和思路，需要通过分享观点达成共识，让信息更加对称，需要彼此对一个事情形成统一的认知。如不发言，没有这些贡献的人员，无须参会。

③ 短。能不说，则不说。会议上不说与主题无关的内容，只说必须说的，只讲必须讲的。主持人对于跑题的发言应当立即提醒和制止，保证会议主题与发言内容直接相关。会议上谁要发言，讲什么，讲多久，最好提前作

个判断。会议主持人提前告诉所有参会人，本次开会应该准备的所有材料，是PPT格式，还是Excel格式，是图纸、图片，还是发票、合同，每个人应清晰地知道会议的目的，自己该带哪些材料，需要在哪个环节用多久的时间，讲哪些内容。每个人事前做好准备，主持人事中做好提醒，那么会议的时间和效率就可以被掌控。

解决日常问题，可以将以上3项原则作为底线，让每个标准成为习惯，不仅能使会议更高效，也能使其他事情高效达成。对于问题解决会，除要注意以上3项原则外，还有以下5步流程。

（1）准备。

会前，主持人基于本次会议要解决的问题，和领导者确认参会人员，只让必须参加的人参加会议，梳理会议流程，提醒参会人员的发言时间和发言内容。

（2）启动。

会议开始，主持人强调会议的目的和主题，告知本次会议的预期时间，让大家对时间有个思想准备。之后抛出问题，启动首次发言。

（3）掌控。

对于发言的内容和时间，主持人要有所控制。对于内容跑题的、过于细节的、没有条理的，应当立即提出异议，让对方做调整。时间控制方面，要有个倒计时的时间提醒，比如3分钟的发言，在最后一分钟，用铃铛声音作为提示。

（4）确认。

在听的过程中，对于后续的关键环节和关键措施进行记录。所有参会人发言完毕后，与大家核对核心观点与后续措施，保证一致。

（5）跟进。

会上说的每件事，会后要形成闭环系统。有想法的，督促落地；有措施的，跟进实施；有整改的，公布整改结果。总之，不要把会议结束当作问题结束，会议结束其实是解决问题的开始。只有后续的跟进效率高、效果好，会议的价值才能得以体现。

以上 5 步是问题解决会的参考流程，领导者应按照这个流程，结合自己的实际工作和会议场景，灵活调整，参考使用。

以上 3 种会议是企业运营中比较常见且比较重要的会议，领导者可以先从这 3 种会议入手，逐步找到高效的按钮，让每个会议发挥出更大的价值，让每个会议成为团队再出发的号角，让每个会议成为大家新里程的灯塔，指导大家的行为，点亮未来的路线。

本节落地应用：

1. 知识点（学到了哪些）：＿＿＿＿＿＿＿＿＿＿＿＿＿＿＿

2. 认知转变：

（1）过去的认知：＿＿＿＿＿＿＿＿＿＿＿＿＿＿＿＿

（2）现在的认知：＿＿＿＿＿＿＿＿＿＿＿＿＿＿＿＿

3. 应用措施（有时间，有行为，有结果）：

（1）＿＿＿＿＿＿＿＿＿＿＿＿＿＿＿＿＿＿＿＿＿

（2）＿＿＿＿＿＿＿＿＿＿＿＿＿＿＿＿＿＿＿＿＿

（3）＿＿＿＿＿＿＿＿＿＿＿＿＿＿＿＿＿＿＿＿＿

CHAPTER 6

第六章

高效地决策：

拍板不再靠感觉，高效拍板可以学

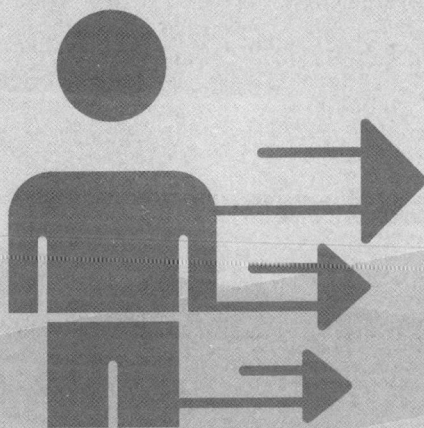

第一节 高效决策的3个价值

美国管理学家、诺贝尔经济学奖获得者赫伯特·亚历山大·西蒙（Herbert Alexander Simon）曾说：做领导者就是做决策。企业领导者每天都要对公司的各种问题进行决策，什么样的领导者容易被追随呢？那就是经常打胜仗、经常做对事的领导者。领导者的级别越高，做出的决策也就越多越重要，对企业的影响也就越深远。

每个人每天都在做很多决策。比如早上，闹钟一响，你就开始决策了，是现在立即关掉还是等它响完一分钟。闹钟响完后，你又要做决策了，是现在立即起床还是再等5分钟。5分钟过去后，你又要决策了，今天是穿职业装还是穿休闲装，今天是打车上班还是开车上班……你每天都在做无数次的决策。只是有时，你能够意识到自己在做决策，但有时，连自己也没意识到竟然做好了决策，其实只是决策过程简化了，没有引起你的充分、细致、理智、系统地思考而已。作为领导者，在需要做决策时，应更加理性、全面、系统地思考后再做出决策。高效决策在企业中可以产生无数的价值，其中有3个价值比较重要。这3个价值分别在经营发展、团队发展、个人发展3个方面体现得比较明显。

一、高效决策为经营发展提供方向

1913年，亨利·福特（Henry Ford）建立了世界上第一条汽车生产线，这个决策让汽车真正地普及，促使人类步入汽车时代。1981年，杰克·韦尔奇掌管通用电气后，做出了"数一数二"的决策，要么第一，要么第二，使得通用电气获得了 20 年的持续增长。1934 年，宝洁做出生产和销售洗发香波的决策，实现营业额数十倍的增长。所以，在经营发展方面，决策提供了方向。领导者选择什么行业，选择什么时候介入，选择以什么方式介入，选择什么盈利模式等，都是决策的过程。在经营发展方面，使命是一个重要的参考方向。使命回答的是一个企业存在的终极目的，就是企业最终要为客户提供什么服务。企业的使命就是一个企业经营发展的主线，无论你具体做哪些事情，最终都要看是不是和使命相关。

领导者要想做好经营方向的决策，还需要具备一种思维——"梯队思维"。这种思维的方式需要转换视角，站在未来的角度看现在，用最坏的打算为未来的发展积蓄资本。无论企业现在做什么业务，也无论企业目前的经营多么顺利，领导者仍需要思考一个问题：未来有一天，这项最盈利的业务不允许做了或者被淘汰了，有没有其他业务来替代它。这就是站在未来的视角，用最坏的打算在思考。目前的社会和市场发展迅猛，谁都无法保证自己的盈利是稳定的，只有不断地与时俱进，才能不被历史淘汰。回首过去，多少企业因为没有"梯队思维"导致经营受挫，一蹶不振，淡出人们的视野。比如，那些生产胶卷的企业，哪怕当年市场占有率很高，在时代发展之下，也销声匿迹；那些生产录音机的企业，也许当年异常火爆，可随着业务的迭代，也失去了市场机会。所以，领导者需要用梯队的思维做决策。梯队思维就是为企业经营发展找到方向，就是一定要认真思考，如果这项业务消失了，有没有其他业务做补充，再延伸一下还可以扩展到市场、客户等。如果赚钱的市场不好做了，有没有其他市场补充，如果最好的这批客户不选择我的产品了，还有没有其他客户。梯队思维在经营发展方面，可以从业务、市场、客户 3 个维度延伸思考，建立业务梯队、市场梯队、客户梯队。领导者真正地思考清楚未来的路怎么走，内心才能安宁。如果领导者能思考清楚企业下一步的业务、市场和客户，也就思考清楚了企业的未来发展。同时需要注意的是，梯队思维是动态的，因为未来的某一天，新业务、新市场、新客户也会成为老业务、老市场、老客户，仍然需要领导者做出下一步的思考。时代动态发展，思维跟得上时代，才不会被淘汰。用好梯队思维，决策顺风顺水。

二、高效决策为团队发展塑造希望

团队的发展是彰显领导力的最佳形式。领导力的建立和其重要的决策有很大关系。关键时刻的领导者决策是团队的一盏明灯，是团队成员对领导力的一种判断和考验，让下属感受到归属感和被尊重，领导者也就获得了信任和尊重。比如在家族企业中，自己的家人违反了公司规定，罚还是不罚？绩效最好的一位得力干将违反了制度，罚还是不罚？小李和小王能力都很强，要提拔谁作为主管？年底公司亏损，目标没有实现，某些部门的个人目标实现了，奖金发还是不发？这些都是关键时刻，这些决策都会影响下属对领导者的判断。所以，在团队发展的各个阶段，领导者都需要理性思考，从而做出正确的判断，否则决策一错，执行得再好，也只能距离目标越来越远。

在团队发展的决策方面，领导者应具备的思维是换位思维。领导者需要站在对方的视角认真去体会对方的感受和需求。如果我是他，我的感受是什么？领导力就是塑造对方更好的感觉，如果对方感受不好，则说明在这个问题的领导力发挥方面是不成功的。让对方的感受好一点，可能会牺牲一些个人利益，牺牲一些资源，但是却可以收获更多的无形价值，就是尊重和信赖。站在下属的视角看，下属希望领导者的决策能够开放（让下属知道你的决策想法和过程）、公平（让下属感受到零特权，人人平等）、了解（了解下属的实际情况）。这3个词是领导者在换位思维方面应该遵循的3个原则。做到了这3点，下属的需求得以满足，感受得以改善，行为得以优化，企业发展就指日可待了。

三、高效决策为个人发展积蓄力量

应该把工作重点放在技术的提升上还是放在领导力的发挥上？

应该继续学习进修还是应该发挥自己已经积累的经验和价值？

应该把自由的时间用于休闲娱乐还是用于学习工作？

汇报工作，应该是书面沟通还是口头沟通？

这些问题都是领导者经常遇到且非常重要的，需要做出正确决策，每个问题都关系着自身的成长和进步。

在个人成长方面，领导者需要有清晰的认知和判断，才会做出正确的决策。为了实现更好的结果可以参考果因思维，先梳理结果再倒推应如何做。首先对自己的未来要有一个清晰的定位，我要成为什么样的人。其次，在方向的基础上倒推，要实现这样的状态，应该如何做。领导者需要对人生的规划进行分解，未来 50 年、未来 20 年、未来 10 年、未来 5 年、未来 2 年、明年、本月……就像导航一样，输入目的地，自然就会出来路线图，这个思路就是以终为始，果因思维。然后，领导者需要梳理当下的工作计划和工作重点，与之相关的做，与之无关的不做，这个过程就是决策的过程，这样的决策会更加理性和实际，避免被当下的感受和错觉蒙蔽双眼。最后，不断评估，用"未来到现在"这条线作为准绳，来评估自己的每次决策，评估自己的每种行为，看看这个决策是否有利于未来发展，看看这个行为是否能够支撑未来发展。如果能，保持；如果不能，调整。评估是个动态的过程，只有不断评估、不断调整，领导者才能少走冤枉路，不至于偏离自己想要的"果"。

基于 3 种决策，提供 3 种思维，这 3 种思维可以作为决策的思考方式。用梯队思维思考经营发展，用换位思维思考团队发展，用果因思维思考个人发展，基于未来更好的业务、更好的团队、更好的自己，做出正确而高效的决策。这才是我们学习决策的重要价值。

本节落地应用：

　　1.知识点（学到了哪些）：＿＿＿＿＿＿＿＿＿＿＿＿＿＿＿＿＿＿＿＿＿

　　2.认知转变：

　　（1）过去的认知：＿＿＿＿＿＿＿＿＿＿＿＿＿＿＿＿＿＿＿＿＿

　　（2）现在的认知：＿＿＿＿＿＿＿＿＿＿＿＿＿＿＿＿＿＿＿＿＿

　　3.应用措施（有时间，有行为，有结果）：

　　（1）＿＿＿＿＿＿＿＿＿＿＿＿＿＿＿＿＿＿＿＿＿＿＿＿＿＿

　　（2）＿＿＿＿＿＿＿＿＿＿＿＿＿＿＿＿＿＿＿＿＿＿＿＿＿＿

　　（3）＿＿＿＿＿＿＿＿＿＿＿＿＿＿＿＿＿＿＿＿＿＿＿＿＿＿

第二节　高效决策的6步流程

作为领导者，在工作中，你有没有这样的感受：

一遇到决策的问题，总是焦头烂额，不知道从哪里入手；

辛辛苦苦做了个决策，解决了一个问题，后来发现却是个"假"问题，还得从头再来。没有决策流程，凭运气、靠感觉，用经验来决策。

以上问题，如果经常出现，你就需要认真了解如何才能高效地、科学地做出正确的决策了。做决策的效率和质量是领导者体现领导力的最佳证明。领导者要用高效决策的 6 个步骤来解决这个问题。之所以把这个决策过程做成分步骤的流程，是因为按照流程做会更加简单，也更方便使用。流程如同一个设备：左侧输入一个问题，右侧输出一个方案；左侧输入一个困扰，右侧输出一个决策；左侧输入领导者的要求，右侧输出一个绩效结果。流程减少了个人感受和情绪的干扰，是一个以理性为主的决策过程。高效决策流程的 6 个步骤分别是：觉察、目的、条件、方案、评估、确定。每一步流程都是领导者决策的重要步骤，你可以尝试着针对目前你要做出的决策，套用 6 个步骤，看看是不是决策流程更清晰、更科学。

我通过一个例子来介绍一下这 6 个流程的应用过程。假如你要提拔一个下属作为销售经理，有两个下属候选：李刚、王强。他们的业绩都很好，口碑也都不错，那么提拔谁才合适呢？第一步，觉察。认识到问题的重要性，这是一件重要的事情，我有必要认真思考。第二步，目的。我这次决策的目的是让销售部的整体业绩有所提升，所以我要围绕这个目的来进行决策。第三步，条件。作为销售经理，有哪些条件是底线条件，是必须满足的，有哪些条件是充分条件，是最好满足的。第四步，方案。基于条件，梳理与制定方案，如暂不提拔、测试提拔、均提拔、提拔李刚、提拔王强等。第五步，评估。一是对以上各个步骤都进行评估；二是对这 5 个方案进行评估，可通过打分决定哪个方案才是当下最合适的方案。第六步，确定。确定方案，再次回顾决策过程有无问题。执行中持续确认评估，如有问题再次启动这 6 个步骤，再决策，如此循环。这就是 6 个步骤的简单应用过程，领导者可以根据这 6 个步骤来实施决策。接下来，我将通过一个案例详细阐述这 6 个步骤的具体应用流程和注意事项。

泽瑞集团是一家实力雄厚、发展迅速的多元化集团公司。目前，集团准备进军山东市场，首选省会济南作为分公司的所在地。

周一早上，刚开完晨会，集团总经理让王军去办公室，王军认为可能是有重要的工作要安排。他敲门进入办公室，寒暄过后，步入正题。总经理说："公司马上要进军山东市场，准备在济南设置分公司，早上开会确定你作为分公司的负责人，来运营分公司的所有业务。现在最棘手的问题是寻找一个合适的办公场所，我们准备 3 个月内要正式运营。""感谢公司的信任，对于办公场所的选择，总部有什么限制和要求吗？"王军兴奋地问道。总经理说："目前初步的方案是面积至少要在 1000 平方米以上，最好是整层，年租金别超过 28 万元，3 个月内必须能正式运营，时间比较紧张。周围环境还要好，最好能有公园，方便散步和晨跑，交通相对便利些。我个人就这些想法，你可以再思考一下，也可以征求其他同事的意见。"王军飞快地记录着总经理说的每一句话，记录完后，抬起头说："好的，领导，你的要求我都记住了，我再去问一下电子商务部和企业管理部，看看他们有什么想法。"总经理说："好的，征求一下他们的意见，然后就可以立即行动了。"

王军离开总经理办公室，来到电子商务部。电子商务部的刘部长接待了王军，说道："最好有方便且车位充足的停车场，方便客户停车；最好有代表当地特色的高端餐厅，适合接待，其他的我们没有特殊要求。"之后，他又来到企业管理部，企业管理部的孙部长说："最好是和目前公司装修风格一致的办公室，如果没有，那就选择毛坯房，方便我们按照公司风格统一装修。另外走廊宽敞些，方便开展文化宣传工作，我们准备在各分公司建立统一风格的文化墙，来同步宣传。"王军一边听，一边飞速地记录着。写完所有内容，王军回到自己的办公室。接下来对王军而言，将要面临一项复杂的决策，他将如何做呢？

（1）觉察。告知自己："这是一项重要的决策！"

王军回到办公室，坐在计算机前，此时映入眼帘的是一个便利贴，上面罗列了那些该做但还未做的决策事项：要不要带部门的新同事熟悉一下公司各个部门的位置和职能？要不要参加今天下午的行业论坛？要不要和下午办离职的小李进行一次沟通？下周要拍摄的短视频方案，今天要不要写完……王军看完后，叹了口气，拿起笔自然地写上今天刚刚收到的决策事项：为山东分公司选个办公场所。他重新浏览一遍这些事项，忽然发现有些事情其实并不需要耗费太多时间，完全可以简化处理。对这些事情思考过后，王军意识到，找办公场所是一项重要决策。我们在工作和生活中会遇到无数的决策场景，其中有些决策风险小、责任小，可以简单决策。有些决策风险大、责任大，则需要将其当作重要决策，启动决策流程。比如同样是身体不舒服，一种是风寒感冒，另一种是心脏手术，二者在选医院、选医生方面，投入的时间、精力有着很大的差别。因为后者更加重要，亟须投入更多的时间和精力来思考和决策。也就是说，当人们觉得这是一项重要决策的时候，就会从思想上重视这次决策，当重视这项决策的时候，在态度上就会更加认真，注意力也会更加集中，可能会拿出更多的时间，找到一个安静的空间，启动决策流程，拿出笔和纸写写画画，认真且高效地思考。这个过程是由感性冲动、漫不经心到理性思考、认真决策的过程。于是王军把最后写的"为山东分公司选个办公场所"，这一行字前面打了一个五角星，当成重中之重，准备认真处理。之后，他拿出一个新的笔记本，在封面上写了一行字：山东分公司办公场所寻找记录，用这个笔记本专门记录与此事相关的内容。至此，王军在思想上高度重视此事，对此事将要投入更多的精力和思考。

（2）目的。告知自己："这次决策的目的是什么！"

接下来，王军要思考的是第二步，找办公场所的目的是什么？人们在解决问题做决策的过程中，往往会偏离自己的初衷，本想一家人去看电影，结果遇到了烧烤店，吃了顿饭就回家了；本想找老李沟通项目的技术细节，结果遇到了几个老同事在聊天，于是闲聊了几句，就结束了；本想在会议上发表自己对于项目选材的观点，结果发现领导心情不好，于是未做发言……这些结果都是背离初衷的场景。在决策中，领导者需要不断地用"目的"这一标准来对照现状，只有不断对照，才不至于走偏。这一步可以防止领导者解决了一个可以不用解决的假问题。因为有时，领导者可能会被其他问题牵着鼻子走，而忘记了自己为什么往前走，到底要去哪儿。回归到本质上，就是要明确知道做这件事的终极目的是什么。把大象关进冰箱分3步，如果我们思考的重点是决策本身，选哪个大象，选哪个冰箱，那么就很可能忽略一个问题：目的。我们为什么要把大象关进冰箱，目的是什么，是为了给大象降温，还是为了测量冰箱的容积。如果清楚了这个问题，我们就会有其他更多的选择。每个问题都会有3个以上的解决方案，我们未必是为了关大象而关大象，回归到目的后，才会基于真正的目的进行思考，才能思考真实的场景。做某项决策时，无论领导者想到了多少种方案，这些方案的焦点都需要回归到目的上，才值得领导者去决策。王军飞快地写下决策目的：让山东公司在3个月内顺利地启动运营。

（3）条件。提醒自己："实现这个目的有哪些制约和限制。"

这一步的思考方式，是底线思维优先，先思考实现目的的必要条件。底线思维是必须满足的条件，先罗列出来，如果忽略了底线条件，我们思考得再认真、再细致，结果也不会有价值。

2009年，北京某国企要组织春季植树活动，领导非常重视，安排工会主席亲自组织。工会主席是一位40多岁的女士，平时工作非常认真仔细，一看是领导交代的事情，当然要认真对待。她给每人发了一副白色手套，还安排每个部门出两个节目在去程的大巴车上进行表演，让大家不至于太枯燥；同时准备了其他的娱乐活动，带了很多扑克牌、羽毛球等，准备了烧烤的相关物料，各种饮料和酒水。大家也格外高兴，一路欢声笑语来到郊区，下车后才发现，树苗忘带了。尽管那些物料、那些节目、那些饮料确实能锦上添花，但是如果最基本的条件都做不到，再多的锦上添花也毫无意义。把底线夯实，我们再追求细节、追求完美。忽视底线的"完美"是最大的残缺。

接下来，王军要进行一项重要的工作，写下所有的限制条件。王军整理了李总、刘部长和孙部长的要求，发现有些条件，有必要先写下来，一旦违反了，再多的方案也没有价值。王军边思考，边书写。本次决策的限制条件有：①时间，3个月；②面积，1000平方米以上；③费用，28万元以内；④附近有公园；⑤有停车场，方便停车；⑥有高端餐饮场所，方便接待；⑦走廊宽敞；⑧有公司同样风格的装修或者毛坯房。在这些条件里面，还可分为两大类，有些是必须做到的，有些是最好做到的，很有必要把这些条件进行分类和整理。通常，领导者提出的要求，就是必须做到的，所以其中的前3个条件是必须做到的。其他的条件是最好能做到，如果有些做不到，最好有替代方案可以解决问题。罗列清楚这些条件就为下一步行动打下基础了。

（4）方案。问自己："哪些方案能实现这个目的？"

整理完所有的限制和条件后，王军开始着手寻找方案了。寻找方案要先从渠道入手，渠道就是寻找方案的路径，即能从哪里获得更多的方案。需要借助他人的力量加上自己的智慧寻找渠道，于是王军飞速地罗列了3种渠道：①问朋友，问当地的朋友和客户，咨询位置和参考价格；②问中介，找到当地的中介，让中介机构帮忙推荐符合条件的办公场所；③问网络，自己通过网络进行搜索，看看有没有符合条件的写字楼。王军继续问自己，还有呢？还有呢？在寻找方案的这个环节，特别需要注意的是：不要在拿方案的阶段对方案进行评估。这一步骤只是先收集各种方案，包括渠道方案和执行方案。还需要不断地反问自己：还有呢？如果有团队，则可以组织大家一起来参与，让每个人针对可用的渠道或者方案来提供思路。这样就可以共创出更多的渠道和方案。除了3种渠道，王军自己又思考了两点：①可以寻找当地的主题产业园，当地为了招商引资，会有一些优惠政策，这样就可以为公司节约成本；②可以通过手机上的导航地图，先查看当地合适的范围。明确了以上几种渠道后，王军松了一口气，这对于解决问题已经迈了一大步。

有了这5种渠道，王军飞快地往下记录着，要从最简单、最好操作、无须借助他人的渠道入手。借助导航搜索，王军选中了几个区域：①经十路千佛山一带，文化气息浓重，交通较为便利；②西客站附近，交通方便，写字楼数量比较充裕，人口密度不大；③奥体中心附近，这里有奥体作为地标，方便客户到达，同时周围方便运动和散步；④高新万达片区，商业氛围浓厚，用餐非常方便；⑤高新区科技园，园区内企业较多，商业氛围浓厚，附近有绿地公园；⑥大明湖附近，距离火车站不远，运动、散步方便。王军记录了这6个区域，同时开始询问客户、中介，针对每个方案，他都认真地记录着。先不对方案进行评估，是对对方和方案的最大尊重。这一步只搜集，不评价。

中午，中介打来电话，提供了3个方案：①奥体中心附近，面积1200平方米，年租金30万元；②高新万达片区，面积900平方米，年租金25万元；③经十路千佛山片区，面积1100平方米，年租金28万元。王军继续问了几个问题，物业费、年租金的合同年限、涨幅比例，附近的公园配套等情况。然后告诉中介再详细落实一下。中介回应说，17：00以前可明确回复。紧接着，有个客户也给王军的微信发了两个方案。①奥体中心附近，面积1200平方米，租金30万元。王军微笑着看着这个方案，他猜测这个方案与中介介绍过的相同，但是仍然记了下来，准备稍后确认。②西客站附近的腊山河区域，1300平方米，年租金27万元；3年内不涨租金，走廊宽，无装修；车位充裕，停车方便；附近有公园湿地，运动、散步方便；餐饮相对较少，2公里外才有，能满足日常接待。王军立即拿起电话打了过去，详细问过情况后，向对方表示感谢。16：30，中介打来电话，详细介绍了两个方案。①高新万达片区，900平方米，年租金25万元；还有顶楼一套面积更大些的，1100平方米，租金28万元；年租金上涨率5%，缺点是夏天较热；走廊宽，周围有配套餐饮，运动、交通方便；有10个车位可供公司单独使用，其他车位较紧张且停车费较贵；目前空闲，可以直接使用。②经十路千佛山片区，面积1100平方米，租金28万元，年租金上涨率10%，房子的年限较早，走廊较窄；装修风格不符合自己公司的要求；附近餐饮、运动都方便，车位较少且停车费贵。王军记录并确认每一条信息，当他听完中介的最后第一句话，说了声谢谢便挂了电话。他拿起笔来，正要进行下一项工作，评估方案，忽然意识到自己想到的主题产业园的渠道还没有深挖，于是搜索了相关信息，草拟了几个初步方案。他联系上了一个创业产业园，这里目前正在招商，政策优惠，人口密度较大，配套相对成熟，停车位充足。但场所面积都比较小，尽管能满足1000平方米的要求，但需要分开使用，分别在三楼和四楼的两端，而且4个月后才能启用，年租金20万元。王军觉得这个价格太合适了，就是面积不太集中。于是暂时也把这个方案记录了下来。王军之所以能得到最后一个方案，是因为他对自己渠道进行了确认和复盘，看看还有没有遗漏。这个动作非常重要，做决策时千万不要执着于细节，而忽略了既有渠道和信息。

到此阶段，共有7个方案可以纳入评选：①奥体中心附近，面积1200平方米，年租金30万元；②高新万达片区，面积900平方米，年租金25万元；③经十路千佛山片区，面积1100平方米，年租金28万元；④西客站附近的腊山河区域，1300平方米，年租金27万元，3年内不涨租金，停车方便；⑤高新万达片区，面积1100平方米，年租金28万元，年租金上涨率5%；⑥创业产业园，1000平方米，年租金20万元；⑦奥体中心附近，1200平方米，年租金30万元。这几个方案，哪个最合适呢？你需要对7个方案进行评估。

（5）评估。问自己："哪个方案最合适？"

管理大师赫伯特·亚历山大·西蒙认为，完全理性的最优决策，在现实世界中很少存在。因此他把毕生都用在了研究"有限理性决策"的问题上。不追求最好，只追求最满意，也就是不追求完美。追求完美的过程会耗费大量的时间和精力，在时间有限的情况下，非常不利于效率的提升。评估是动态的过程，是持续的，不是评估一次就结束了，需要不断对以上每个步骤进行评估，同时还需要对方案进行评估。在评估中，你要时刻牢记重点思维，哪些指标是重要指标，哪些指标是次要指标。比如你有两套房子，其中一套房子距离公司比较近，但是面积比较小，住着不太方便；另一套房子距离公司比较远，但是面积比较大，住着舒服，通勤时间长。这两套，你住哪一套？这就需要围绕两个指标进行思考：距离和房间大小。也可以定义为：通勤和舒适，哪个更容易适应。感性上，我们觉得住大房子肯定舒适一些，但是如果每天通勤要耗费大量时间，再加上下班高峰的堵车，令人崩溃。所以理性上，我们更倾向于第二种，选择离公司近、面积小的房子。因为面积小这项指标更容易适应，通勤的时间耗费和堵车更让人难以接受。再比如，找老婆。有两个人选，一个长得漂亮但脾气不好，另一个长得一般但脾气好。选哪一个？也就是两个指标：长相和脾气，哪个适应快呢？心理学有个曝光效应，也称为多看效应。大脑会对我们看到的东西经过加工之后形成认知，也就是我们看到的并不是事物最初的样子，而是经过了加工。随着同一张面孔在你的大脑里多次出现，你会一次次地按照更好的方向对认知进行整体加工，所以你会感觉她越来越顺眼。视觉的适应比脾气的磨合更容易，所以理性的做法是选择长相一般但是脾气好的。要以解决问题为导向，过滤无效的负面情绪。这一步需要保持高度理性。

常见的错误评估有 3 种。①凭感觉。喜欢哪个用哪个，因为缺少思考的过程，所以最终选择的往往不是最合适的，即便做的选择是好的，靠的也是运气。②凭经验。根据过往的经历加上自己的总结，凭经验相对靠谱很多。经验的最大限制是场景，场景一变，有些经验就会受限制。比如管理经验，当对象变了，管理方式也需要变化。再比如，我有驾驶经验，路况变了，我的经验也受到了很多限制。经验的局限性在于场景的限制，除非有同时期、同场景的经验。③凭传言。受他人主观看法的影响，客户说哪个好就选哪个，中介说哪个好就定哪个，这就是受到他人判断的影响。他人的看法是一项重要的参考，但切忌依赖。这 3 种判断是不科学的判断，我们要聚焦事实，以事实为中心，拿起笔，写下来，逐一分析，切忌受感性判断的影响，导致决策偏差。

如果是多维度、复杂情景的评估，我们则需要借助如表 6-1 所示的方案评估表，进行理性的分析和打分，以"裁判"身份，做出筛选和过滤。

表6-1　方案评估表

备选方案	底线条件（定性）			期望条件（定量）		
	底线1	底线2	底线3	期望1（权重）	期望2（权重）	期望3（权重）
方案1						
方案2						
方案3						
方案4						
总分	合计：					
最终方案为						

把所有方案放到方案评估表里，同时对方案进行相应的分析，先进行底线条件（必须满足）的分析，这项分析是定性分析，打勾画叉即可；然后对期望条件（最好满足）进行分析，需要定量分析，为每个期望条件设置权重，将打分和权重相结合，算出这一条件的得分，汇总每个方案的总分，总分高的就是目前最合适的方案，如表6-2所示。

表6-2　分析方案

备选方案	底线条件（定性）			期望条件（定量）			合计
	底线1	底线2	底线3	期望1（权重）	期望2（权重）	期望3（权重）	
	1000平方米	28万元	3个月	停车场（50%）	餐饮（20%）	走廊宽敞（30%）	10分制
奥体中心1	✔	×	✔				
高新万达1	×	✔	✔				
经十路千佛山	✔	✔	✔	3分×50%	8分×20%	4分×30%	4.3
西客站	✔	✔	✔	10分×50%	5分×20%	8分×30%	8.4
高新万达2	✔	✔	✔	7分×50%	10分×20%	7分×30%	7.6
创业产业园	✔	✔	×				
奥体中心2							
最终方案为	西客站片区						

王军先把这7个方案放到表格里。然后对奥体中心1和奥体中心2两

个方案分别进行了沟通，确认两个办公场所为一个，于是首先划掉奥体中心2，划掉的原因是重复。剩下的方案就需要不断地细分与判断。底线条件必须全部满足 ✔，才能进入下一步期望条件的分析和判断。经过底线条件的筛选，有3个方案进入备选，分别是经十路千佛山、西客站和高新万达2。接下来需要继续分析3个方案的定量指标，经十路千佛山的写字楼在停车场、餐饮、走廊宽敞方面得分分别为3分、8分、4分；西客站的得分分别为10分、5分、8分；高新万达2的得分分别为7分、10分、7分。3个维度分别占比为50%、20%、30%。计算结果为经十路千佛山得分为4.3分、西客站得分为8.4分，高新万达2得分为7.6分，最终西客站得分最高。

（6）确定。告诉自己"再来一遍"。

在以上5个步骤中，涉及的信息琐碎且复杂，你很有可能主观地过滤掉一些信息。因此在最后一步中，应仔细查验之前每个步骤是否按照既定的流程在实施。你要确定自己的选择是准确、高效的。所谓高效不是指速度快，而是指一次做对，不返工。

此外，你需要和领导、同事做确认。比如，条件有无变化、方案选择理由、下一步的行动计划等。向领导汇报，尽量做到简约而高效，方便领导决策，整理3张纸即可。首先，整理一页纸的摘要，简要说明最终方案；其次整理一页纸的表格，方便领导比较；最后整理一页纸的方案，让领导知道接下来的做法。同时跟相关部门再做确认，让大家真正接受方案，不仅要让同事知晓，而且要让其意识到方案的科学性和合理性，发自内心地认同和接纳。确认后，如有变化，你需要立即重新启动以上6个步骤，重新进入下一个循环，没有结果，就不停歇。

以上6个步骤，层层递进，每一步都很重要，每一步都不可或缺。做决策，需要从第一步到最后一步，不断地压抑自己的主观猜测，以看到的、听到的事实为依据，用写下来的每个信息作参考，制定科学、高效的决策，让决策为每项工作带来支持，让决策为每个问题匹配最佳方案，让决策为每个未来坚定信心。

本节落地应用：

1. 知识点（学到了哪些）：＿＿＿＿＿＿＿＿＿＿＿＿＿＿＿＿＿＿

2. 认知转变：

（1）过去的认知：＿＿＿＿＿＿＿＿＿＿＿＿＿＿＿＿＿＿＿＿

（2）现在的认知：＿＿＿＿＿＿＿＿＿＿＿＿＿＿＿＿＿＿＿＿

3. 应用措施（有时间，有行为，有结果）：

（1）＿＿＿＿＿＿＿＿＿＿＿＿＿＿＿＿＿＿＿＿＿＿＿＿＿＿＿

（2）＿＿＿＿＿＿＿＿＿＿＿＿＿＿＿＿＿＿＿＿＿＿＿＿＿＿＿

（3）＿＿＿＿＿＿＿＿＿＿＿＿＿＿＿＿＿＿＿＿＿＿＿＿＿＿＿

第三节　高效决策的5个思维陷阱

人如何做决策和一个人应该如何做决策是两回事。诺贝尔经济学奖获得者、美国心理学家丹尼尔·卡尼曼（Daniel Kahneman）在深入研究后发现，心理决策大致存在两个系统：一个是自动的、不费力的，也常常是无意识的，具有关联一致性；另外一个是有控制的、需要投入的，通常是有意识的，也更倾向于逻辑上的一致，是有规则的。人在做决策的时候，往往受到两个系统的影响，如果是有意识的、逻辑的，则决策通常会带来更高的安全性和价值，但是如果是自动的、无意识的，则决策有一定的概率是需要承担风险和付出代价的。在做决策的时候，避免自动、机械和不假思索，才有可能做出更好的决策。这种凭借本能、自动的、不假思索的决策心理，我们称之为决策的思维陷阱。领导者的决策至关重要，但很多领导者不能听取不同意见，盲目接受某个观点或承诺，没有具备全面和坚定的主张与观点，内部人员的不同意见没能得到足够的重视，不能有效地解决决策中的情绪问题，缺乏足够的耐心去倾听反对者的意见，对他人利益及损害漠不关心等，这些都会成为决策的障碍。为了更好地做出决策，避免掉入心理陷阱非常重要。常见的心理陷阱有以下5个。

一、崇尚经验：常见话术是"我原来就是这样的"

作为领导者，往往有着丰富的职场经验和领导经验，遇到问题的时候，往往会本能地调取自己的经验，用经验去做决策。时间长了，就会形成自己的思维框架，通常也就在框架内进行决策。这个过程就会省略了调研、分析、思考的环节，直接由问题到决策。这样做决策的好处是速度快、效率高，带来的结果未必恰当和匹配。这个陷阱也被称为框架陷阱。尤其是目前很多网络自媒体，会基于用户的喜好和价值观来推送消息，时间长了就会更加固化自己的框架，将其他观点视为异类。

比如你从家到单位总走一条路，时间长了会形成习惯。忽然有一天，市政恰好要修你上班经常走的这条路，你不得不寻找新的合适的路线。你发现了一条新路，路程短还不堵车，你尝试了一次，发现比原来的那条路更宽敞、更方便、更快捷。后来一打听才知道，这条路已经修好 3 年了，但对你而言，却是第一次走。

比如下属向你请教一个问题："有个特别刁蛮的客户还要不要合作？"在你作为领导者的经验中，刁蛮的客户往往是大客户，于是让下属继续跟进，增强沟通和服务，结果是劳民伤财，客户最终也没进入合作的阶段。

比如在招聘时，有个岗位需要一位能力强的人，有 3 位候选人，你作为领导者的经验是那些个性突出、脾气不好的人，都是能力强的人，于是为这个岗位选择了一位很有个性、脾气火暴的人，结果很快发现用错了人，导致团队越来越不稳定。

崇尚经验的思维容易保守，把自己的判断和决策依赖于经验，而忽略了场景的变化和时间的迭代。所有的经验都是固化的，都是基于过去的某个特殊场景匹配的决策。"我在原来单位都是这样做的""我原来都是这样谈客户的""我原来都是这样开会的"，能说出这些话，就代表经验在发挥影响，说话的人没意识到自己已经换了新环境，很多过去的经验在大脑中要进行迭代和清除。

要克服崇尚经验的心理陷阱一定要注意以下 3 点。

（1）淡化过去，聚焦未来。

过去的做法只代表过去，领导者需要思考和尝试新方法，不断给自己开拓思考的机会和空间，不断问自己"假如原来的方法不允许使用了，有没有其他方法可以替代，有没有更好的方法实现更好的决策""还有呢？还有呢？"不断让自己进行横向思考，创造和尝试更多的新机会。

（2）拥抱变化，尝试迭代。

从心理上对于变化不再抗拒，接纳和喜欢变化，把变化作为自己复盘的主要要求，每次事情结束后，都要求自己至少做1～3个维度的改变。对于出现的差异，先不定义其为"问题"，而定义为"机会"，珍惜差异，把每一次的差异视作一种暗示或提示，每次的差异或许是在提示你要在某个维度进行调整。比如大家都不愿意开会，你可不可以换个流程、换个时间、换套主持词、换个地点等。接纳和拥抱这种差异，用崭新的视角看差异，不断迭代，让结果趋于更好。

（3）提高要求，质疑现在。

每次做事时，不断给自己提高要求和标准。我可以做得更好吗？如果可以做得更好，怎么做才能实现？坚定地相信，目前的方式一定有改进的空间，一定可以更好，不断对现状提出疑问。我可以做得更好，我要不断寻找改善点，对于目前的状态进行持续改善。

二、非此即彼：常见话术是"各有利弊，随意选取"

在提拔下属的时候，领导者思考的内容不同：技术出身的领导者，关注事；业务出身的领导者关注人，反正各有千秋，随意选一个就行，都差不多。

选择餐馆的时候，有些人会想，反正贵的好吃，难吃的省钱，随便找一家就好。

面对市场的选择，有些领导者认为，成熟的市场往往饱和，新市场往往难开拓，两种情况差不多，随便选一个。

以上的决策就是非此即彼的决策。领导者有些时候觉得左右为难，采用抛硬币形式做决策，这也是一种非此即彼的决策选择。这种决策往往带有更多的偶然性，会造成凭运气做决策的状况，本质上也是对决策不负责任的表现。

为了避免非此即彼的决策陷阱，领导者要注意以下3点。

（1）聚焦结果，深入思考。

决策时，领导者需要仔细思考，深入思考。一件事往往并非两种极端：非黑即白，非此即彼。只有得罪人才能办成事，要想维护好关系，事就难做成，等等，这些都是非此即彼的心理陷阱。要想避免掉入这个陷阱，就需要仔细思考，如果既要A又要B，有哪些方式呢？如果既要维护好关系，又要把事做成，有哪些方法呢？如果既要客户满意，还要有利润，有哪些盈利模式呢？把你想要的结果梳理清楚，以终为始，采用果因思维，倒推出新的思维方式和做事流程。

（2）对比指标，推演结果。

决策时，领导者可以罗列所有指标，哪怕只有两项指标，也要思考一下哪个更重要，把两个指标做一下比较。比如选餐馆，好吃重要还是价格重要，口味差异和价格差异哪个更大。提拔下属也是如此，这个即将被安排的岗位是应该更关注人还是更关注事。可以用打分或调研的办法找到更重要的。决策不一定完美，只要当下最合适就好。

（3）强化责任，弱化敷衍。

优秀的领导者必定是勇于承担责任的人。遇到决策，领导者的责任心必须要强，不能因为事情复杂而敷衍决策，不能因为事情相差不大而胡乱决策，不能因为事情着急而随意决策。领导者的决策是一件重要的事情，领导者必然要站在组织的高度，站在未来发展的视角，不断研判各种数据，做到认真第一，聪明第二；结果第一，借口第二，对事情负责，对决策负责，切忌敷衍。

三、迷失自信：常见话术是"既然是这样，一定有道理"

为了做出更好的决策，领导者往往会征求他人的看法。但要注意的是，他人的看法只是参考而不是全部。还记得小马过河的故事吗？小马要过河，又不太敢，因为它不知道水的深浅，担心有风险，所以迟迟难以做出过还是不过的决策。于是它想到了请教他人的办法。它请教了松鼠和老黄牛，发现不一致，最后亲身一试，才发现既没有松鼠说得那么深，也没有老黄牛说得那么浅。这就告诉我们可以征求意见，但要根据客观事实有自己的主张。

比如，你经常喜欢购买明星代言的产品，因为觉得明星也在用，应该会靠谱，事实上，明星推荐的未必适合你。

比如，你刚要进军某地市场。这个时候，你的一位做过这个市场的朋友告诉你，千万不要去这个市场，这个市场特别难做，成本高、效益低，并不断罗列了自己的投入和产出，让你产生了迷茫，丧失了进军这个市场的信心。

比如，你要进行一次投标。有位同事告诉你，这个标不用投，过去投过好多次都没中标，这次也中不了。

这些都是迷失自信的状况：①本来拥有自己的主张和看法，却因为同事、朋友的一句话、一段经历，就否定了自己的主张和看法，陷入迷茫；②决策之后不满意，天天处于犹豫与忧郁的边缘，缺少做出决策的自信，这山看着那山高，其实那山未必高。

为了避免迷失自信，领导者可以注意以下 4 点。

（1）事在人为。

人不同，事情的结果自然不同。不能将别人的一次失利和成功映射到自己身上。他人没做好，你未必做不好。别人没搞定，你未必搞不定。同事没拿下，你未必拿不下。领导者可以通过简单的模拟和测试，对于事情做出正确的评估和判断，把错误犯在模拟中，把经验用在实战中。

（2）事在变化。

别人的观点和看法往往是基于某个个性化场景，你的场景未必和他人雷同。随着时间和场景的变化，事情也会发生一系列变化，所以他人的结果，未必会在你的决策中应验。应该用动态的眼光看问题，用动态的思维做决策，牢记事在变化，思维也要变化。

（3）事在优化。

通过别人提出的案例和场景，你可以进行深入的思考：对方的失利原因是什么？对方的不成功是由哪些因素造成的？找到根本原因，然后经过思考拿出策略，可以避免重蹈覆辙，获得更高的成功率。全球战略大师迈克尔·E. 波特（Michael E. Porter）说，战略就是取舍，就是有所为，有所不为。决策同样如此，有所取，有所舍，才能实现更好的结果，让事更优。

（4）事在坚信。

心理学中有个坚信定律：当我们对某件事情抱有坚定的信心时，它最后就会变成事实。这种心理甚至超越了自信，是一种确信的心态。这是一种坚强的信念，在我们面对干扰和非议的时候，信念就犹如心理的平衡器，它能帮助我们保持内心的平静，并能防止我们因外界干扰而犹豫与纠结。也就是说，对于自己已经做出的决策，要给予足够的尊重，坚定不移地贯彻与执行。不要总是怀疑自己的决策，一旦把绝大部分时间用于反复决策，决策就会更加混乱。要坚定一种信念"我所拥有的，就是最好的"。用执行结果去证明自己的决策和判断，不妄想、不犹豫、不懊悔，一旦决策，就坚定推动，事在坚信。

四、心锚干扰：常见话术是"我能证明这是对的"

领导者在做一项决策时，会受到第一信息或第一印象的干扰。第一信息或第一印象就像沉入海底的锚一样，把人们的思维固定在了某一处，增加了人们对这些信息或内容的重视。沉锚效应类似于"首因效应"，也就是对事物的第一印象往往会影响我们做出判断。我们将其称为"心锚"陷阱。

比如，生活中，有的餐厅的服务员在你点完一碗面后，会补问一句："先生，您是加一个鸡蛋还是加两个鸡蛋？"而不会问你加不加鸡蛋。这就是利用心锚效应进行营销的常见场景。

比如，作为领导者，选择哪座城市开分公司，选择哪个营销方案去推广，通常也会受到第一座城市或第一个方案的重要影响，会把更多的时间和精力放在第一座城市或第一个方案上，即便遇到反对意见，也通常会找到相关证据来证明第一座城市或第一个方案是好的。

比如，很多奢侈品的门店在橱窗呈现的饰品往往是价格较高的，有的甚至高达几十万元或上百万元，这就是一种"锚定"。而你走进去一看还有几万元的甚至一万元以内的饰品，会瞬间觉得门店里的饰品价格并不贵，于是选择购买。

要克服心锚干扰，需要注意以下3个要点。

（1）回归目的，隔离干扰。

下属给你提供了3个方案，第一个很差，第二个稍微好一些，第三个比前两个都好，最终领导者会选择第三个。其实仔细一想，这3个方案都不符合要求。在这种决策场景中，领导者就受到了心锚陷阱的干扰。领导者应该做的是，回归到目的和标准，不受方案顺序的影响和干扰。不陷入方案的比较，而用标准来界定。

（2）回归应用，拒绝"实惠"。

曾经有家杂志社，出台了征订方案。读者在选择订阅杂志时，可以从两个方案中选择一个：电子版杂志59元；电子版加印刷版杂志125元。这两个方案的销售数据表明，有84%的读者选择第一个电子版方案，有

16% 的读者选择第二个电子版加印刷版方案。后来这个杂志社把方案做了修改，修改后的方案有 3 个：电子版 59 元；印刷版 125 元；电子版加印刷版 125 元。这个方案一出台，很多读者觉得第二个方案是在侮辱用户的智商，谁会选这个方案，因为第三个方案明明多了电子版，价格却一样。于是，销售数据显示，31% 的读者选择了第一个方案，69% 的读者选择了第三个方案。尽管没有读者选择第二个方案，但是第二次的方案却比第一次的方案让杂志社多赚了很多钱。人们经常因为价格合适而买了很多不太常用的物品，这就是心锚的干扰。我们可以思考的是，这项方案、这个物品，我是否经常用，以应用价值为标准，而不以实惠为标准。要回归应用，拒绝"实惠"。

（3）逆向思考，全面研判。

在面试的时候，领导者往往会凭借第一印象做出决策。这种第一印象，往往是片面而不完整的，让我们最后不得不为自己的决策承担代价。要想避免第一印象的干扰，逆向思考就是一个思路，每一个优点的反方向都是一个缺点，保守的人可能创新不足；口才好的人可能深入思考有欠缺；实干的人可能语言表达能力比较弱。通过一个优点逆向到一个缺点，就可以客观全面地分析一个人是否符合这样的岗位和职责要求，从而更好地避免心锚带来的干扰。

五、喜好干扰：常见话术是"既然这方面这么好，其他方面一定也很好"

领导者做决策，应尽量克服"光环效应"的干扰，就是不要以个人喜好为前提，而应以组织或绩效需要为前提。比如企业用人，很多领导者喜欢用能力不如自己的人。而之所以喜欢用那些能力不如自己的人，是因为这些人比较好用。于是领导者选择了好用的，但未必是顶用的。这种用人的决策就是个人喜好或个人感受。

为了克服个人喜好的干扰，领导者在决策时要注意以下3点。

（1）用全面思考替代片面思考。

领导者在看到下属的绩效数据时，往往会根据某些数据以偏概全地推断出下属的好坏。仅凭这样推断会造成"一好百好，一差百差"的结果。评价下属如何，不能只看绩效。领导者需要综合地思考，比如借助素质模型来判断，从各个维度来思考，从而做出正确的决策和判断。

（2）用重点视角替代随意视角。

假设你有位下属，毛笔书法写得特别棒，经常在市级比赛中获得奖项，于是作为领导者的你，就觉得这位下属是一位优秀的人才，想提拔他；某位下属的业绩好，你提拔了他，结果发现组织业绩反而在下降；某位下属技术精湛，你认为他非常优秀，提拔他当经理后却发现，少了一位技术高手，多了一位平庸的经理。

要使用重点视角是指关注这件事的关键指标，用关键指标和下属的优势去比对，如果二者相符合，则可以提拔或者调岗，如果二者不符合，下属的优势并不是领导者真正需要的，那么就不应提拔或调岗。领导者不要被下属某一项并不重要的优势影响自己的判断。

（3）用开放思维替代封闭思维。

之所以会出现以偏概全的情况是因为领导者对相关的个体或者要素知晓的太少，掌握得太少。思维处于封闭的环境中，缺少更多的个体和要素去比较。当领导者有了更多的信息后，就会避免出现这些问题。

领导者如果没有相关信息，可以向前辈、同事请教。领导者还可以向客户请教，避免"霍布森选择"。霍布森是位商人，他在卖马时总是承诺：

马是最便宜的，也是最好的，价格也是低廉的，选择哪一匹马，由购买者自己选择。但选择时又附加了一个条件：只允许挑选靠近门口的那匹马。其实这就是个陷阱。因为他的马圈只开了个小门，大马、肥马根本就放不出来，能放出来的只能是小马、瘦马，任你挑来选去，选择的结果可想而知。这种没有选择余地的选择，在决策中被戏称为霍布森选择。多开放，少封闭，用开放的思维思考问题，就能避免以偏概全、爱屋及乌的状况。

以上 5 种惯性思维，会影响领导者的决策。决策能力上的缺陷会使踌躇满志的领导者遇到陷阱。领导者一旦陷入其中任何一个陷阱，就会制定出不如意的决策，为企业带来损失或灾难。对决策陷阱的分析有利于领导者发现决策中的问题与不足，及时采取解决方案加以改正，以避免更大的失误。

领导者的本能决策或许存在着优势，但同时也需要注意背后可能存在的风险。了解它，认识它，克服它，应用它，把心理的干扰控制到最低，把科学的决策发挥到最高，决策才能更接近于真相和初心。

同时，做好决策还应包含以下思考方式：要深入思考，不要过度思考，深入思考是研究明白，过度思考是沉迷细节，忘记初心；用理性思考代替感性思考，理性思考基于科学与流程，感性思考基于情绪和喜好；用创新思考代替守旧思考，创新是变化的思维和视角，守旧是保守、等待、被动，它未必是坏事，只是机会更少，在 VUCA 时代更需要创新；用独立思考代替依赖思考，任何问题都必须先经过自己的独立思考，不要一有问题，就不假思索地请教他人；用全面思考代替片面思考，系统思考各个视角、各个维度、各种场景，尽量避免只考虑一种场景、一个维度、一个视角，面对重要的问题，可以通过头脑风暴会解决，用集体智慧来全面判断和决策。

本节落地应用：

1.知识点（学到了哪些）：＿＿＿＿＿＿＿＿＿＿＿＿＿＿＿＿＿＿

2.认知转变：

（1）过去的认知：＿＿＿＿＿＿＿＿＿＿＿＿＿＿＿＿＿＿＿＿＿

（2）现在的认知：＿＿＿＿＿＿＿＿＿＿＿＿＿＿＿＿＿＿＿＿＿

3.应用措施（有时间，有行为，有结果）：

（1）＿＿＿＿＿＿＿＿＿＿＿＿＿＿＿＿＿＿＿＿＿＿＿＿＿＿＿

（2）＿＿＿＿＿＿＿＿＿＿＿＿＿＿＿＿＿＿＿＿＿＿＿＿＿＿＿

（3）＿＿＿＿＿＿＿＿＿＿＿＿＿＿＿＿＿＿＿＿＿＿＿＿＿＿＿

CHAPTER 7

第七章

用心地辅导：

培养下属，解放自己

第一节　基于工作场景的4个辅导技术

各位领导者在工作中，有没有以下感受？

- 有点着急：自己很厉害，下属不成长。
- 有点无奈：已经辅导了，看下属悟性。
- 有点担心：辅导了下属，替代了师傅。
- 有点无趣：辅导好下属，跳槽怎么办。
- 有点无助：辅导人的事，人力资源干。
- 有点烦躁：你先工作着，出错再找我。
- 有点为难：辅导下属时，耽误我工作。
- 有点委屈：多方法辅导，效果还不好。
- 有点困惑：辅导都相同，表现各不同。

以上问题都是辅导的问题，都是领导者需要面对和改善的问题，也只有把辅导工作做好了，领导者才能有效地避免以上问题。

领导力大师弗朗西丝·弗赖（Frances Frei）与安妮·莫里斯（Annie Morris）曾说："领导力的高低，就是你为他人赋能和释放他人潜力的能力的高低。"领导者赋能的过程，就是由"我能"变成"我们能"的过程。在带领团队的过程中，让下属有成长、有提升、有进步，这是领导者的终极使命。在约翰·C.麦克斯韦尔的《领导力5个层次》中，第4个层次强调了个人发展，就是领导者如何让下属成长得更好；第5个层次强调了领袖气质，就是领导者如何培养下属成为像自己一样的领导者。两个层次都着重强调了辅导的内容。所以，对下属的辅导不应局限于手头的业务或技术工作，还应包含下属的各种技能提升、工作态度的优化和强化、工作习惯的培养，但大部分领导者在辅导下属时都会侧重于业务本身，而忽略态度和综合能力的培养。

杰克·韦尔奇曾说："在成为领导者前，你的成功同自己的成长有关；在成为领导者以后，你的成功都同别人的成长有关。"优秀领导者的 10 个衡量标准如下：

- 比你优秀的下属比例有所增加；
- 下属在你的带领下有进步；
- 下属在工作中有快乐感和成就感；
- 下属因为你而不舍得离开团队；
- 下属总能知道什么工作是最重要的；
- 下属不再是你的下属时一如既往地尊重你；
- 避免下属遇到棘手的事情；
- 领导觉得你很靠谱；
- 给领导主动反馈工作进展；
- 善于在工作完成后做书面总结。

以上 10 个标准既包含对上也包含对下，既包含个人也包含团队，但是最多的维度还是针对下属的成长，也就是辅导的要求。在辅导当中最重要的内容便是面对不同的场景进行不同的调整，切忌用一种辅导方式针对所有人的所有场景。通常，企业内部可根据下属的成长过程或项目的发展历程分为 4 个场景——新、困、乏、强。

第一种场景——新。2018 年 7 月，王树在大学毕业后进入一家自己心仪已久的公司，准备大展宏图，来实现个人的职业价值和人生抱负。他对新公司和新工作特别期待，一方面，这家公司规模相当，有足够的发展空间；另一方面专业对口，自己学的数控专业终于能有用武之地。在同学和家人的祝愿下，王树很快办理了入职手续，开始投入工作。王树拥有足够的工作热情，对很多工作都会投入比他人更多的精力，去思考，去付出。每天，他都是部门第一个上班的，最后一个下班的。对领导安排的工作，他毫无怨言，任劳任怨，兢兢业业。

李主任是王树的直属领导。国庆节后第一天上班，李主任找到王树，交代了一项重要的工作。李主任觉得王树有足够的工作热情，于是简单说了几句就放心地把这项工作交给了王树。但是接下来，王树摸着石头过河，一步一回头，一步一挣扎，干得步履维艰。王树毕竟刚毕业，有理论知识，但缺乏实际操作的工作经验。王树逐渐意识到了问题的严重性，他找到李主任，告诉李主任自己可能不适合这份工作。李主任详细了解了王树的工作过程和细节，认识到了自己在领导力方面的问题，于是开始主动检讨，向王树承诺，一定会帮助王树走出目前的困境。接下来，李主任采取了以下措施：基于工作需要和胜任力模型进行系统测试和培训；安排工作时详细讲解每个细节和注意事项，让下属避免遇到棘手的问题；检查和了解每个阶段的工作进度和工作绩效；在下属遇到瓶颈和困难的时候，给予相应的指导，并在资源和方法上提供支持……慢慢地，王树恢复了原有的工作热情，能力也上了一个台阶。

领导者面对新下属、新业务、新产品、新设备、新技术、新状况等，带有"新"的场景，都需要格外注意此种场景中的辅导技术，以"事"为主，具体如下。

① 告知：告知工作目的和工作目标。

② 培训：用讲解和示范的方式对其进行相应的系统培训。

③ 详细：安排工作用温和的语气，同时用"5W2H"来讲清指令，即告知对方，什么时间、在什么地方、用什么方式、和谁、做什么事情、为什么做这件事、有哪些资源和支持。

④ 管控：督导过程，随时了解工作进展和状况，要求下属主动反馈。

⑤ 决策：对于发现的问题，领导者拍板和决策。

第二种场景——困。随着李主任对王树的培养，王树的能力逐步得到提升，能够独立操作某些项目。在执行项目的过程中，王树不断回顾自己接受的培训和李主任交代的重点内容，将学到的内容应用到实际工作中，也逐步拥有了一些应用知识的成就感。随着工作量的增加，王树忽然觉得有些培训的内容和自己目前所做的项目并不完全一致，一方面项目本身难度较大，情况复杂；另一方面，应用培训内容需要自己不断地调整和转化。于是王树的工作进度开始变慢，工作热情也在慢慢消失。尽管能力有所提升，但他仍不能独当一面。李主任发现这种情况后，第一时间找到王树进行交流。他首先肯定了王树能力的提高，同时对于已经完成的部分工作内容给予鼓励和表扬，对于正在操作的项目的亮点内容，也给予了称赞。李主任也提出了一系列问题，让王树思考和回答：对于目前这个项目，你要实现的目标是什么？你目前的情况具体是什么样的？你准备采取哪些措施来实现目标？你觉得通过这些措施能不能完成目标？你对于完成目标的信心如果用 1 ～ 10 分来衡量，是多少分？等等。经过两小时的沟通，王树找到了以往的工作信心，也清晰了自己的工作目标和工作思路，开始投入新的项目。

面对不熟悉项目的下属、技术不熟练的下属、业务不精通的下属遇到困难时，领导者要注意此种场景中的辅导技术，以"人 + 事"为主，既要关注人的感受，又要提升下属的技能，具体可以采取以下辅导技术。

① 鼓励：肯定下属的进步和成绩。

② 倾听：倾听下属的想法、感受和建议。

③ 提问：提问下属的工作思路，发现问题，即时引导和梳理。

④ 双向：多让下属说，关键时候做补充。

⑤ 解释：解释自己的做法，阐述自己的感受和期望。

第三种场景——乏。王树在李主任的辅导下，慢慢地重拾信心，并且对于项目的运作，有了自己的独到见解。他在项目操作上的高效，不断地赢得李主任的认可和同事们的称赞。大家都觉得王树的工作能力很强，有一些关键的项目，也会越来越多地交给王树去做。随着公司的发展，业务越来越多，项目也越来越丰富，王树手里积压了很多项目亟待解决。时间长了，王树觉得特别辛苦，过去完成项目所带来的成就感在逐步消退，取而代之的是疲于应付，力不从心。他对工作也有些疲倦和烦躁，认为项目开始变得复杂、枯燥、无趣。慢慢地，他出现了职业倦怠，工作效率降低了，工作节奏放慢了，工作热情消退了，见到同事也很少打招呼。他参加各种会议时不再发言，参加公司的其他活动，也会借机提前离开。尽管他不迟到、不早退，绩效也能合格，但是让人感受不到原来的冲劲和热情。李主任注意到了王树的变化，准备对王树再次进行辅导。

李主任找了个下午的时间，邀请王树到一个单独的会议室交谈。最开始，李主任拿出最近的一个项目让王树提提建议，没想到王树简单一看就说出了自己的想法，并且提出了一些特别有价值的建议。李主任发现王树的工作能力确实很强，就紧接着讲了最近自己的一些工作，然后谈到了生活，随后询问了王树最近的生活状况：是不是经常和父母通电话，生活中有哪些兴趣爱好等。慢慢地，王树开始讲述自己的状况和想法。王树最近在工作中，感到工作特别单调，每天都是重复琐碎的事情，周而复始，没有什么可以让自己提起兴趣的事情。凡事都安排给他一个人，干的多，错的多，很辛苦，没成果。李主任感受到了王树的疲倦和无奈。

面对能力强，但是工作热情不高的下属，领导者应进行以"人"为主的辅导，关注"人"的想法、需求和动机。具体可以采取以下的辅导技术。

① 征求：对于部门内的重要问题或变动征求下属的意见。

② 提前：有新的变动提前与下属通气，告知接下来的变动。

③ 倾听：在督导中，倾听下属的想法，鼓励下属尝试按照自己的方式去执行。

④ 挑战：安排新的任务和挑战，让下属找回从前的状态和激情。

⑤ 称赞：给予即时的鼓励和称赞，让下属有更多的成就感和责任感。

第四种场景——强。通过李主任对王树的辅导，王树逐步接手了一些新的项目。慢慢地，王树的状态回到了从前，有了更多的工作激情，也变得格外有活力。他见到同事会主动打招呼，还会主动找工作状态不佳的同事，对其进行引导，经他沟通过的下属，工作态度都有了一定程度的改善。王树经手的项目，也不断取得成功。很多同事觉得王树是个人才。李主任看在眼里，满心欢喜，他觉得王树既有良好的工作热情，又具备娴熟的工作技巧，是部门难得的人才。想到这里，李主任准备再次对王树进行一次辅导。

面对成熟的下属或安排下属操作成熟的项目，领导者需要注意在此种场景中，进行以"放手"为主的辅导，让下属承担更多的责任和更大的项目。具体可以采取以下辅导技术。

① 确定：确定一致的方向和原则，让下属明确自己未来的方向。

② 放手：授权给予机会，让下属自己梳理自己的业务工作全流程。

③ 减少：减少对过程的干预，让下属按照自己的想法去做事情。

④ 激励：给予恰当的激励，让下属有机会参与部分管理工作。

⑤ 传承：萃取宝贵经验，让下属经常分享工作经验与工作成果，尝试带新同事。

以上 4 种场景既可以贯穿于每个人的成长阶段，也可以贯穿于一个项目的各个阶段，或者一项业务的执行阶段，每个阶段的特点各不相同。领导者面临的最大挑战也在于此，就是能不断地应对各种情况的变化，适时地匹配辅导技术，让每个阶段的下属、每个层级的下属、每种场景中的下属，都有机会成长和进步。

本节落地应用：

1. 知识点（学到了哪些）：＿＿＿＿＿＿＿＿＿＿＿＿＿＿＿＿＿＿

2. 认知转变：

（1）过去的认知：＿＿＿＿＿＿＿＿＿＿＿＿＿＿＿＿＿＿＿

（2）现在的认知：＿＿＿＿＿＿＿＿＿＿＿＿＿＿＿＿＿＿＿

3. 应用措施（有时间，有行为，有结果）：

（1）＿＿＿＿＿＿＿＿＿＿＿＿＿＿＿＿＿＿＿＿＿＿＿＿

（2）＿＿＿＿＿＿＿＿＿＿＿＿＿＿＿＿＿＿＿＿＿＿＿＿

（3）＿＿＿＿＿＿＿＿＿＿＿＿＿＿＿＿＿＿＿＿＿＿＿＿

第二节 辅导下属的6个步骤

管理学大师彼得·德鲁克曾说："领导力就是把一个人的视野提升到更高的境界，把一个人的成就提高到更高的标准，锤炼其人格，使之超越通常的局限。然后才能把一个人的潜力、持续的创新力开发出来，让他做出他自己以前想都不敢想的那种成就。"德鲁克对领导力的诠释，是领导者不断地激发下属的潜能，以让下属不断成长为要务。领导者应不断地思考，如何让下属更优秀，以此来体现领导者的优秀。辅导是领导者的必备技能。作为领导者，在辅导下属成长的过程中，不可避免地会遇到一些问题，比如辅导什么内容、辅导谁、什么时候开始辅导、如何测试辅导效果等。本节就着重阐述辅导的全流程，把辅导过程标准化、流程化，方便领导者更高效地辅导下属。从辅导开始到结束，领导者可以按照6个关键要点来进行梳理，也就是辅导的6个步骤。具体内容是：确定辅导计划、启动辅导程序、推进辅导过程、测评即时效果、制订行动计划、跟进辅导成果。这6个步骤，环环相扣，每个步骤都有操作要点，方便拿来即用。

一、确定辅导计划

领导制订辅导计划切忌随心所欲，也不要跟风，看别人辅导什么，你就辅导什么。辅导应该按照目的、目标、计划，这样的逻辑来进行梳理和制订。大体可以分3步来制订辅导计划。

1. 聚焦目的

无论是目标还是计划，都需要记录下来，最好不要凭借想象去制订，人的大脑容量有限，注意力又容易被干扰，因此记录下来很重要。每次辅导能单独用一个本子做记录是最好的。

聚焦目的，就是回归计划的原点，明确辅导的目的是什么。很多领导者为了辅导而辅导，不清楚自己的辅导目的，辛辛苦苦做了无数次无用的辅导。目的可以是一句话，如提高下属制定方案的能力，让下属掌握操作机床设备的能力；也可以是某个岗位的说明书；或者是某个岗位的胜任力模型。其只要表明辅导的终极目的就好。

2. 明确目标

目标不同于目的，目的是一个方向，目标需要有个明确的标准。目标是对目的具体分解。一个目的可以有多个目标，多个目标可以支撑目的的实现。目的是模糊的，目标是量化的、能被测评的。有些领导者制定的目标不清楚、不具体、不明确，辅导结束后就不能对效果进行测评。因此，目标要清晰、具体、明确，最好能量化，以方便后续辅导工作的开展。比如，辅导的目的是提高下属制定方案的能力，那么目标就需要对这句话进行翻译和分解。下属过去制定方案，3天才能完成，而且格式不对、逻辑不清、数据不准。那么现在的目标可以是，让下属能说出方案的标准格式；也可以是让下属能用PRM（问题—原因—解决方案）的逻辑说出方案思路；还可以是让下属在一天内制定出符合标准的文本格式、PRM结构及符合实际调研数据的项目施工方案。总之，目标需要去回答目的所涉及的关键词，并对目的进行分解和具象化。

3. 制订计划

计划就是回答如何实现目标的路径。计划通常由7个要素组成，即由5W2H结构进行梳理和制订。尽管很多领导者比较熟悉5W2H，但仍然存在着一些不精准、不明确的地方，需要从4个层次来确认7个要素，让每个要素落实得精准、明确，如表 7-1 所示。

表 7-1 5W2H 的 4 个层次

5W2H	1 层次	2 层次	3 层次	4 层次	定论
Who	是谁	为什么是他	有更合适的人吗	为什么是更合适的人	定人
When	什么时候	为什么在这个时候	有更合适的时间吗	为什么是更合适的时间	定时间
Where	什么地点	为什么是这个地点	有更合适的地点吗	为什么是更合适的地点	定地点
Why	什么原因	为什么是这个原因	有更重要的原因吗	为什么是更重要的原因	定原因
What	什么内容	为什么辅导这个内容	有更合适的内容吗	为什么是更合适的内容	定内容
How	如何去做	为什么采用这个方法	有更合适的方法吗	为什么是更合适的方法	定方法
How much	耗费哪些	为什么要耗费这些资源	有更合适的资源耗费吗	为什么是更合适的资源耗费	定耗费

注意：在辅导计划中，领导者可以根据情景灵活应用以上 7 个要素。比如 Why，其实回答的是为什么要组织本次辅导，组织这次辅导的原因是什么，这个原因是不是重要原因，是不是真实的，还有没有更重要的其他原因，哪个原因更重要，要基于哪个原因实施辅导。每次辅导都有一个"触发器"，就是哪件事情促使你组织一次辅导，它可能是一组糟糕的数据，可能是一次失误的操作，还可能是一次安全事故等，这件事的发生，让领导者意识到辅导的重要性，促使领导者决定辅导。尽管前文已经明确了目的，但在这个步骤中，要对目的再次确认。又比如 How，其实回答的是辅导要用什么方法，可以是讲授，可以是现场演练，还可以是参访学习，可以根据不同的内容和目的，确定不同的辅导方法。知识类的内容应以讲授为主；技能类的内容应以训练为主；态度类的内容应以体验为主。不断确认各个要素，才能保证计划的精准性。有了精准的培训计划，领导者就可以更好地开展辅导工作。

二、启动辅导程序

辅导工作是一项重要的工作，至少让下属有这样的感受。领导者如果让下属感受到随意和敷衍，那么下属的态度也就会变得应付和无所谓。要让下属重视辅导，领导者可以采取以下"4化"来实现。

1. 仪式化

启动辅导程序，要做到仪式化，让每个人认识到其中的重要性。如果是规模比较大的辅导还可以请高层领导者来参与启动；如果规模不大，就几个人参加，也可以挂个条幅体现重要性，当作一个项目来启动；如果就一个人需要辅导，也需要仪式化，正式明确告知其辅导的目的、辅导的流程和辅导的相关规则。应在事前，让辅导这一事项深入人心。

2. 视觉化

在过去的辅导中，领导者有哪些成果；通过辅导，大家取得了哪些进步，得到了哪些实际工作上的帮助；可以通过图表、照片、数据呈现出来，让下属看到辅导的重要价值。这样，他才会在后续的辅导中，用心努力。

3. 故事化

给大家讲一个故事，既可以是自己过去通过辅导的收获，也可以是身边的同事经过辅导后获得的成果，还可以是典型人物、知名企业通过辅导获得的价值。通过故事让大家在思想上重视辅导，这对辅导效果也是一种促进。

4. 标准化

辅导要形成一些专门的、固定的流程。如果规模较大，可指定班长实施运营，指定学习委员进行学习资源、资料的统筹，指定搭档定期交流，比如每天的第一件事是早读，每天中午回顾分享，每天晚上最后一件事是总结交流。把辅导的环节标准化，让每个人每天习惯性地做事，然后慢慢渗透到每个人的技能提升中。

领导者除了要引起下属对辅导的重视，还应该对辅导的相关情况进行必要的告知，包括但不限于告知辅导的目标、辅导的过程、辅导的形式、辅导的时间，以此来让下属做好思想准备，让下属对辅导的过程有所期待，有所准备。

三、推进辅导过程

在实施辅导计划时，往往很多辅导进程不尽如人意。比如被工作打乱节奏，或者有部分下属未能在有效的时间内掌握辅导技能，还有可能在某个未重视的细节上出现问题，或是设备出现故障等。对于这些扰乱辅导进程的问题，最好的解决方式是预防。提前想清楚可能出现的问题是什么，提前预订好会场并检测设备，提前约定好彼此的时间，保证大家都有足够的时间接受辅导。如果还是未能预防，那就需要在辅导中掌控进度和节奏。辅导遇到的干扰如果很严重，处理这类干扰的时间超过了辅导周期的三分之一，就需要调整辅导计划或重新制订辅导计划。如果干扰本身不严重，处理起来很迅速，那么领导者需要克服困难，按照既定的计划推进辅导进程，这种情况较为常见。因此，领导者既不要沉迷细节，影响了辅导的进度，也不要因为个别人的问题影响整个团队的辅导进度。对于个别细节问题、个别人的问题，可以在辅导周期结束后，选择其他时间另行辅导。为了合理地推进辅导进程，领导者可以参考甘特图管理进度。甘特图是亨利·劳伦斯·甘特（Henry Laurence Gantt）的发明，常用于项目管理和生产管理。领导者可以把辅导当作项目，用甘特图对其进行管控，如表7-2所示。

表7-2 甘特图辅导工作进度表

序号	辅导内容 项目	5月 1 2 3 4 5 6 7 8 9 10 11 12 13 14 15 16 17 18 19 20 21 22 23 24 25 26 27 28 29 30 31	学员	辅导人	检查人	是否完成
1	项目1					
2	项目2					
3	项目3					
4	项目4					
5	项目5					
6	项目6					
7	项目7					
8	项目8					
9	项目9					
10	项目10					

甘特图既可以让领导者清楚要辅导下属的哪些方面，防止遗漏掉某些重要内容，又可以掌控进度，明确今天要辅导几个内容，每个内容的进度是在开始阶段、中间阶段还是结尾阶段，方便领导者及时调整进度，控制辅导节奏。

四、测评即时效果

辅导流程结束，并不代表着辅导结束。领导者辅导完了，下属掌握多少才是根本。领导者基于培训计划，辅导完下属后，需要对其进行测评来判断辅导的效果。对于辅导的效果测评，可以分为两种：一种是即时效果，往往是在辅导结束后立即进行；另一种是辅导成果，就是下属在后续实际使用中的绩效和成果。这里主要针对第一种——即时效果进行测评。具体测评的参考标准，可以用表7-3来进行，这个表格对3类辅导进行了详细的分类，每一类又有不同的测评标准。针对每个细分内容，匹配好测评标准，就可以更准确地呈现测评效果。

表7-3　3类辅导内容测评参考表

科目	细分	解释	测评方式	标准
知识类	陈述性	描述、解释等内容	填空题、提问	能做对题目
	概念性	定义、概念、分类等内容	分享描述	能用自己的语言来比喻
	流程性	操作顺序的内容	流程排序、描述	顺序对，要点描述准确
	原则性	规则、制度、标准等内容	判断题、连线题	能做对题目，能解释逻辑
技能类	操作技能	用动作操作某种设备	让其边讲边操作	操作准确，无失误
	人际技能	与人交往的技能	角色扮演	话术、语言恰当
	智慧技能	决策、判断、创新	案例分析	决策与思路正确
态度类	态度	心理的状态和内心的想法	承认、分享	好神态、好表情、好语气

基于辅导内容的不同，领导者需要进行不同的测评。如果是知识类的辅导，测评方式可以是考试或者提问。如果是技能类的辅导，则必须通过实际操作、情景演练进行测评。如果是态度类的辅导，则可以通过让下属自我分享、口头承认或者演讲等方式来进行测评。

用对合适的测评方式，才能获得真正的测评效果，为后续工作打好基础。

五、制订行动计划

即时测评结束后，如果领导者对于测评效果比较满意，就可以让下属去应用所掌握的技能。领导者需要协助下属一起制订行动计划。行动计划的目的在于，让下属把学习的内容进行应用。

人的大脑存在临时记忆功能，只是做单纯的即时测试，效果未必真实，领导者需要让其在后续的工作中不断地应用辅导内容，从而更好地将内容转化为技能，体现辅导的效果。在制订行动计划时，领导者要以提问和判断为主。

常见的提问有："小李，你这两天学到了哪些内容？""还有呢？""你觉得感受最大的是哪个内容？""对于学到的内容，你想立即采取行动的愿望，用1～10分来打分的话，是多少分？""你想在什么时间采取行动？""具体做什么事情？""为什么选择这件事？""这件事目前是什么状态？""你想通过努力达成什么状态？""你准备具体怎么做？""这项行动什么时候完成？""这项行动最终对你、对公司的价值是什么？""最终交付的文件或者成果是什么？"（特别注意：对于所有提问，应直到问出所有你想要的答案为止）这些提问，可围绕如表7-4所示的行动计划表来进行。

领导者掌控提问的方向和路径，下属的回答符合预期，就继续推进；下属的回答违背预期，则干预后再推进。

表7-4 行动计划表

起止时间 （具体）	事项（单一）	现状（量化）	目标（量化）	具体措施 （有动作、有程度、有交付）

行动计划的制订，一方面要看下属对于辅导内容的信心，敢于制订多大难度的计划，反映了下属的决心和信心；另一方面要通过下属完成计划的情况，来看下属的技能掌握情况，完成质量好、完成率高，说明下属的技能掌握得好。通过制订行动计划表，能有效地判断下属对于辅导内容落地的态度和能力。

六、跟进辅导成果

放到实际的工作场景中，下属也可以运用好辅导效果，这才是重点。所以，在即时测评后，领导者需要根据行动计划的执行情况跟进辅导效果。在跟进辅导效果的过程中，一方面要保持双向的交流，了解下属在运用技能中的感受和收获；另一方面要针对行动计划的效果进行总结和改进。跟进辅导效果可以参考以下3个方法。

1. 对比法

将实际行动计划结果与目标进行对比。很显然，如果对比后，实际效果超过最初目标，那么辅导就是非常成功的；如果实际效果远远低于目标，那么辅导是有待提高的。当然有些技能未必能够在短时间内看出实际效果，但仍然可以将实际结果与最初目标的差距作为下属的新目标，让下属有新方向，朝着新目标持续努力精进。

2. 观察法

领导者观察下属运用辅导内容的过程。在运用辅导技能的过程中，有没有突发状况，有没有客观原因，需要领导者考虑全面，不应把结果完全归结为下属的技能问题。如果下属能够有效地运用所学到的技能和方法，对工作进行娴熟地处理，只是结果不太理想，那就需要双方都进行反思，是不是辅导的方式有问题，对辅导的内容理解有歧义，需要立即进行整改，促进辅导回归正常轨道。

3. 访谈法

领导者对下属进行基于辅导成果的访谈。访谈法容易受到领导者的影响，所以在前期应做好相应的铺垫，建立好信任感是重中之重。领导者通过访谈辅导内容在后续工作中的应用频率、应用场景、应用流程、应用结果等，了解下属对于辅导内容的应用判断。对比下属对于技能的应用判断与你的判断有无区别，哪个好，然后做出相应的纠正和引导。

以上3个方法是在辅导跟进中常用的方法，领导者可以根据自己遇到的具体情况灵活选用。

领导者也无须局限于以上方法，可以根据自己和下属的实际情况，灵活调整，比如综合使用观察法和访谈法，只要能达到目的、效果符合预期的方法，都是好的方法。辅导是一项重要的工作，也是领导者让下属成长，甚至超过自己的重要渠道，领导者如果想让自己有更好的发展，那么让下属超过你甚至是远远超过你，非常重要。

本节落地应用：

1.知识点（学到了哪些）：_____

2.认知转变：_____

（1）过去的认知：_____

（2）现在的认知：_____

3.应用措施（有时间，有行为，有结果）：

（1）_____

（2）_____

（3）_____

第三节 另类辅导——激励与授权艺术

通常来讲，辅导能够提升下属的工作技能，而激励则能优化下属的工作态度。从另外一个视角看，如果把人的能力比作一座冰山，那么人的能力可以分为显能和潜能，辅导提升的是显能，而激励提升的是潜能。辅导的根本目的是让下属成长，而激励能有效提升下属的工作意愿，也就能支撑下属更好地成长。所以，在辅导下属成长的过程中，领导者需要不断运用激励的艺术挖掘下属的潜能，有时候还需要通过授权让下属具备独立的运作项目的能力或者独立做事的能力。概括来讲，激励与授权也是辅导的一种重要形式，同时，激励和授权也在很大程度上影响着辅导的效果。

有的领导者想去激励下属，却总是事倍功半，效果不佳；有的领导者抱怨，给了马儿吃草，马儿也不跑；有的领导说，自己根本没有金钱等物质资源去激励团队；更有甚者，完全没有激励下属的意识和想法。为了让领导者更好地运用激励影响团队，从而发挥领导力，我总结了激励的"12345模型"，与大家分享。本模型把激励的相关体系和各个要点串联起来，方便记忆和应用。

一、"1"是指一个中心：以需求为中心

激励的关键是找到下属的需求，也就是下属需要什么，领导者就用什么去激励。这是个把目标和下属的需求进行结合的过程。之所以激励失效，往往就是因为没有掌握清楚下属的需求是什么。下属需要的是机会和尊重，而领导者却一味地给钱，效果可想而知；下属需要的是认可和晋升，领导

者却只会发奖金，效果也会不尽如人意。这正是很多领导者最委屈的地方，他们觉得自己缺少物质资源，又或者付出了很多物质资源效果却不理想，根本原因在于，对下属的需求"把脉"不准或者没有意识到对方需求的重要性。激励的难点在于，人们的需求是个性化的，每个人的需求不同，决定了激励的复杂性。在探索需求的过程中，我们会发现，随着时代的发展和"90后""00后"步入职场，需求更加丰富和细致，逐步从物质需求向精神需求转移，逐步从单一需求向复杂需求转移。领导者只有掌握了下属的主要需求，才能"因材施教"做好激励。

想要获知下属的需求，领导者可以从以下 4 个角度入手。

（1）多沟通。

领导者多了解下属的成长历程和生活环境。人的价值观会受到自己所处环境的影响，价值观不同，需求也就不同。

（2）多观察。

有些人愿意节假日主动加班、替班来获得更多的收入；有些人下了班就立即回家，能不加班则不加班，有更强的家庭意识；还有些人认真思考他人的反馈，很在意他人的评价。以上 3 种就是钱、家庭、面子的排序。领导者可以从这 3 个角度去设计激励方案。

（3）多尝试。

通过自己的视角去判断未必全面，在激励中，领导者可以不断尝试激励的方式和维度，通过不断尝试和总结，来了解下属的需求倾向，做出科学的激励方案。

（4）多调整。

每个人的需求，会随着时间的推移和情景的变化而有所变化。领导者应不断地了解下属的需求变化，敏锐地发现需求变化，才能更好地设计激励方案。

二、"2"是指两个基本点：多一点维度，换一点形式

1. 多一点维度

奥运会受到广泛关注，一方面在于它是国际赛事，代表国家荣誉；另一方面在于奥运会的比赛项目非常丰富。无论男女老少，每个人都能在其中找到自己喜欢的项目。在企业中，领导者要想激发下属的积极性和参与度，也要学习奥运会，设计丰富的比赛项目。比如，一家 200 人的企业只有一个"业务标兵奖"，这位"标兵"因为业绩好而得了奖，但之后却几乎成了整个公司的公敌，每个人视他如异类，给这位"标兵"带来很大压力，不敢再变得优秀。领导者应设计丰富的奖项，年底颁奖时应至少让三分之一以上的人拿到奖项。可以没有奖金，但奖项必不可少。领导者可以增加各个维度的激励，让下属在自己具有优势的领域和维度获得更好的成就感。领导者若能够发现下属的优点并将其作为激励的视角，则会在很大程度上促进组织的卓越发展。很多领导者的激励设计过于单一和保守，将激励的事情搞得非常严肃，降低了团队参与竞争的意愿，这是需要改进的。激励项目的设计可以参考激励设计表，如表 7-5 所示。

表 7-5　激励设计表

主题	行为标准	激励方式			
销售业绩	连续 3 个月是销售冠军	现金奖励	光荣榜	荣誉证书	带队机会
创新贡献	每个季度提出建议被公司采纳最多者	定制徽章	以名字命名这个建议	效益奖金	公众号专文表彰

这个表格有 4 个维度，每个维度层层递进，推动着激励项目的实施。主题通常是企业想要的、企业文化倡导的或目前欠缺的。行为标准要量化，

要能让每个人都能衡量出自己是否符合这个标准，能否获得这个奖项。奖项名称既要结合主题又要和激励的团队特点相关，比如孺子牛奖，适合"70后""80后"，如果激励"90后""00后"，就要调整为王者荣耀奖。激励方式需要关注物质激励和精神激励的结构搭配。

2. 换一点形式

激励具有"耐药性"，长期使用一种激励方式，团队就会逐渐失去兴趣。领导者除设计更多的激励项目、更丰富的激励方式外，还要"多变"。

三、"3"是指三大入口：绩效、行为、想法

激励的入口可以有 3 个维度。第一个入口是绩效。绩效是支撑企业发展的根本，对于做得好的下属，花点精力、物力去激励，有助于引导大家对绩效的投入度。有些绩效周期较长或者有些新同事做出绩效需要的周期较长，这会打击他们的积极性，因此第二个入口就是奖励行为，即不看销售额，看的是有效电话的数量；不看合同，看的是拜访客户的数量；不看合格率，看的是生产速度等。当然绩效是第一位的，奖励行为的前提是绩效满足底线的要求。第三个入口是对想法的激励，如果既没有绩效也没有行为，但是有很好的想法，则可以让下属发挥自己的聪明才智。

四、"4"是指四项原则：即时、仪式、公平、增长

原则就是底线，一旦违反就会产生不理想的效果。实施激励也有 4 项原则，只有遵守这些原则，激励才会有效果。

（1）即时。当做完一件事情之后，每个人都有一种期待，希望尽快得到反馈。就如同考完试，我们很想知道成绩一样。每个下属做完事情，就如同交了一份答卷。领导者能第一时间反馈，本身就是一种莫大的激励。

激励可分为正激励和负激励，通俗地理解就是奖与罚。这两项激励也有先后之分，是奖要更快还是罚要更快呢？孙膑曾经说过"奖不过夜，罚不还面"，奖励和惩罚都是激励，都要遵循快的原则。但是罚要比奖更快，这主要和人的心理变化有关。假设有个下属迟到了，他推门而入，发现同事们都在工作，这时他是有愧疚感的。但随着时间过去，这种愧疚感慢慢地就会消失殆尽，当愧疚感消失后再去批评，效果就会大打折扣。只有在当时那个瞬间，愧疚感最强的时刻，领导者对其进行批评，效果才是最好的。

（2）仪式。仪式是领导者让下属内心发生改变的最佳渠道，仪式让下属重新思考和再次认知。所以，激励（这里指正激励）不要偷偷摸摸，知道的人越多越好。领导者需要大张旗鼓，奖到下属心动，让下属在心里留下深刻印象。激励的目的也不仅仅在于激励当事者本人，还有公司的其他同事。通过仪式化，让下属感受到领导者重视；通过仪式化，让没有拿到奖励的人相信如果自己能有这样的成绩，也会享受这样的待遇，于是更加努力工作。在仪式化的过程中，没有输家，每个人都被激励着。仪式化就是改变内心，让人对事情更加重视的主要形式。

（3）公平。激励要秉持公平的原则。什么时候激励最没有效果？就是下属觉得激励体系有问题时，付出的多，反而拿到的少，干的多，反而获得的少。设计激励体系时，领导者要做到公平、公正，让大家对激励体系信任而期待。公平地设计、公平地实施，让下属感受到公平和尊重，下属才能受到激励体系的影响，变得更加努力。

（4）增长。

管理学中有个定律，叫不值得定律。说的是，不值得做的事情，就不值得做好。激励也是如此，下属已经习惯于激励的基调和标准，当激励方案保持不变，下属的状态也就不变；当激励方案优化，下属会觉得更值得做好，于是愿意投入更多的精力去做好这件更值得去做的事情；当激励方案虚化，下属就会觉得不值得，于是选择降低工作投入度和热情，也就是失去了激励的目的。所以，激励设计要秉承增长的原则，才能持续激发下属的潜能。

以上这4项就是激励的基本原则，领导者违反了哪一项，都会带来很大的问题，让激励陷入"费力不讨好"的尴尬境地，也就产生了反面效果。

五、"5"是指5个注意事项：物质与精神结合、长期与短期结合、正式与非正式结合、效果与成本结合、节奏与状态结合

1. 物质与精神结合

物质激励的特点是来得快，缺点是走得快；精神激励的缺点是来得慢，优点是更持久。两者结合可将优势发挥到极致，是最佳的搭配组合，既有效果又能持久。哪怕奖励现金也不要让下属觉得奖励的仅仅是钱而已，而要赋予现金更多的精神价值。物质奖励和精神奖励的比例建议控制在3∶7。每次激励中有三分物质成分和七分精神成分。

2. 长期与短期结合

长期激励，比如股权、年金等，可以激发下属长期的绩效积累，但往往因为时间太久而令人失去耐心。短期激励可以是针对某一个项目或者某一个阶段进行的激励，能快速地激发下属的主观能动性，同时由于时间更近，效果也就立竿见影。长期激励得忠诚，短期激励得绩效，两者结合效果好。

3. 正式与非正式结合

正式激励是提前说好的、提前约定的。非正式激励是随意而为，会让下属感受到领导者的情感和率性。记得我刚毕业后在一家企业做销售，有一次我获得了销售冠军，公司该给的奖励很快都给了，工资涨了，奖金发

了，职位提了，我已经很满意了。过了两周，老板开会时又提到了我，一通夸赞后，他似乎感觉还不够，忽然站起来，把自己的新手表摘下来送给我，我当时极度兴奋。这种激励就是非正式的，激励了公司所有的人。

4. 效果与成本结合

激励的本质是四两拨千斤。激励是让资源最大化发挥的最佳方式。有些激励无成本，比如用下属的名字命名一个建议、命名一个流程、命名一个工作方法等。还有些激励低成本，比如绩效第一名张三最信奉一句话：学习力是企业第一生产力，那么可以在公司挂一个条幅："学习力是第一生产力——张三说"。张三一上班就会发朋友圈，来炫耀自己的高光时刻。这个条幅挂多久，对张三的激励就有多久，而且成本比较低。

同样的奖金，发给员工本人与发给他的家人，效果差异也很大。下属的工作需要得到家人的支持，如果上台领取奖金的是他的家人，那么接下来激励他的就会是他的家人。领导者和下属的家人结成了联盟，有助于激励效果持续稳定地发挥。

5. 节奏与状态结合

激励是为了让下属的工作状态更好。如果下属的状态已经很好了，很努力了，那么再去激励几乎没效果。领导者的激励要关注下属的状态，当出现波动情况，下属的状态不理想时，激励体系才会有效果。领导者需要针对下属的状态变化，抓取关键时刻，将其作为激励的时机。在这种情况下，领导者推出激励的体系，才会收到明显的效果。激励的这种节奏与下属的状态成反比，领导者只有将两者结合，才能激发下属最佳的潜能。

以上就是激励的"12345 模型"，领导者掌握了激励的精髓，也就能更好地挖掘下属的潜能，彰显领导力的价值。

六、授权

韩非子曾说："下君尽己之能，中君尽人之力，上君尽人之智。"如果一个领导者只靠自己去做事情，不能激发下属帮你分担事情，那么领导者势必辛苦，组织氛围和绩效也将令你"心苦"。更有甚者，"上侵下职"，替下属做事情，这叫"反授权"，最怕的是形成习惯，那就更惨了。所以领导者最应该掌握的技能就是授权技能，把更多的事情让下属去做，而不是亲力亲为。领导者授权通常有3个价值。①下属成长。下属有更多的机会尝试新工作、挑战性工作，技能就会提升，成就感也会提升。②自己成长。当领导者掌握授权的技能之后，自己就会有更多的时间和精力去处理更重要的工作，自己的成长有了更多的机会和空间。③绩效增长。通过授权，让每个下属承担更多事情，营造"上进"的工作氛围，提升下属的工作技能。这样一来，组织绩效的增长就会水到渠成。基于这3个价值，领导者很有必要进行授权。

领导者在授权过程中，有时会进入两个极端：一个极端是不授权，自己干；另一个极端是撒手不管，什么也不干。这两个极端在本质上都不是授权。国际知名战略顾问林正大说："授权就像放风筝，下属能力弱了就要收一收，下属能力强了就要放一放。"所以，授权要适度，要选择合适的人，分担合适的事情。既不要把任何事派发给任何人，也不要把所有事情都自己扛。授权是给予下属一定的自主权，通过下属实现组织目标的过程。掌握授权的度以及授权的流程是重中之重。领导者授权有6个步骤，每个步骤都有个字——"定"，也称为"六定"授权流程。

（1）定事。

定事，就是哪些事情可以授权。这是授权的第一步，也是非常重要的一步。领导者首先不能为了授权而授权，每次授权都应当为了更好地完成事情，其次为了培养下属，不可本末倒置。有些事情，领导者授权了会增加很多风险；有些事情，领导者不授权，自己就会很辛苦。所以风险是授权时要考虑的第一

个要素。另外，有些事情的重复
度特别高，有些事情，则可能
数年只有一次，因此授权要考
虑的第二个要素是事情的重复
度。针对风险和重复度，我们
可以将事情分为 4 类，从而确
定授权事项，如图 7-1 所示。

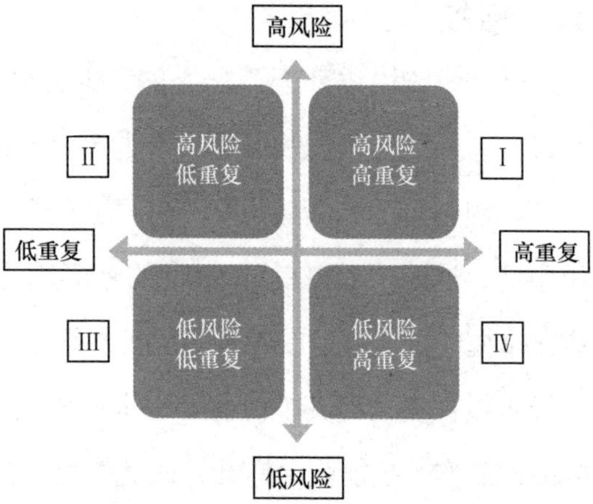

图中：

高风险

| II 高风险低重复 | 高风险高重复 I |

低重复 ———— 高重复

| III 低风险低重复 | 低风险高重复 IV |

低风险

图 7-1　针对风险和重复度的分类

通过这个模型，我们就清
楚了可以授权的事项。在这 4
类事情中，第 4 类的低风险、高重复的事情，是很明显应该授权的事情。
这类事情占用的时间多、精力多，可以让下属去做，因为风险低，即便下
属没做好，也不会产生太大的影响。这些工作琐碎又繁杂，必须授权。第
三类的低风险、低重复的事情，尽管重复度不高，但是风险低或者完全可
控，也应该授权。比如整理一个新员工培训流程、整理年度总结报告的数
据、整理企业文化手册等。第二类的高风险、低重复的事情，则不要授权，
领导者要自己做。比如为董事长草拟演讲稿、拍板决定购买财务软件、制
定绩效薪酬等。第一类的高风险、高重复的事情是最复杂的，这类事情需
要谨慎授权，视情况而定。其可分为两大类，一类是能力方面的，领导者
要赋能下属，让下属掌握技能，比如操作某项数据软件，安排中层干部的
培训等；另一类是权限方面的，领导者不能授权，比如出席总部会议、签
署报销单、下属晋升的决定等。

确定哪些事情可以授权，哪些事情适度授权，哪些事情赋能后授权，
哪些事情不能授权后，领导者就能更好地运用好自己的权力。

（2）定人。

定人，就是哪些人可以被授权，即确认这件事情到底授权给谁去做。

杰克·韦尔奇曾说："让合适的人做合适的事，给合适的人以合适的权，远比开发一项新产品更重要。"确定了可以授权的事情，还要找到可以授权的人。有的下属态度很好，又有技能和经验，这是最佳的授权人选；有些下属态度很好，经验一般，就需要赋能后授权；有些下属经验丰富，态度懈怠，需要给予激励后授权；有些下属态度不端，又没经验，则不应该选择，如图 7-2 所示。

第一类下属经验丰富，态度又好，是授权的优先人选。第二类下属经验很好，态度一般，需要对其进行沟通和激励，让其认识到事情对个人和组织的重要性，然后授权。第三类下属没有经验，态度也不好，那就最好不授权。第四类下属无经验，态度很好，需要赋能

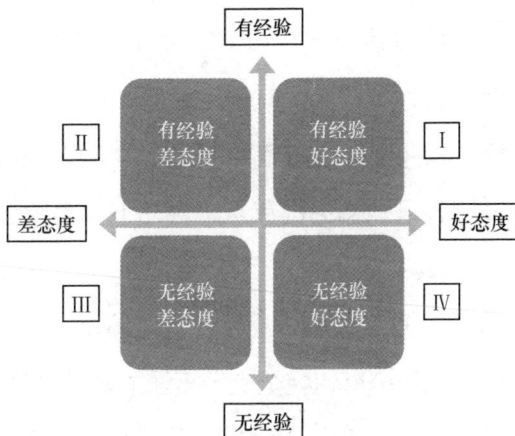

图 7-2 选人模型

后授权。当然，对于人选的确定除了考虑这两个维度，还要思考下属的工作饱和度。如果下属经验丰富，态度端正，但是工作已经非常饱和，那么也不建议授权。态度好、表现稳定的下属是组织的财富，值得投入更多的时间和精力去培养。

（3）定式。

前两个步骤确定了事情和人。第三步的重点是确定授权的方式，就是用什么方式去授权。所谓授权的适度，在第三步体现得最为明显。授权可以分为 3 种授权方式：轻度授权、中度授权、重度授权。

① 轻度授权。通常针对初次被授权的下属。对方第一次做，领导者应采取轻度授权，详细讲述事情的背景、事情的目标、事情可能出现的各种

情况。领导者提供丰富的资源，同时鼓励下属积极沟通，让领导者充分了解工作进展。轻度授权的领导者通常会投入更多的时间和精力，甚至比自己去做还要费时、费力，但是一旦授之以"渔"，以后就变得轻松了。轻度授权可以分步进行：小李，先说说你的思路；小李，你先拿个方案，我看看再说；小李，你觉得哪个环节最重要；小李，每天给我说下你的工作进度等。轻度授权时要仔细，务必确保下属一次做好，这样下属下次做才会更有信心。

② 中度授权。通常针对有一定经验但技能不太熟练的下属。下属单独操作过，不成功，有一定经验，但不太成熟，这个时候需要领导者中度授权。领导者描述清楚要求，提供必要的资源，告诉下属遇到问题即时反馈。领导者只强调关键节点，告知下属需要注意的事项，其他环节让下属自己说了算。

③ 重度授权。通常针对经验丰富、态度好的下属。领导者采取重度授权，就是把事情完全交给下属去做。重度授权的话术是：小李，这个事，就交给你了，我就只等结果了；小李，这件事你说了算，我只关注最终的结果。领导者就最终结果与下属达成一致，然后静等花开。

（4）定检。

领导者的授权不等于放权。管理专家彼特·史坦普（Peter Stemp）曾说："成功的企业领导者不仅是授权高手，更是控权高手。"下属被授权后，领导者要保证最好的结果，就需要对过程有所了解和掌控。领导者的定检表现在对下属执行过程的把控。这对于下属来说，一方面是一种赋能和辅导；另一方面也可以保证事情更高效地达成，不至于偏离原定的目标。定检的最好方式是让下属主动汇报，使领导者了解事情的进展和状态的变化。下属主动汇报的方式最节省领导者的时间和精力，但下属汇报的真实性和即时性往往不易掌控，这就需要领导者主动检查。检查通常要注意两个关键节点：一是容易出错的关键节点，根据自己的经验判断，哪个环节最重要，哪个环节经常出错，就重点关注这个环节的检查；二是流程与流程的"接点"，也就是两个流程的衔接点，其他人的介入或者与其他人交接的节点，可能出现空当或者出现超出预期的漏洞。领导者要关注这两个节点，从而保证下属的执行不偏离、不遗漏、不懈怠。

定检，也可以授权，安排助理或者第三方对下属的执行情况进行检查。第三方检查时需要注意的是，只需要反馈结果，而无须质询下属或对事情进行处理。如有问题，则由领导者本人对事情进行斧正。

（5）定效。

定效，就是如何判断授权的效果。下属在领导者的授权下，有没有完成任务，完成得好坏，需要有一个标准来衡量和判断，这个过程就是定效的过程。下属做得好还是不好，通常通过核对最初的目标来确定。如果完成或者超出目标了，就是合格或优秀的；如果未达成目标，就需要提升和完善。

领导者不能仅仅关注结果和数据，还应该考虑执行过程的复杂性。有些结果尽管很好，但也值得深入思考，这里面有没有运气的成分，和下属的能力相关度高不高。如果是因为领导者提供了必要的资源和支持，任何下属去做，都能获得成功，那就值得领导者思考，下属的能力在这个过程中有没有得到发挥，效果与下属能力之间是否正相关。有时候尽管结果没有成功，但也需要思考客观原因的比例、事情的难度和复杂性。这次或许没成功，但是下属积累了丰富的经验，而且为下次的成功奠定了强大的基础，那么它仍然是一件值得鼓励的事情。所以，领导者在定效的维度上，不能只看数据，还要看到数据背后的下属状态。

（6）定止。

定止，就是如何停止授权、收回权力的过程，是对授权进行最后的收尾。权力授出，还要收回，相当于风筝放完了，要收起来。前面5步顺利完成后，就需要对权力进行收回了。收权的过程，就是领导者结束授权的过程，也就是定止，让下属停止使用某项权力。收权中，首先应对下属的执行过程进行复盘和总结，指出好的地方，即下属的收获和成长；指出不足的地方，即下属可以提升或完善的维度和空间；指出改进方向和策略，即接下来怎么做会更好。其次，应对下属未来的努力方向进行描述，告知下属未来的空间和机会。所以，授权在某种程度上有激励的效果。然后告知下属，本轮授权结束，同时收回权力。最后，祝福下属，鼓励下属，让下属期待下次的授权。

以上 6 个步骤就是"六定"授权流程的全部内容，领导者需要按照步骤去使用、去实践。同时，每个步骤也是对授权的分解，这样才更容易发现授权的问题，方便领导者自行改进。

领导者只有掌握了激励和授权的艺术，才能为辅导插上腾飞的翅膀。让下属更优秀，激发下属超过自己是领导者最有成就感的一件事情。

本节落地应用：

1. 知识点（学到了哪些）：＿＿＿＿＿＿＿＿＿＿＿＿＿＿＿＿＿

2. 认知转变：

（1）过去的认知：＿＿＿＿＿＿＿＿＿＿＿＿＿＿＿＿＿＿＿

（2）现在的认知：＿＿＿＿＿＿＿＿＿＿＿＿＿＿＿＿＿＿＿

3. 应用措施：（有时间，有行为，有结果）

（1）＿＿＿＿＿＿＿＿＿＿＿＿＿＿＿＿＿＿＿＿＿＿＿＿＿＿

（2）＿＿＿＿＿＿＿＿＿＿＿＿＿＿＿＿＿＿＿＿＿＿＿＿＿＿

（3）＿＿＿＿＿＿＿＿＿＿＿＿＿＿＿＿＿＿＿＿＿＿＿＿＿＿